ISBN 978-0-282-56835-1
PIBN 10476814

English
Français
Deutsche
Italiano
Español
Português

www.forgottenbooks.com

Mythology Photography **Fiction**
Fishing Christianity **Art** Cooking
Essays Buddhism Freemasonry
Medicine **Biology** Music **Ancient
Egypt** Evolution Carpentry Physics
Dance Geology **Mathematics** Fitness
Shakespeare **Folklore** Yoga Marketing
Confidence Immortality Biographies
Poetry **Psychology** Witchcraft
Electronics Chemistry History **Law**
Accounting **Philosophy** Anthropology
Alchemy Drama Quantum Mechanics
Atheism Sexual Health **Ancient History**
Entrepreneurship Languages Sport
Paleontology Needlework Islam
Metaphysics Investment Archaeology
Parenting Statistics Criminology
Motivational

LES
AVENTURES
DE
TÉLÉMAQUE,
FILS D'ULYSSE

LES
AVENTURES
DE
ÉLÉMAQUE,
FILS D'ULYSSE;

ar feu Meſſire François de Salignac
de la Motte Fénélon,

récepteur de Meſſeigneurs les Enfans de France,
& depuis Archevêque-Duc de Cambrai,
Prince du Saint-Empire, &c.

TOME SECOND.

Prix 6 liv. relié en veau.

A PARIS,
Chez Barrois aîné, Libraire, Quai
des Auguſtins.

M. DCC. XCI.
1791

Philoclès désarme ses assassins, et se retire dans l'île de Samos.

LES AVENTURES

DE

TÉLÉMAQUE,

FILS D'ULYSSE.

LIVRE TREIZIEME.

SOMMAIRE.

Idoménée raconte à Mentor sa confiance en Protésilas, & les artifices de ce favori, qui étoit de concert avec Timocrate pour faire périr Philoclès, & pour le trahir lui-même. Il lui avoue que, prévenu par ces deux hommes contre Philoclès, il avoit chargé Timocrate de l'aller tuer dans une expé-

dition où il commandoit fa flotte ; que celui-ci ayant manqué fon coup, Philoclès l'avoit épargné, & s'étoit retiré en l'ifle de Samos, après avoir remis le commandement de la flotte à Polymene, que lui Idoménée avoit nommé dans fon ordre par écrit ; que, malgré la trahifon de Protéfilas, il n'avoit pu fe réfoudre à fe défaire de lui.

DÉJA la réputation du gouvernement doux & modéré d'Idoménée attire en foule, de tous côtés, des peuples qui viennent s'incorporer au fien, & chercher leur bonheur fous une fi aimable domination. Déja ces campagnes fi longtems couvertes de ronces & d'épines, promettent de riches moiffons & des fruits jufqu'alors inconnus. La terre ouvre fon fein au tranchant de la charrue, & prépare fes richeffes pour récompenfer le laboureur : l'efpérance reluit de tous côtés. On voit dans les vallons & fur les collines les troupeaux de moutons qui bondiffent fur l'herbe, & les grands troupeaux de bœufs & de géniſſes qui font retentir les hautes montagnes de leurs mugiſſements : ces troupeaux fervent à engraiſſer les campagnes. C'eſt Mentor qui a trouvé le moyen d'avoir ces troupeaux. Mentor conſeilla à Idoménée de faire avec les Peucetes, peuples voiſins, un échange de toutes les choſes ſuperflues qu'on ne vouloit pas fouffrir dans Salente, avec ces troupeaux qui manquoient aux Salentins.

En même tems la ville & les villages d'alentour étoient pleins d'une belle jeuneſſe, qui avoit langui long-tems dans la miſere, & qui n'avoit oſé ſe marier de peur d'augmenter leurs maux. Quand ils virent qu'Idoménée prenoit des ſentimens d'humanité, & qu'il vouloit être leur pere, ils ne craignirent plus la faim & les autres fléaux par leſquels le ciel afflige la terre. On n'entendoit plus que des cris de joie, que les chanſons des bergers & des laboureurs qui célébroient leurs hyménées. On auroit cru voir le dieu Pan avec une foule de faty-

res & de faunes mêlés parmi les nym-
phes, & danfant au fon de la flûte à l'om-
bre des bois. Tout étoit tranquille &
riant : mais la joie étoit modérée ; &
ces plaifirs ne fervoient qu'à délaffer des
longs travaux : ils en étoient plus vifs &
plus purs.

Les vieillards, étonnés de voir ce qu'ils
n'auroient ofé efpérer dans la fuite d'un
fi long âge, pleuroient par un excès de
joie mêlée de tendreffe : ils levoient leurs
mains tremblantes vers le ciel : Béniffez,
difoient-ils, ô grand Jupiter, le roi qui
vous reffemble, & qui eft le plus grand
don que vous nous ayez fait. Il eft né
pour le bien des hommes ; rendez-lui
tous les biens que nous recevons de lui.
Nos arriere-neveux, venus de ces maria-
ges qu'il favorife, lui devront tout, juf-
qu'à leur naiffance ; & il fera véritable-
ment le pere de tous fes fujets. Les jeu-
nes hommes & les jeunes filles qui s'é-
poufoient, ne faifoient éclater leur joie
qu'en chantant les louanges de celui de
qui cette joie fi douce leur étoit venue.

Les bouches, & encore plus les cœurs, étoient fans ceffe remplis de fon nom. On fe croyoit heureux de le voir ; on craignoit de le perdre : fa perte eût été la défolation de chaque famille.

Alors Idoménée avoua à Mentor qu'il n'avoit jamais fenti de plaifir auffi touchant que celui d'être aimé, & de rendre tant de gens heureux. Je ne l'aurois jamais cru, difoit-il : il me fembloit que toute la grandeur des princes ne confiftoit qu'à fe faire craindre ; que le refte des hommes étoit fait pour eux : & tout ce que j'avois ouï dire des rois qui avoient été l'amour & les délices de leurs peuples, me paroiffoit une pure fable ; j'en reconnòis maintenant la vérité. Mais il faut que je vous raconte comment on avoit empoifonné mon cœur dès ma plus tendre enfance fur l'autorité des rois. C'eft ce qui a caufé tous les malheurs de ma vie. Alors Idoménée commença cette narration :

Protéfilas, qui eft un peu plus âgé que moi, fut celui de tous les jeunes gens

que j'aimai le plus : fon naturel vif &
hardi étoit felon mon goût. Il entra dans
mes plaifirs ; il flatta mes paffions ; il
me rendit fufpect un autre jeune homme
que j'aimois auffi, & qui fe nommoit
Philoclès. Celui-ci avoit la crainte des
dieux, & l'ame grande, mais modérée ;
il mettoit la grandeur, non à s'élever,
mais à fe vaincre, & à ne faire rien de
bas. Il me parloit librement fur mes dé-
fauts ; & alors même qu'il n'ofoit me
parler, fon filence & la trifteffe de fon
vifage me faifoient affez entendre ce
qu'il vouloit me reprocher.

Dans les commencemens, cette fincé-
rité me plaifoit : & je lui proteftois fou-
vent que je l'écouterois avec confiance
toute ma vie, pour me préferver des
flatteurs. Il me difoit tout ce que je de-
vois faire pour marcher fur les traces de
mon aïeul Minos, & pour rendre mon
royaume heureux. Il n'avoit pas une auffi
profonde fageffe que vous, ô Mentor ;
mais fes maximes étoient bonnes, je
le reconnois maintenant. Peu-à-peu les

artifices de Protéfilas, qui étoit jaloux
& plein d'ambition, me dégoûterent de
Philoclès. Celui-ci étoit fans empreffe-
-ment, & laiffoit l'autre prévaloir ; il fe
contenta de me dire toujours la vérité
lorfque je voulois l'entendre. C'étoit mon
bien, & non fa fortune, qu'il cherchoit.

Protéfilas me perfuada infenfiblement
que c'étoit un efprit chagrin & fuperbe
qui critiquoit toutes mes actions, qui ne
me demandoit rien, parce qu'il avoit la
fierté de ne vouloir rien tenir de moi,
& d'afpirer à la réputation d'un homme
qui eft au-deffus de tous les honneurs : Il
ajouta que ce jeune homme qui me par-
loit fi librement fur mes défauts, en par-
loit aux autres avec la même liberté ;
qu'il laiffoit affez entendre qu'il ne m'ef-
timoit guère ; & qu'en rabaiffant ainfi
ma réputation, il vouloit, par l'éclat
d'une vertu auftere, s'ouvrir le chemin
à la royauté.

D'abord je ne pus croire que Philo-
clès voulût me détrôner : il y a dans la
véritable vertu une candeur & une ingé-

A

nuité que rien ne peut contrefaire, & à laquelle on ne se méprend point; pourvu qu'on y soit attentif. Mais la fermeté de Philoclès contre mes foiblesses, commençoit à me lasser. Les complaisances de Protésilas, & son industrie inépuisable pour m'inventer de nouveaux plaisirs, me faisoient sentir encore plus impatiemment l'austérité de l'autre.

Cependant Protésilas, ne pouvant souffrir que je ne crusse pas tout ce qu'il me disoit contre son ennemi, prit le parti de ne plus m'en parler, & de me persuader par quelque chose de plus fort que toutes les paroles. Voici comment il acheva de me tromper. Il me conseilla d'envoyer Philoclès commander les vaisseaux qui devoient attaquer ceux de Carpathie; &, pour m'y déterminer, il me dit : Vous savez que je ne suis pas suspect dans les louanges que je lui donne : j'avoue qu'il a du courage & du génie pour la guerre; il vous servira mieux qu'un autre, & je préfere l'intérêt de votre service, à tous mes ressentimens contre lui.

Je fus ravi de trouver cette droiture
& cette équité dans le cœur de Proté-
filas, à qui j'avois confié l'adminiftra-
tion de mes plus grandes affaires. Je
l'embraffai dans un tranfport de joie,
& me crus trop heureux d'avoir donné
toute ma confiance à un homme qui me
paroiffoit ainfi au-deffus de toute paf-
fion & de tout intérêt. Mais, hélas! que
les princes font dignes de compaffion!
Cet homme me connoiffoit mieux que
je ne me connoiffois moi-même : il fa-
voit que les rois font d'ordinaire dé-
fians & inappliqués ; défians, par l'ex-
périence continuelle qu'ils ont de l'arti-
fice des hommes corrompus dont ils font
environnés ; inappliqués, parce que les
plaifirs les entraînent, & qu'ils font ac-
coutumés à voir des gens chargés de
penfer pour eux, fans qu'ils en pren-
nent eux-mêmes la peine. Il comprit
donc qu'il ne lui feroit pas difficile de
me mettre en défiance & en jaloufie
contre un homme qui ne manqueroit
pas de faire de grandes actions, fur-tout

l'abfence lui donnant une entiere facilité de lui tendre des piéges.

Philoclès, en partant, prévit ce qui pouvoit lui arriver. Souvenez-vous, me dit-il, que je ne pourrai plus me défendre ; que vous n'écouterez que mon ennemi ; & qu'en vous fervant au péril de ma vie, je courrai rifque de n'avoir d'autre récompenfe que votre indignation. Vous vous trompez, lui dis-je : Protéfilas ne parle pas de vous comme vous parlez de lui ; il vous loue, il vous eftime ; il vous croit digne des plus importans emplois : s'il commençoit à me parler contre vous, il perdroit ma confiance. Ne craignez rien ; allez, & ne fongez qu'à me bien fervir. Il partit, & me laiffa dans une étrange fituation.

Il faut vous l'avouer, Mentor : je voyois clairement combien il m'étoit néceffaire d'avoir plufieurs hommes que je confultaffe : & que rien n'étoit plus mauvais, ni pour ma réputation, ni pour le fuccès des affaires, que de me livrer à un feul. J'avois éprouvé que les fages conseils de Philoclès m'avoient garanti de plusieurs fautes dangereuses où la hauteur de Protésilas m'avoit fait tomber ; je sentois bien qu'il y avoit dans Philoclès un fonds de probité & de maximes équitables, qui ne se faisoit point sentir de même dans Protésilas : mais j'avois laissé prendre à Protésilas un certain ton décisif, auquel je ne pouvois presque plus résister. J'étois fatigué de me trouver toujours entre deux hommes que je ne pouvois accorder ; &, dans cette lassitude, j'aimois mieux, par foiblesse, hasarder quelque chose aux dépens des affaires, & respirer en liberté. Je n'eusse osé me dire à moi-même une si honteuse raison du parti que je venois de prendre ; mais cette honteuse raison, que je n'osois développer, ne laissoit pas d'agir secrétement au fond de mon cœur, & d'être le vrai motif de tout ce que je faisois.

Philoclès surprit les ennemis, remporta une pleine victoire, & se hâtoit de revenir pour prévenir les mauvais of-

fices qu'il avoit à craindre : mais Proté-
filas, qui n'avoit pas encore eu le tems
de me tromper, lui écrivit que je defi-
rois qu'il fît une defcente dans l'ifle de
Carpathie, pour profiter de la victoire.
En effet, il m'avoit perfuadé que je pour-
rois facilement faire la conquête de cette
ifle : mais il fit en forte que plufieurs
chofes néceffaires manquerent à Philo-
clès dans cette entreprife, & il l'affu-
jettit à certains ordres qui cauferent di-
vers contretems dans l'exécution.

Cependant il fe fervit d'un domeftique
très corrompu que j'avois auprès de moi,
& qui obfervoit jufqu'aux moindres cho-
fes pour lui en rendre compte, quoiqu'ils
paruffent ne fe voir guere, & n'être ja-
mais d'accord en rien.

Ce domeftique, nommé Timocrate,
me vint dire un jour, en grand fecret,
qu'il avoit découvert une affaire très-
dangereufe. Philoclès, me dit-il, veut fe
fervir de votre armée navale pour fe fai-
re roi de l'ifle de Carpathie : les chefs des
troupes font attachés à lui ; tous les fol-

dats font gagnés par fes largeffes, & plus
encore par la licence pernicieufe où il
les laiffe vivre : il eft enflé de fa victoire.
Voilà une lettre qu'il a écrite à un de fes
amis fur fon projet de fe faire roi : on
n'en peut plus douter, après une preuve
fi évidente.

Je lus cette lettre, & elle me parut
de la main de Philoclès. On avoit par-
faitement imité fon écriture ; & c'étoit
Protéfilas qui l'avoit faite avec Timo-
crate. Cette lettre me jetta dans une
étrange furprife : je la relifois fans ceffe,
& ne pouvois me perfuader qu'elle fût
de Philoclès, repaffant dans mon efprit
troublé toutes les marques touchantes
qu'il m'avoit données de fon défintéref-
fement & de fa bonne foi. Cependant,
que pouvois-je faire ? quel moyen de ré-
fifter à une lettre où je croyois être fûr
de reconnoître l'écriture de Philoclès ?
Quand Timocrate vit que je ne pou-
vois plus réfifter à fon artifice, il le pouf-
fa plus loin. Oferois je, me dit-il en hé-
fitant, vous faire remarquer un mot qui

est dans cette lettre ? Philoclès dit à son
ami qu'il peut parler en confiance à Pro-
tésilas sur une chose qu'il ne désigne que
par un chiffre : assurément Protésilas est
entré dans le dessein de Philoclès, & ils
se sont raccommodés à vos dépens. Vous
savez que c'est Protésilas qui vous a pres-
sé d'envoyer Philoclès contre les Carpa-
thiens. Depuis un certain tems, il a cessé
de vous parler contre lui, comme il le
faisoit souvent autrefois ; au contraire,
il le loue, il l'excuse en toute occasion :
ils se voyent depuis quelque tems avec
assez d'honnêteté. Sans doute Protésilas
a pris avec Philoclès des mesures pour
partager avec lui la conquête de Carpa-
thie. Vous voyez même qu'il a voulu
qu'on fît cette entreprise contre toutes
les regles, & qu'il s'expose à faire périr
votre armée navale, pour contenter son
ambition. Croyez-vous qu'il voulût ser-
vir ainsi à celle de Philoclès, s'ils étoient
encore mal ensemble ? Non, non, on ne
peut plus douter que ces deux hommes ne
soient réunis pour s'élever ensemble à une

grande autorité, & peut-être pour ren-
verſer le trône où vous régnez. En vous
parlant ainſi, je ſais que je m'expoſe à
leur reſſentiment, ſi, malgré mes avis
ſinceres, vous leur laiſſez encore votre
autorité dans les mains : mais qu'importe,
pourvu que je diſe la vérité ?

Ces dernieres paroles de Timocrate
firent une grande impreſſion ſur moi :
je ne doutai plus de la trahiſon de Philo-
clès, & je me défiai de Protéſilas comme
de ſon ami. Cependant Timocrate me
diſoit ſans ceſſe : Si vous attendez que
Philoclès ait conquis l'iſle de Carpathie,
il ne ſera plus tems d'arrêter ſes deſſeins ;
hâtez-vous de vous en aſſurer pendant que
vous le pouvez. J'avois horreur de la pro-
fonde diſſimulation des hommes ; je ne
ſavois plus à qui me fier. Après avoir dé-
couvert la trahiſon de Philoclès, je ne
voyois plus d'hommes ſur la terre dont
la vertu pût me raſſurer. J'étois réſolu
de faire périr au plutôt ce perfide ; mais
je craignois Protéſilas, & je ne ſavois
comment faire à ſon égard. Je craignois

de le trouver coupable, & je craignois auffi de me fier à lui.

Enfin, dans mon trouble, je ne pus m'empêcher de lui dire que Philoclès m'étoit devenu fufpect. Il en parut furpris; il me repréfenta fa conduite droite & modérée; il m'exagéra fes fervices; en un mot, il fit tout ce qu'il falloit pour me perfuader qu'il étoit trop bien avec lui. D'un autre côté, Timocrate ne perdoit pas un moment pour me faire remarquer cette intelligence, & pour m'obliger à perdre Philoclès pendant que je pouvois encore m'affurer de lui. Voyez, mon cher Mentor, combien les rois font malheureux & exposés à être le jouet des autres hommes, lors même que les autres hommes paroiffent tremblans à leurs pieds.

Je crus faire un coup d'une profonde politique, & déconcerter Protéfilas, en envoyant fecrétement à l'armée navale Timocrate pour faire mourir Philoclès. Protéfilas pouffa jufqu'au bout fa diffimulation, & me trompa d'autant mieux,

qu'il parut plus naturellement comme
un homme qui se laiſſoit tromper. Ti-
mocrate partit donc, & trouva Philo-
clès aſſez embarraſſé dans ſa deſcente :
il manquoit de tout ; car Protéſilas, ne
ſachant ſi ſa lettre ſuppoſée pourroit
faire périr ſon ennemi, vouloit avoir en
même tems une autre reſſource prête,
par le mauvais ſuccès d'une entrepriſe
dont il m'avoit fait tant eſpérer, & qui
ne manqueroit pas de m'irriter contre
Philoclès. Celui-ci ſoutenoit cette guerre
ſi difficile, par ſon courage, par ſon
génie, & par l'amour que les troupes
avoient pour lui. Quoique tout le monde
reconnût dans l'armée que cette deſcente
étoit téméraire & funeſte pour les Cré-
tois, chacun travailloit à la faire réuſſir,
comme s'il eût vu ſa vie & ſon bon-
heur attachés au ſuccès ; chacun étoit
content de haſarder ſa vie à toute heure
ſous un chef ſi ſage & ſi appliqué à ſe faire
aimer.

Timocrate avoit tout à craindre, en
voulant faire périr ce chef au milieu

d'une armée qui l'aimoit avec tant de paffion : mais l'ambition furieufe eft aveugle. Timocrate ne trouvoit rien de difficile pour contenter Protéfilas, avec lequel il s'imaginoit me gouverner ab-folument après la mort de Philoclès. Protéfilas ne pouvoit fouffrir un homme de bien dont la feule vue étoit un re-proche fecret de fes crimes, & qui pou-voit, en m'ouvrant les yeux, renverfer fes projets.

Timocrate s'affura de deux capitai-nes qui étoient fans ceffe auprès de Phi-loclès ; il leur promit de ma part de grandes récompenfes, & enfuite il dit à Philoclès qu'il étoit venu pour lui dire, par mon ordre, des chofes fecretes qu'il ne dévoit lui confier qu'en pré-fence de ces deux capitaines. Philoclès fe renferma avec eux & avec Timocra-te. Alors Timocrate donna un coup de poignard à Philoclès. Le coup gliffa, & n'enfonça guere avant. Philoclès, fans s'étonner, lui attacha le poignard, & s'en fervit contre lui & contre les deux

autres : en même-tems il cria. On ac-
courut ; on enfonça la porte ; on dé-
gagea Philoclès des mains de ces trois
hommes, qui, étant troublés, l'avoient
attaqué foiblement. Ils furent pris, &
on les auroit d'abord déchirés, tant
l'indignation de l'armée étoit grande,
fi Philoclès n'eût arrêté la multitude.
Enfuite il prit Timocrate en particulier,
& lui demanda avec douceur ce qui l'a-
voit obligé à commettre une action fi
noire. Timocrate, qui craignoit qu'on
ne le fît mourir, fe hâta de montrer
l'ordre que je lui avois donné par écrit
de tuer Philoclès ; & comme les traîtres
font toujours lâches, il fongea à fauver
fa vie, en découvrant à Philoclès toute la
trahifon de Protéfilas.

Philoclès, effrayé de voir tant de ma-
lice dans les hommes, prit un parti
plein de modération : il déclara à toute
l'armée que Timocrate étoit innocent ;
il le mit en fûreté, le renvoya en Cre-
te, & déféra le commandement de l'ar-
mée à Polymene, que j'avois nommé,

dans mon ordre écrit de ma main, pour commander quand on auroit tué Philoclès. Enfin il exhorta les troupes à la fidélité qu'elles me devoient, & paſſa pendant la nuit dans une légere barque, qui le conduiſit dans l'iſle de Samos, où il vit tranquillement dans la pauvreté & dans la ſolitude, travaillant à faire des ſtatues pour gagner ſa vie, ne voulant plus entendre parler des hommes trompeurs & injuſtes, mais ſur-tout des rois, qu'il croit les plus malhëureux & les plus aveugles de tous les hommes.

En cet endroit, Mentor arrêta Idoménée : Hé bien, dit-il, fûtes-vous long-tems à découvrir la vérité ? Non, répondit Idoménée ; je compris peu-à-peu les artifices de Protéſilas & de Timocrate : ils ſe brouillerent même ; car les méchans ont bien de la peine à demeurer unis. Leur diviſion acheva de me montrer le fond de l'abîme où ils m'avoient jetté. Hé bien, reprit Mentor, ne prîtes-vous point le parti de vous défaire de l'un & de l'autre ? Hé-

las! reprit Idoménée, eft-ce, mon cher
Mentor, que vous ignorez la foibleffe
& l'embarras des princes? Quand ils
font une fois livrés à des hommes cor-
rompus & hardis qui ont l'art de fe
rendre néceffaires, ils ne peuvent plus
efpérer aucune liberté. Ceux qu'ils mé-
prifent le plus, font ceux qu'ils traitent
le mieux & qu'ils comblent de bienfaits:
j'avois horreur de Protéfilas, & je lui
laiffois toute l'autorité. Etrange illufion!
je me favois bon gré de le connoître;
& je n'avois pas la force de reprendre
l'autorité que je lui avois abandonnée.
D'ailleurs je le trouvois commode, com-
plaifant, induftrieux pour flatter mes
paffions, ardent pour mes intérêts. En-
fin j'avois une raifon pour m'excufer en
moi-même de ma foibleffe, c'eft que
je ne connoiffois point de véritable ver-
tu: faute d'avoir fu choifir des gens de
bien qui conduififfent mes affaires, je
croyois qu'il n'y en avoit point fur la
terre, & que la probité étoit un beau fan-
tôme. Qu'importe, difois-je, de faire

un grand éclat pour fortir des mains d'un homme corrompu, & pour tomber dans celles de quelque autre qui ne fera, ni plus défintéreffé, ni plus fincere que lui?

Cependant l'armée navale, commandée par Polymene, revint. Je ne fongeai plus à la conquête de l'ifle de Carpathie; & Protéfilas ne put diffimuler fi profondément, que je ne découvriffe combien il étoit affligé de favoir que Philoclès étoit en fûreté dans Samos.

Mentor interrompit encore Idoménée pour lui demander s'il avoit continué, après une fi noire trahifon, à confier toutes fes affaires à Protéfilas.

J'étois, lui répondit Idoménée, trop ennemi des affaires & trop inappliqué, pour pouvoir me tirer de fes mains : il auroit fallu renverfer l'ordre que j'avois établi pour ma commodité, & inftruire un nouvel homme; c'eft ce que je n'eus jamais la force d'entreprendre. J'aimai mieux fermer les yeux pour ne pas voir les artifices de Protéfilas. Je me confolois feulement, en faifant entendre à cer-

taines personnes de confiance, que je
n'ignorois pas sa mauvaise foi. Ainsi je
m'imaginois n'être trompé qu'à demi,
puisque je savois que j'étois trompé. Je
faisois même de tems en tems sentir
à Protésilas que je supportois son joug
avec impatience. Je prenois souvent
plaisir à le contredire, à blâmer publi-
quement quelque chose qu'il avoit fait,
à décider contre son sentiment. Mais
comme il connoissoit ma hauteur &
ma paresse, il ne s'embarrassoit point
de tous mes chagrins; il revenoit opi-
niâtrément à la charge; il usoit, tantôt
de manieres pressantes, tantôt de sou-
plesse & d'insinuation : sur-tout quand
il s'appercevoit que j'étois peiné contre
lui, il redoubloit ses soins pour me four-
nir de nouveaux amusemens propres à
m'amollir, ou pour m'embarquer en
quelque affaire où il eût occasion de se
rendre nécessaire, & de faire valoir son
zele pour ma réputation.

Quoique je fusse en garde contre lui,
cette maniere de flatter mes passions

m'entraînoit toujours: il savoit mes se-
crets; il me soulageoit dans mes embar-
ras; il faisoit trembler tout le monde
par mon autorité; enfin je ne pus me
résoudre à le perdre. Mais, en le main-
tenant dans sa place, je mis tous les
gens de bien hors d'état de me repré-
senter mes véritables intérêts : depuis ce
moment on n'entendit plus dans mes
conseils aucune parole libre; la vérité
s'éloigna de moi; l'erreur, qui prépare
la chûte des rois, me punit d'avoir sa-
crifié Philoclès à la cruelle ambition de
Protésilas : ceux même qui avoient le plus
de zele pour l'état & pour ma personne,
se crurent dispensés de me détromper,
après un si terrible exemple.

Moi-même, mon cher Mentor, je
craignois que la vérité ne perçât le nuage,
& qu'elle ne parvînt jusqu'à moi, mal-
gré les flatteurs; car, n'ayant plus la
force de la suivre, sa lumiere m'étoit
importune : je sentois en moi-même
qu'elle m'eût causé de cruels remords,
sans pouvoir me tirer d'un si funeste
engagement.

engagement. Ma molleſſe & l'aſcendant que Proteſilas avoit pris inſenſiblement ſur moi, me plongeoient dans une eſpèce de déſeſpoir de rentrer jamais en liberté. Je ne voulois ni voir un ſi honteux état, ni le laiſſer voir aux autres. Vous ſavez, cher Mentor, la vaine hauteur & la fauſſe gloire dans laquelle on éleve les rois : ils ne veulent jamais avoir tort. Pour couvrir une faute, il en faut faire cent. Plutôt que d'avouer qu'on s'eſt trompé, & que de ſe donner la peine de revenir de ſon erreur, il faut ſe laiſſer tromper toute la vie. Voilà l'état des princes foibles & inappliqués : c'étoit préciſément le mien lorſqu'il fallut que je partiſſe pour le ſiege de Troie.

En partant, je laiſſai Proteſilas maître des affaires : il les conduiſoit en mon abſence avec hauteur & inhumanité. Tout le royaume de Crete gémiſſoit ſous ſa tyrannie : mais perſonne n'oſoit me mander l'oppreſſion des peuples ; on ſavoit que je craignois de voir la vérité, & que j'abandonnois à la cruauté de Proteſilas

tous ceux qui entreprenoient de parler
contre lui. Mais moins on osoit éclater,
plus le mal étoit violent. Dans la suite
il me contraignit de chasser le vaillant
Mérion qui m'avoit suivi avec tant de
gloire au siege de Troie. Il en étoit de-
venu jaloux, comme de tous ceux que
j'aimois & qui montroient quelque vertu.

Il faut que vous sachiez, mon cher
Mentor, que tous mes malheurs sont
venus de-là. Ce n'est pas tant la mort de
mon fils qui causa la révolte des Crétois,
que la vengeance des dieux irrités contre
mes foiblesses, & la haine des peuples,
que Protésilas m'avoit attirée. Quand je
répandis le sang de mon fils, les Crétois,
lassés d'un gouvernement rigoureux,
avoient épuisé toute leur patience; &
l'horreur de cette derniere action ne fit
que montrer au-dehors ce qui étoit depuis
long-tems dans le fond des cœurs.

Timocrate me suivit au siege de Troie,
& rendoit compte secrètement par ses
lettres à Protésilas de tout ce qu'il pouvoit
découvrir. Je sentois bien que j'étois en

captivité; mais je tâchois de n'y penſer pas, déſeſpérant d'y remédier. Quand les Crétois, à mon arrivée, ſe révolterent, Protéſilas & Timocrate furent les premiers à s'enfuir. Ils m'auroient ſans doute abandonné, ſi je n'euſſe été contraint de m'enfuir preſque auſſi-tôt qu'eux. Comptez, mon cher Mentor, que les hommes inſolents pendant la proſpérité, ſont toujours foibles & tremblants dans la diſgrace : la tête leur tourne auſſitôt que l'autorité abſolue leur échappe : on les voit auſſi rampants qu'ils ont été hautains; & c'eſt en un moment qu'ils paſſent d'une extrémité à l'autre.

Mentor dit à Idoménée : Mais d'où vient donc que connoiſſant à fond ces deux méchants hommes, vous les gardez encore auprès de vous comme je les vois? Je ne ſuis pas ſurpris qu'ils vous aient ſuivi, n'ayant rien de meilleur à faire pour leurs intérêts; je comprends même que vous avez fait une action généreuſe de leur donner un aſyle dans votre nouvel établiſſement : mais pourquoi vous livrer encore à eux après tant de cruelles expériences ?

Vous ne ſavez pas, répondit Idoménée, combien toutes les expériences ſont inutiles aux princes amollis & inappliqués qui vivent ſans réflexion. Ils ſont mécontents de tout; & ils n'ont le courage de rien redreſſer. Tant d'années d'habitude étoient des chaînes de fer qui me lioient à ces deux hommes; & ils m'obſédoient à toute heure. Depuis que je ſuis ici, ils m'ont jetté dans toutes les dépenſes exceſſives que vous avez vues; ils ont épuiſé cet état naiſſant; ils m'ont attiré cette guerre qui m'alloit accabler ſans vous. J'aurois bientôt éprouvé à Salente les mêmes malheurs que j'ai ſentis en Crete : mais vous m'avez enfin ouvert les yeux, & vous m'avez inſpiré le courage qui me manquoit pour me mettre hors de ſervitude. Je ne fais ce que vous avez fait en moi; mais, depuis que vous êtes ici, je me ſens un autre homme.

Mentor demanda enſuite à Idoménée quelle étoit la conduite de Protéſilas dans ce changement des affaires. Rien n'eft plus artificieux, répondit Idoménée, que ce qu'il a fait depuis votre arrivée. D'abord il n'oublia rien pour jetter indirectement quelque défiance dans mon efprit. Il ne difoit rien contre vous; mais je voyois diverfes gens qui venoient m'avertir que ces deux étrangers étoient fort à craindre. L'un, difoient-ils, eft le fils du trompeur Ulyffe; l'autre eft un homme caché & d'un efprit profond : ils font accoutumés à errer de royaume en royaume; qui fait s'ils n'ont point formé quelque deffein fur celui-ci? Ces aventuriers racontent eux-mêmes qu'ils ont caufé de grands troubles dans tous les pays où ils ont paf- fé : voici un état naiffant & mal affermi; les moindres mouvements pourroient le renverfer.

Protéfilas ne difoit rien, mais il tâ- choit de me faire entrevoir le danger & l'excès de toutes ces réformes que vous me faifiez entreprendre. Il me prenoit par mon propre intérêt. Si vous mettez, difoit-il, les peuples dans l'abondance, ils ne travailleront plus; ils deviendront fiers, indociles, & feront toujours prêts à fe révolter : il n'y a que la foibleffe & la mifere qui les rendent fouples, & qui les empêchent de réfifter à l'autorité. Souvent il tâchoit de reprendre fon ancienne autorité pour m'entraîner; & il la couvroit d'un prétexte de zele pour mon fervice. En voulant foulager les peuples, me difoit-il, vous rabaiffez la puiffance royale : & par-là vous faites au peuple même un tort irréparable; car il a befoin qu'on le tienne bas pour fon propre repos.

A tout cela je répondois que je faurois bien tenir les peuples dans leur devoir en me faifant aimer d'eux; en ne relâchant rien de mon autorité, quoique je les foulageaffe; en puniffant avec fermeté tous les coupables; enfin, en donnant aux enfants une bonne éducation, & à tout le peuple une exacte difcipline, pour le tenir dans une vie fimple, fobre & laborieufe. Eh quoi! difois-je, ne peut-on pas foumettre un peuple fans le faire mourir de faim? Quelle inhumanité! quelle politi-

que brutale ! Combien voyons-nous de
peuples traités doucement, & très-fideles
à leurs princes ! Ce qui cause les révoltes,
c'est l'ambition & l'inquiétude des grands
d'un état, quand on leur a donné trop
de licence, & qu'on a laissé leurs passions
s'étendre sans bornes ; c'est la multitude
des grands & des petits qui vivent dans
la mollesse, dans le luxe & dans l'oisive-
té ; c'est la trop grande abondance d'hom-
mes adonnés à la guerre qui ont négligé
toutes les occupations utiles dans les tems
de paix ; enfin, c'est le désespoir des peu-
ples maltraités ; c'est la dureté, la hauteur
des rois, & leur mollesse qui les rend
incapables de veiller sur tous les mem-
bres de l'état pour prévenir les troubles.
Voilà ce qui cause les révoltes, & non
pas le pain qu'on laisse manger en paix
au laboureur, après qu'il l'a gagné à la
sueur de son visage.

Quand Protésilas a vu que j'étois iné-
branlable dans ces maximes, il a pris un
parti tout opposé à sa conduite passée : il
a commencé à suivre les maximes qu'il

n'avoit pu détruire ; il a fait semblant de les goûter, d'en être convaincu, de m'avoir obligation de l'avoir éclairé là-deſſus. Il va au-devant de tout ce que je puis souhaiter pour soulager les pauvres ; il eſt le premier à me repréſenter leurs beſoins, & à crier contre les dépenſes exceſſives. Vous ſavez même qu'il vous loue, qu'il vous témoigne de la confiance, & qu'il n'oublie rien pour vous plaire. Pour Timocrate, il commence à n'être plus ſi bien avec Protéſilas ; il a ſongé à ſe rendre indépendant : Protéſilas en eſt jaloux; & c'eſt en partie par leurs différends que j'ai découvert leur perfidie.

Mentor, ſouriant, répondit ainſi à Idoménée : Quoi donc ! vous avez été foible juſqu'à vous laiſſer tyranniſer pendant tant d'années par deux traîtres dont vous connoiſſiez la trahiſon ! Ah, vous ne ſavez pas, répondit Idoménée, ce que peuvent les hommes artificieux ſur un roi foible & inappliqué, qui s'eſt livré à eux pour toutes ſes affaires. D'ailleurs je vous ai déjà dit que Protéſilas entre maintenant dans toutes vos vues pour le bien public.

Mentor reprit ainſi le diſcours, d'un air grave : Je ne vois que trop combien les méchants prévalent ſur les bons auprès des rois : vous en êtes un terrible exemple. Mais vous dites que je vous ai ouvert les yeux ſur Protéſilas ; & ils ſont encore fermés pour laiſſer le gouvernement de vos affaires à cet homme indigne de vivre. Sachez que les méchants ne ſont point des hommes incapables de faire le bien : ils le font indifféremment de même que le mal, quand il peut ſervir à leur ambition. Le mal ne leur coûte rien à faire, parce qu'aucun ſentiment de bonté ni aucun principe de vertu ne les retient ; mais auſſi ils font le bien ſans peine, parce que leur corruption les porte à le faire pour paroître bons, & pour tromper le reſte des hommes. A proprement parler, ils ne ſont pas capables de la vertu, quoiqu'ils paroiſſent la pratiquer ; mais ils ſont capables d'ajouter à tous leurs autres vices le plus horrible des

B 5

vices, qui eſt l'hypocriſie. Tant que vous voudrez abſolument faire le bien, Protéſilas ſera prêt à le faire avec vous, pour conſerver l'autorité : mais ſi peu qu'il ſente en vous de facilité à vous relâcher, il n'oubliera rien pour vous faire retomber dans l'égarement, & pour reprendre en liberté ſon naturel trompeur & féroce. Pouvez-vous vivre avec honneur & en repos, pendant qu'un tel homme vous obſede à toute heure, & que vous ſavez le ſage & le fidele Philoclès pauvre & déshonoré dans l'iſle de Samos ?

Vous reconnoiſſez bien, ô Idoménée, que les hommes trompeurs & hardis qui ſont préſents entraînent les princes foibles : mais vous deviez ajouter que les princes ont encore un autre malheur qui n'eſt pas moindre ; c'eſt celui d'oublier facilement la vertu & les ſervices d'un homme éloigné. La multitude des hommes qui environnent les princes eſt cauſe qu'il n'y en a aucun qui faſſe une impreſſion profonde ſur eux : ils ne ſont frappés que de ce qui eſt préſent & qui

les flatte; tout le reste s'efface bientôt.
Sur-tout la vertu les touche peu, parce
que la vertu, loin de les flatter, les con-
tredit & les condamne dans leurs foi-
blesses. Faut-il s'étonner s'ils ne sont
point aimés, puisqu'ils ne sont point ai-
mables, & qu'ils n'aiment rien que leur
grandeur & leurs plaisirs.

Fin du Livre treizieme.

LIVRE QUATORZIEME.

SOMMAIRE.

Mentor oblige Idoménée à faire conduire Protésilas & Timocrate en l'isle de Samos, & à rappeller Philoclès pour le remettre en honneur auprès de lui. Hégésippe, qui est chargé de cet ordre, l'exécute avec joie. Il arrive avec ces deux hommes à Samos, où il revoit son ami Philoclès content d'y mener une vie pauvre & solitaire. Celui-ci ne consent qu'avec beaucoup de peine à retourner parmi les siens : mais, après avoir reconnu que les dieux le veulent, il s'embarque avec Hégésippe, & arrive à Salente, où Idoménée, qui n'est plus le même homme, le reçoit avec amitié.

APRÈS avoir dit ces paroles, Mentor persuada à Idoménée qu'il falloit au plutôt chasser Protésilas & Timocrate, pour rappeller Philoclès. L'unique difficulté qui arrêtoit le roi, c'est qu'il craignoit

*Idoménée fait arrêter Protesilas et l'exile dans l'île
de Samos.*

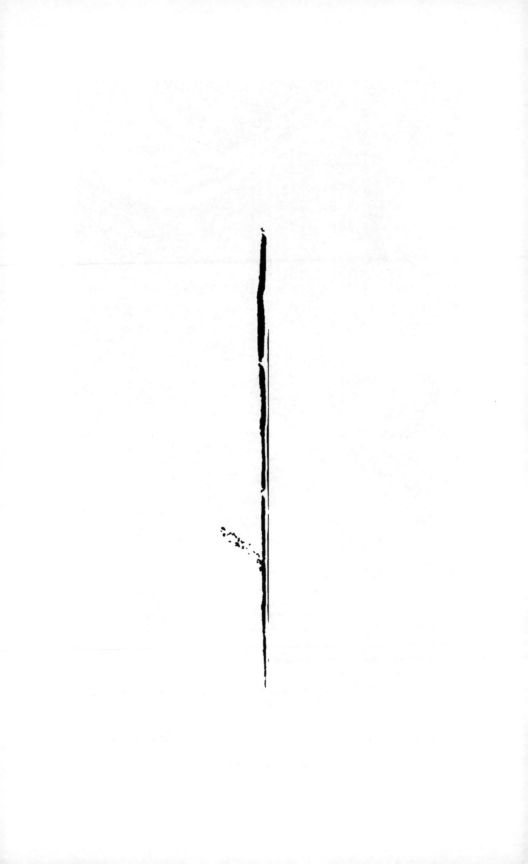

la sévérité de Philoclès. J'avoue, disoit-il, que je ne puis m'empêcher de craindre un peu son retour, quoique je l'aime & que je l'estime. Je suis depuis ma tendre jeunesse accoutumé à des louanges, à des empressemens, à des complaisances, que je ne saurois espérer de trouver dans cet homme. Dès que je faisois quelque chose qu'il n'approuvoit pas, son air triste me marquoit assez qu'il me condamnoit. Quand il étoit en particulier avec moi, ses manieres étoient respectueuses & modérées, mais seches.

Ne voyez-vous pas, lui répondit Mentor, que les princes gâtés par la flatterie trouvent sec & austere tout ce qui est libre & ingénu ? Ils vont même jusqu'à s'imaginer qu'on n'est pas zélé pour leur service, & qu'on n'aime pas leur autorité dès qu'on n'a point l'ame servile, & qu'on n'est pas prêt à les flatter dans l'usage le plus injuste de leur puissance. Toute parole libre & généreuse leur paroît hautaine, critique & séditieuse. Ils devien-

nent fi délicats, que tout ce qui n'eft
point flatteur les bleffe & les irrite. Mais
allons plus loin. Je fuppofe que Philo-
clès eft effectivement fec & auftere : fon
auftérité ne vaut - elle pas mieux que la
flatterie pernicieufe de vos confeillers ?
Où trouverez-vous un homme fans dé-
faut ? & le défaut de vous dire trop har-
diment la vérité, n'eft-il pas celui que
vous devez le moins craindre ?. que dis-
je ! n'eft-ce pas un défaut néceffaire pour
corriger les vôtres, & pour vaincre le
dégoût de la vérité où la flatterie vous a
fait tomber ? Il vous faut un homme qui
n'aime que la vérité & vous ; qui vous
aime mieux que vous ne favez vous aimer
vous - même ; qui vous dife la vérité
malgré vous ; qui force tous vos retran-
chements : & cet homme néceffaire, c'eft
Philoclès. Souvenez-vous qu'un prince eft
trop heureux quand il naît un feul homme
fous fon regne avec cette générofité, qui
eft le plus précieux tréfor de l'état ; &
que la plus grande punition qu'il doit

craindre des dieux eft de perdre un tel homme, s'il s'en rend indigne faute de favoir s'en fervir.

Pour les défauts des gens de bien, il faut les favoir connoître, & ne laiffer pas de fe fervir d'eux. Redreffez - les ; ne vous livrez jamais aveuglément à leur zele indifcret : mais écoutez-les favorablement, honorez leur vertu, montrez au public que vous favez la diftinguer, & fur-tout gardez-vous bien d'être plus long - temps comme vous avez été jufqu'ici. Les princes gâtés comme vous l'étiez, fe contentant de méprifer les hommes corrompus, ne laiffent pas de les employer avec confiance, & de les combler de bienfaits : d'un autre côté, ils fe piquent de connoître auffi les hommes vertueux ; mais ils ne leur donnent que de vains éloges, n'ofant, ni leur confier les emplois, ni les admettre dans leur commerce familier, ni répandre des bienfaits fur eux.

Alors Idoménée dit qu'il étoit honteux d'avoir tant tardé à délivrer l'innocence opprimée, & à punir ceux qui l'avoient trompé. Mentor n'eut même aucune peine à déterminer le roi à perdre son favori : car auffitôt qu'on eft parvenu à rendre les favoris fufpects & importuns à leurs maîtres, les princes, laffés & embarraffés, ne cherchent plus qu'à s'en défaire ; leur amitié s'évanouit, les fervices font oubliés : la chûte des favoris ne leur coûte rien, pourvu qu'ils ne les voient plus.

Auffitôt le roi ordonna en fecret à Hégéfippe, qui étoit un des principaux officiers de fa maifon, de prendre Protéfilas & Timocrate, de les conduire en fûreté dans l'ifle de Samos, de les y laiffer, & de ramener Philoclès de ce lieu d'exil. Hégéfippe, furpris de cet ordre, ne put s'empêcher de pleurer de joie. C'eft maintenant, dit-il au roi, que vous allez charmer vos fujets. Ces deux hommes ont caufé tous vos malheurs & tous ceux de vos peuples : il y a vingt ans qu'ils font gémir tous les gens de bien, & qu'à peine ofe-t-on même gémir, tant leur tyrannie eſt cruelle : ils accablent tous ceux qui entreprennent d'aller à vous par un autre canal que le leur.

Enſuite Hégéſippe découvrit au roi un grand nombre de perfidies & d'inhumanités commiſes par ces deux hommes, dont le roi n'avoit jamais entendu parler, parce que perſonne n'oſoit les accuſer. Il lui raconta même ce qu'il avoit découvert d'une conjuration ſecrete pour faire périr Mentor. Le roi eut horreur de tout ce qu'il entendoit.

Hégéſippe ſe hâta d'aller prendre Protéſilas dans ſa maiſon : elle étoit moins grande, mais plus commode & plus riante que celle du roi ; l'architecture étoit de meilleur goût : Protéſilas l'avoit ornée avec une dépenſe tirée du ſang des miſérables. Il étoit alors dans un ſalon de marbre auprès de ſes bains, couché négligemment ſur un lit de pourpre avec une broderie d'or ; il paroiſſoit las & épuiſé de ſes travaux : ſes yeux & ſes ſourcils montroient je ne ſais quoi d'agité, de ſombre & de farouche. Les plus grands de l'état étoient autour de lui rangés fur des tapis, compofant leurs vifages fur celui de Protéfilas, dont ils obfervoient jufqu'au moindre clin d'œil. A peine ouvroit-il la bouche, que tout le monde fe récrioit pour admirer ce qu'il alloit dire. Un des principaux de la troupe lui racontoit avec des exagérations ridicules, ce que Protéfilas lui-même avoit fait pour le roi. Un autre lui affuroit que Jupiter, ayant trompé fa mére, lui avoit donné la vie, & qu'il étoit fils du pere des dieux. Un poëte venoit lui chanter des vers, où il difoit que Protéfilas, inftruit par les mufes, avoit égalé Apollon pour tous les ouvrages d'efprit. Un autre poëte, encore plus lâche & plus impudent, l'appelloit dans fes vers l'inventeur des beaux arts & le pere des peuples, qu'il rendoit heureux : il le dépeignoit tenant en main la corne d'abondance.

Protéfilas écoutoit toutes ces louanges d'un air fec, diftrait & dédaigneux, comme un homme qui fait bien qu'il en mérite encore de plus grandes, & qui fait

trop de grace de fe laiffer louer. Il y avoit
un flatteur qui prit la liberté de lui parler
à l'oreille , pour lui dire quelque chofe
de plaifant contre la police que Mentor
tâchoit d'établir. Protéfilas fourit : toute
l'affemblée fe mit auffitôt à rire , quoique
la plupart ne puffent point encore favoir
ce qu'on avoit dit. Mais Protéfilas repre-
nant bientôt fon air févere & hautain ,
chacun rentra dans la crainte & dans le
filence. Plufieurs nobles cherchoient le
moment où Protéfilas pourroit fe retour-
ner vers eux & les écouter : ils paroiffoient
émus & embarraffés ; c'eft qu'ils avoient à
lui demander des graces : leurs poftures
fuppliantes parloient pour eux ; ils pa-
·roiffoient auffi foumis qu'une mere aux
pieds des autels, lorfqu'elle demande aux
dieux la guérifon de fon fils unique. Tous
paroiffoient contents , attendris , pleins
d'admiration pour Protéfilas , quoique
tous euffent contre lui dans le cœur une
rage implacable.

Dans ce moment Hégéfippe entre ,
faifit l'épée de Protéfilas, & lui déclare ,

de la part du roi, qu'il va l'emmener dans l'ifle de Samos. A ces paroles, toute l'arrogance de ce favori tomba comme un rocher qui fe détache du fommet d'une montagne efcarpée. Le voilà qui fe jette tremblant & troublé aux pieds d'Hégéfippe ; il pleure, il héfite, il bégaie, il tremble, il embraffe les genoux de cet homme qu'il ne daignoit pas, une heure auparavant, honorer d'un de fes regards. Tous ceux qui l'encenfoient, le voyant perdu fans reffource, changerent leurs flatteries en des infultes fans pitié.

Hégéfippe ne voulut lui laiffer le temps, ni de faire fes derniers adieux à fa famille, ni de prendre certains écrits fecrets. Tout fut faifi, & porté au roi. Timocrate fut arrêté dans le même temps : & fa furprife fut extrême ; car il croyoit qu'étant brouillé avec Protéfilas, il ne pouvoit être enveloppé dans fa ruine. Ils partent dans un vaiffeau qu'on avoit préparé : on arrive à Samos. Hégéfippe y laiffe ces deux malheureux ; & pour mettre le comble à leur malheur, il les laiffe enfemble. Là

ils fe reprochent avec fureur l'un à l'autre
les crimes qu'ils ont faits, qui font caufe
de leur chûte : ils fe trouvent fans efpérance
de revoir jamais Salente, condamnés à
vivre loin de leurs femmes & de leurs en-
fants ; je ne dis pas loin de leurs amis,
car ils n'en avoient point. On les laiffoit
dans une)terre inconnue, où ils ne de-
voient plus avoir d'autre reffource pour
vivre que leur travail, eux qui avoient
paffé tant d'années dans les délices & dans
le fafte. Semblables à deux bêtes farou-
ches, ils étoient toujours prêts à fe déchirer
l'un l'autre.

Cependant Hégéfippe demanda en quel
lieu de l'ifle demeuroit Philoclès. On lui
dit qu'il demeuroit affez loin de la ville,
fur une montagne où une grotte lui fer-
voit de maifon. Tout le monde lui parla
avec admiration de cet étranger. Depuis
qu'il eft dans cette ifle, lui difoit-on, il
n'a offenfé perfonne : chacun eft touché
de fa patience, de fon travail, de fa tran-
quillité. N'ayant rien, il paroît toujours
content. Quoiqu'il foit ici loin des affaires,

fans bien & fans autorité, il ne laiffe pas d'obliger ceux qui le méritent, & il a mille induftries pour faire plaifir à tous fes voifins.

Hégéfippe s'avance vers cette grotte : il la trouve vuide & ouverte; car la pauvreté & la fimplicité des mœurs de Philoclès faifoient qu'il n'avoit en fortant aucun befoin de fermer fa porte. Une natte de jonc groffier lui fervoit de lit. Rarement il allumoit du feu, parce qu'il ne mangeoit rien de cuit : il fe nourriffoit, pendant l'été, de fruits nouvellement cueillis; & en hiver, de dattes & de figues sèches. Une claire fontaine, qui faifoit une nappe d'eau en tombant d'un rocher, le défaltéroit. Il n'avoit dans fa grotte que les inftruments néceffaires à la fculpture, & quelques livres qu'il lifoit à certaines heures, non pour orner fon efprit, ni pour contenter fa curiofité, mais pour s'inftruire en fe délaffant de fes travaux, & pour apprendre à être bon. Pour la fculpture, il ne s'y appliquoit que pour exercer fon corps, fuir l'oifiveté, & gagner fa vie fans avoir befoin de perfonne.

Hégéfippe, en entrant dans la grotte, admira les ouvrages qui étoient commencés. Il remarqua un Jupiter dont le visage serein étoit si plein de majesté, qu'on le reconnoissoit aisément pour le pere des dieux & des hommes. D'un autre côté paroissoit Mars avec une fierté rude & menaçante. Mais ce qui étoit de plus touchant, c'étoit une Minerve qui animoit les arts; son visage étoit noble & doux; sa taille, grande & libre : elle étoit dans une action si vive, qu'on auroit pu croire qu'elle alloit marcher.

Hégéfippe, ayant pris plaisir à voir ces statues, sortit de la grotte, & vit de loin, sous un grand arbre, Philoclès qui lisoit sur le gazon : il va vers lui; & Philoclès, qui l'apperçoit, ne sait que croire. N'est-ce point-là, dit-il en lui-même, Hégéfippe avec qui j'ai si long-temps vécu en Crete? Mais quelle apparence qu'il vienne dans une isle si éloignée? ne seroit-ce point son ombre qui viendroit après sa mort des rives du Styx ?

Pendant qu'il étoit dans ce doute,

Hégéfippe arriva fi proche de lui, qu'il ne put s'empêcher de le reconnoître & de l'embraffer. Eft-ce donc vous, dit-il, mon cher & ancien ami ? quel hafard, quelle tempête vous a jetté fur ce rivage ? pourquoi avez-vous abandonné l'ifle de Crete? eft-ce une difgrace femblable à la mienne qui vous arrache à notre patrie ?

Hégéfippe lui répondit : Ce n'eft point une difgrace ; au contraire, c'eft la faveur des dieux qui m'amene ici. Auffitôt il lui raconta la longue tyrannie de Protéfilas, fes intrigues avec Timocrate, les malheurs où ils avoient précipité Idoménée, la chûte de ce prince, fa fuite fur les côtes de l'Hefpérie, la fondation de Salente, l'arrivée de Mentor & de Télémaque, les fages maximes dont Mentor avoit rempli l'efprit du roi, & la difgrace des deux traîtres : il ajouta qu'il les avoit menés à Samos pour y fouffrir l'exil qu'ils avoient fait fouffrir à Philoclès ; & il finit en lui difant qu'il avoit ordre de le conduire à Salente ; où le roi, qui connoiſſoit ſon innocence, vouloit lui confier ſes affaires, & le combler de biens.

Voyez-vous, lui répondit Philoclès, cette grotte, plus propre à cacher des bêtes ſauvages, qn'à être habitée par des hommes ? j'y ai goûté depuis tant d'années plus de douceur & de repos, que dans les palais dorés de l'iſle de Crete. Les hommes ne me trompent plus ; car je ne vois plus les hommes, je n'entends plus leurs diſcours flatteurs & empoiſonnés : je n'ai plus beſoin d'eux ; mes mains endurcies au travail, me donnent facilement la nourriture ſimple qui m'eſt néceſſaire ; il ne me faut, comme vous voyez, qu'une légere étoffe pour me couvrir. N'ayant plus de beſoins, jouiſſant d'un calme profond & d'une douce liberté dont la ſageſſe de mes livres m'apprend à faire un bon uſage, qu'irois-je encore chercher parmi les hommes, jaloux, trompeurs & inconſtans ? Non, non, mon cher Hégéſippe, ne m'enviez point mon bonheur. Protéſilas s'eſt trahi lui-même, voulant trahir le roi, & me perdre : mais il ne m'a fait aucun mal ; au contraire, il m'a fait le plus grand des biens, il m'a délivré du tumulte & de la servitude des affaires ; je lui dois ma chere solitude, & tous les plaisirs innocents que j'y goûte.

Retournez, ô Hégésippe ! retournez vers le roi : aidez-lui à supporter les miseres de la grandeur; & faites auprès de lui ce que vous voudriez que je fisse. Puisque ses yeux, si long-tems fermés à la vérité, ont été enfin ouverts par cet homme sage que vous nommez Mentor, qu'il le retienne auprès de lui. Pour moi, après mon naufrage, il ne me convient pas de quitter le port où la tempête m'a heureusement jetté, pour me remettre à la merci des flots. Oh! que les rois sont à plaindre! oh! que ceux qui les servent sont dignes de compassion! S'ils sont méchans, combien font-ils souffrir les hommes! & quels tourmens leur sont préparés dans le noir Tartare! S'ils sont bons, quelles difficultés n'ont-

ils pas à vaincre ! quels pieges à éviter !
que de maux à fouffrir ! Encore une fois,
Hégéfippe, laiffez-moi dans mon heu-
reufe pauvreté.

Pendant que Philoclès parloit ainfi
avec beaucoup de véhémence, Hégé-
fippe le regardoit avec étonnement. Il
l'avoit vu autrefois en Crete, pendant
qu'il gouvernoit les plus grandes affai-
res, maigre, languiffant, épuifé : c'eft
que fon naturel ardent & auftere le con-
fumoit dans le travail ; il ne pouvoit voir
fans indignation le vice impuni ; il vou-
loit, dans les affaires, une certaine exac-
titude qu'on n'y trouve jamais : ainfi fes
emplois détruifoient fa fanté délicate.
Mais à Samos Hégéfippe le voyoit gras
& vigoureux : malgré les ans, la jeuneffe
fleurie s'étoit renouvellée fur fon vifage ;
une vie fobre, tranquille & laborieufe,
lui avoit fait comme un nouveau tem-
pérament.

Vous êtes furpris de me voir fi chan-
gé, dit alors Philoclès en fouriant ; c'eft
ma folitude qui m'a donné cette fraî-

cheur & cette santé parfaite ; mes enne-
mis m'ont donné ce que je n'aurois ja-
mais pu trouver dans la plus grande for-
tune. Voulez-vous que je perde les vrais
biens pour courir après les faux, & pour
me replonger dans mes anciennes mise-
res ? ne soyez pas plus cruel que Proté-
silas ; du moins ne m'enviez pas le bon-
heur que je tiens de lui.

Alors Hégésippe lui représenta, mais
inutilement, tout ce qu'il crut propre à
le toucher, Etes - vous donc, lui disoit-
il, insensible au plaisir de revoir vos
proches & vos amis, qui soupirent après
votre retour, & que la seule espérance
de vous embrasser, comble de joie ? Mais
vous, qui craignez les dieux, & qui
aimez votre devoir, comptez-vous pour
rien de servir votre roi, de l'aider dans
tous les biens qu'il veut faire, & de
rendre tant de peuples heureux ? Est - il
permis de s'abandonner à une philoso-
phie sauvage, de se préférer à tout le
reste du genre humain, & d'aimer mieux
son repos que le bonheur de ses con-

citoyens ? Au reste, on croira que c'est
par ressentiment que vous ne voulez
plus voir le roi. S'il vous a voulu faire du
mal, c'est qu'il ne vous a point connu ;
ce n'étoit pas le véritable, le bon, le
juste Philoclès, qu'il a voulu faire périr ;
c'étoit un homme bien différent qu'il
vouloit punir. Mais maintenant qu'il
vous connoît, & qu'il ne vous prend
plus pour un autre, il sent toute son
ancienne amitié revivre dans son cœur :
il vous attend ; déja il vous tend les
bras pour vous embrasser : dans son im-
patience, il compte les jours & les heu-
res. Aurez-vous le cœur assez dur pour
être inexorable à votre roi & à tous vos
plus tendres amis ?

Philoclès, qui avoit été d'abord atten-
dri en reconnoissant Hégésippe, reprit
son air austere en écoutant ce discours.
Semblable à un rocher contre lequel les
vents combattent en vain, & où toutes
les vagues vont se briser en gémissant, il
demeuroit immobile ; & les prieres ni
les raisons ne trouvoient aucune ouver-

ture pour entrer dans son cœur. Mais au moment où Hégésippe commençoit à désespérer de le vaincre , Philoclès , ayant consulté les dieux , découvrit, par le vol des oiseaux, par les entrailles des victimes , & par divers autres présages, qu'il devoit suivre Hégésippe.

Alors il ne résista plus, il se prépara à partir; mais ce ne fut pas sans regretter le désert où il avoit passé tant d'années. Hélas ! disoit-il , faut-il que je vous quitte , ô aimable grotte , où le sommeil paisible venoit toutes les nuits me délasser des travaux du jour ! ici les Parques me filoient, au milieu de ma pauvreté , des jours d'or & de soie. Il se prosterna , en pleurant, pour adorer la naïade qui l'avoit si long-tems défaltéré par son onde claire , & les nymphes qui habitoient dans toutes les montagnes voisines. Echo entendit ses regrets , & d'une triste voix , les répéta à toutes les divinités champêtres.

Ensuite Philoclès vint à la ville avec Hégésippe pour s'embarquer. Il crut que

le malheureux Protéfilas, plein de honte
& de reffentiment, ne voudroit point le
voir : mais il fe trompoit ; car les hom-
mes corrompus n'ont aucune pudeur,
& ils font toujours prêts à toute forte de
baffeffes. Philoclès fe cachoit modefte-
ment, de peur d'être vu par ce miférable :
il craignoit d'augmenter fa mifere, en
lui montrant la profpérité d'un ennemi
qu'on alloit élever fur fes ruines. Mais
Protéfilas cherchoit avec empreffement
Philoclès ; il vouloit lui faire pitié, &
l'engager à demander au roi qu'il pût
retourner à Salente. Philoclès étoit trop
fincere pour lui promettre de travailler
à le faire rappeller ; car il favoit mieux
que perfonne, combien fon retour eût
été pernicieux ; mais il lui parla fort
doucement, lui témoigna de la compaf-
fion, tâcha de le confoler, l'exhorta à
appaifer les dieux par des mœurs pures,
& par une grande patience dans fes
maux. Comme il avoit appris que le
roi avoit ôté à Protéfilas tous fes biens
injuftement acquis, il lui promit deux

chofes qu'il exécuta fidèlement dans la suite : l'une fut de prendre foin de fa femme & de fes enfans, qui étoient demeurés à Salente dans une affreufe pauvreté, expofés à l'indignation publique ; l'autre étoit d'envoyer à Protéfilas, dans cette ifle éloignée, quelque fecours d'argent pour adoucir fa mifere.

Cependant les voiles s'enflent d'un vent favorable. Hégéfippe, impatient, fe hâte de faire partir Philoclès. Protéfilas les voit embarquer : fes yeux demeurent attachés & immobiles fur le rivage ; ils fuivent le vaiffeau qui fend les ondes, & que le vent éloigne toujours. Lors même qu'il ne peut plus le voir, il en repeint encore l'image dans fon efprit. Enfin, troublé, furieux, livré à fon défefpoir, il s'arrache les cheveux, fe roule fur le fable, reproche aux dieux leur rigueur, appelle en vain à fon fecours la cruelle mort, qui, fourde à fes prieres, ne daigne le délivrer de tant de maux, & qu'il n'a pas le courage de fe donner lui-même.

Cependant le vaiſſeau, favoriſé de Neptune & des vents, arriva bientôt à Salente. On vint dire au roi qu'il entroit déja dans le port. Auſſi-tôt il courut avec Mentor au-devant de Philoclès; il l'embraſſa tendrement, lui témoigna un ſenſible regret de l'avoir perſécuté avec tant d'injuſtice. Cet aveu, bien loin de paroître une foibleſſe dans un roi, fut regardé par tous les Salentins comme l'effort d'une grande ame, qui s'éleve au-deſſus de ſes propres fautes, en les avouant avec courage pour les réparer. Tout le monde pleuroit de joie de revoir l'homme de bien qui avoit toujours aimé le peuple, & d'entendre le roi parler avec tant de ſageſſe & de bonté.

Philoclès, avec un air reſpectueux & modeſte, recevoit les careſſes du roi, & avoit impatience de ſe dérober aux acclamations du peuple; il ſuivit le roi au palais. Bientôt Mentor & lui furent dans la même confiance que s'ils avoient

C v

paſſé leur vie enſemble , quoiqu'ils ne
ſe fuſſent jamais vus ;. c'eſt que les
dieux, qui ont refuſé aux méchans des
yeux pour connoître les bons , ont donné
aux bons de quoi ſe connoître les uns
les autres. Ceux qui ont le goût de la
vertu, ne peuvent être enſemble ſans être
unis par la vertu qu'ils aiment.

Bientôt Philoclès demanda au roi de
ſe retirer auprès de Salente dans une ſo-
litude, où il continua à vivre pauvre-
ment, comme il avoit vécu à Samos. Le
roi alloit avec Mentor le voir preſque
tous les jours dans ſon déſert. C'eſt-là
qu'on examinoit les moyens d'affermir
les loix, & de donner une forme ſo-
lide au gouvernement pour le bonheur
public.

Les deux principales choſes qu'on exa-
mina, furent l'éducation des enfans & la
maniere de vivre pendant la paix.

Pour les enfans, Mentor diſoit qu'ils
appartiennent moins à leurs parens qu'à
la république ; ils ſont les enfans du peu-

ple , ils en font l'efpérance & la force ;
il n'eft pas tems de les corriger quand
ils fe font corrompus. C'eft peu que de
les exclure des emplois , lorfqu'on voit
qu'ils s'en font rendus indignes : il vaut
bien mieux prévenir le mal , que d'être
réduit à le punir. Le roi , ajoutoit-il ,
qui eft le pere de tout fon peuple , eft
encore plus particulierement le pere de
toute la jeuneffe , qui eft la fleur de
toute la nation. C'eft dans la fleur qu'il
faut préparer les fruits. Que le roi ne
dédaigne donc pas de veiller , & de faire
veiller fur l'éducation qu'on donne aux
enfans ; qu'il tienne ferme pour faire
obferver les loix de Minos , qui ordon-
nent qu'on éleve les enfans dans le mé-
pris de la douleur & de la mort. Qu'on
mette l'honneur à fuir les délices & les
richeffes : que l'injuftice , le menfonge ,
l'ingratitude , la molleffe , paffent pour
des vices infâmes. Qu'on leur apprenne
dès leur tendre enfance à chanter les
louanges des héros qui ont été aimés

C vj

des dieux, qui ont fait des actions gé-
néreuses pour leur patrie, & qui ont
fait éclater leur courage dans les com-
bats : que le charme de la musique sai-
sisse leurs ames pour rendre leurs mœurs
douces & pures. Qu'ils apprennent à
être tendres pour leurs amis, fideles à
leurs alliés, équitables pour tous les
hommes, même pour leurs plus cruels
ennemis : qu'ils craignent moins la mort
& les tourmens, que le moindre repro-
che de leur conscience. Si de bonne
heure on remplit les enfans de ces gran-
des maximes, & qu'on les fasse entrer
dans leur cœur par la douceur du chant,
il y en aura peu qui ne s'enflamment de
l'amour de la gloire & de la vertu.

Mentor ajoutoit qu'il étoit capital d'é-
tablir des écoles publiques pour accou-
tumer la jeunesse aux plus rudes exerci-
ces du corps, & pour éviter la mollesse
& l'oisiveté, qui corrompent les plus
beaux naturels : il vouloit une grande
variété de jeux & de spectacles qui ani-

maſſent tout le peuple, mais ſur-tout qui exerçaſſent les corps pour les rendre adroits, ſouples, vigoureux : il ajoutoit des prix, pour exciter une noble émulation. Mais ce qu'il ſouhaitoit le plus pour les bonnes mœurs, c'eſt que les jeunes gens ſe mariaſſent de bonne heure, & que leurs parens, ſans aucune vue d'intérêt, leur laiſſaſſent choiſir des femmes agréables de corps & d'eſprit, auxquelles ils puſſent s'attacher.

Mais pendant qu'on préparoit ainſi les moyens de conſerver la jeuneſſe pure, innocente, laborieuſe, docile, & paſſionnée pour la gloire, Philoclès, qui aimoit la guerre, diſoit à Mentor : En vain vous occuperez les jeunes gens à tous ces exercices, ſi vous les laiſſez languir dans une paix continuelle, où ils n'auront aucune expérience de la guerre, ni aucun beſoin de s'éprouver ſur la valeur. Par-là vous affoiblirez inſenſiblement la nation, les courages s'amolliront, les délices corrompront les mœurs.

D'autres peuples belliqueux n'auront aucune peine à les vaincre; &, pour avoir voulu éviter les maux que la guerre entraîne après elle, ils tomberont dans une affreuse servitude.

Mentor lui répondit: Les maux de la guerre sont encore plus horribles que vous ne pensez. La guerre épuise un état & le met toujours en danger de périr, lors même qu'on remporte les plus grandes victoires. Avec quelques avantages qu'on la commence, on n'est jamais sûr de la finir sans être exposé aux plus tragiques renversemens de la fortune. Avec quelque supériorité de force qu'on s'engage dans un combat, le moindre mécompte, une terreur panique, un rien vous arrache la victoire qui étoit déja dans vos mains, & la transporte chez vos ennemis. Quand même on tiendroit dans son camp la victoire comme enchaînée, on se détruit soi-même en détruisant ses ennemis; on dépeuple son pays; on laisse les terres presque incul-

tes.; on trouble le commerce : mais ce
qui est bien pis , on affoiblit les meil-
leures loix , & on laisse corrompre les
mœurs ; la jeunesse ne s'adonne plus
aux lettres ; le pressant besoin fait qu'on
souffre une licence pernicieuse dans les
troupes ; la justice, la police, tout souf-
fre de ce désordre. Un roi qui verse le
sang de tant d'hommes , & qui cause
tant de malheurs pour acquérir un peu
de gloire , ou pour étendre les bornes
de son royaume , est indigne de la gloire
qu'il cherche , & mérite de perdre ce
qu'il possede , pour avoir voulu usurper
ce qui ne lui appartient pas.

Mais voici le moyen d'exercer le cou-
rage d'une nation en tems de paix. Vous
avez déja vu les exercices du corps que
nous établissons , les prix qui exciteront
l'émulation , les maximes de gloire &
de vertu dont on remplira les ames des
enfans presque dès le berceau , par le
chant des grandes actions des héros ;
ajoutez à ces secours celui d'une vie so-

bre & laborieufe. Mais ce n'eft pas tout
auffi-tôt qu'un peuple allié de votre na-
tion aura une guerre, il faut y envoyer
la fleur de votre jeuneffe, fur-tout ceux
en qui on remarquera le génie de la
guerre, & qui feront les plus propres à
profiter de l'expérience. Par-là vous
conferverez une haute réputation chez
vos alliés ; votre alliance fera recher-
chée, on craindra de la perdre : fans
avoir la guerre chez vous & à vos dépens,
vous aurez toujours une jeuneffe aguer-
rie & intrépide. Quoique vous ayez la
paix chez vous, vous ne laifferez pas
de traiter avec de grands honneurs ceux
qui auront le talent de la guerre : car
le vrai moyen d'éloigner la guerre, & de
conferver une longue paix, c'eft de cul-
tiver les armes ; c'eft d'honorer les hom-
mes qui excellent dans cette profeffion ;
c'eft d'en avoir toujours qui s'y foient
exercés dans les pays étrangers, qui con-
noiffent les forces, la difcipline mili-
taire & les manieres de faire la guerre

des peuples voiſins; c'eſt d'être également incapable & de faire la guerre par ambition, & de la craindre par molleſſe. Alors, étant toujours prêt à la faire pour la néceſſité , on parvient à ne l'avoir preſque jamais.

Pour les alliés, quand ils ſont prêts à ſe faire la guerre les uns aux autres , c'eſt à vous à vous rendre médiateur. Par-là vous acquérez une gloire plus ſolide & plus sûre que celle des conquérans; vous gagnez l'amour & l'eſtime des étrangers ; ils ont tous beſoin de vous; vous régnez ſur eux par la conſiance , comme vous régnez ſur vos ſujets par l'autorité; vous devenez le dépoſitaire des ſecrets , l'arbitre des traités , le maître des cœurs ; votre réputation vole dans tous les pays les plus éloignés ; votre nom eſt comme un parfum délicieux, qui s'exhale de pays en pays chez les peuples les plus reculés. En cet état , qu'un peuple voiſin vous attaque contre les régles de la juſtice ,

il vous trouve aguerri, préparé : mais
ce qui est bien plus fort, il vous trouve
aimé & secouru ; tous vos voisins s'a-
larment pour vous, & sont persuadés
que votre conservation fait la sûreté pu-
blique. Voilà un rempart bien plus assuré
que toutes les murailles des villes, &
que toutes les places les mieux fortifiées :
voilà la véritable gloire. Mais qu'il y a
peu de rois qui sachent la chercher,
& qui ne s'en éloignent point ! ils cou-
rent après une ombre trompeuse, &
laissent derriere eux le vrai honneur,
faute de le connoître.

Après que Mentor eut parlé ainsi,
Philoclès étonné, le regardoit ; puis il
jettoit les yeux sur le roi, & étoit
charmé de voir avec quelle avidité Ido-
ménée recueilloit au fond de son cœur
toutes les paroles qui sortoient comme
un fleuve de sagesse de la bouche de cet
étranger.

Minerve, sous la figure de Mentor,
établissoit ainsi dans Salente toutes les

meilleures loix, & les plus utiles maximes du gouvernement, moins pour faire fleurir le royaume d'Idoménée, que pour montrer à Télémaque, quand il reviendroit, un exemple fensible de ce qu'un fage gouvernement peut faire pour rendre les peuples heureux, & pour donner à un bon roi une gloire durable.

Fin du Livre quatorzieme.

LIVRE QUINZIEME.

SOMMAIRE.

Télémaque, au camp des alliés, gagne l'inclination de Philoctete, d'abord indisposé contre lui à cause d'Ulysse son pere. Philoctete lui raçonte ses aventures, où il fait entrer les particularités de la mort d'Hercule, causée par la tunique empoisonnée que le Centaure Nessus avoit donnée à Déjanire. Il lui explique comment il obtint de ce héros ses fleches fatales, sans lesquelles la ville de Troie ne pouvoit être prise ; comment il fut puni d'avoir trahi son secret, par tous les maux qu'il souffrit dans l'isle de Lemnos, & comme Ulysse se servit de Néoptoleme pour l'engager à aller au siége de Troie, où il fut guéri de sa blessure par les fils d'Esculape.

CEPENDANT Télémaque montroit son courage dans les périls de la guerre. En

Télémaque gagne l'amitié de Philoctete, qui lui racon.
ses avantures.

partant de Salente, il s'appliqua à ga-
gner l'affection des vieux capitaines dont
la réputation & l'expérience étoient au
comble. Neftor, qui l'avoit déja vu à
Pylos, & qui avoit toujours aimé Ulyffe,
le traitoit comme s'il eût été fon propre
fils. Il lui donnoit des inftructions, qu'il
appuyoit de divers exemples : il lui ra-
contoit toutes les aventures de fa jeu-
neffe, & tout ce qu'il avoit vu faire de
plus remarquable aux héros de l'âge
paffé. La mémoire de ce fage vieillard,
qui avoit vécu trois âges d'homme, étoit
comme une hiftoire des anciens tems
gravée fur le marbre & fur l'airain.

Philoctete n'eut pas d'abord la même
inclination que Neftor pour Télémaque :
la haine qu'il avoit nourrie fi long-tems
dans fon cœur contre Ulyffe, l'éloignoit
de fon fils ; & il ne pouvoit voir qu'a-
vec peine tout ce qu'il fembloit que les
dieux préparoient en faveur de ce jeune
homme pour le rendre égal aux héros
qui avoient renverfé la ville de Troie.
Mais enfin la modération de Télémaque

vainquit tous les reſſentimens de Phi-
loctete; il ne put ſe défendre d'aimer
cette vertu douce & modeſte. Il prenoit
ſouvent Télémaque, & lui diſoit : Mon
fils (car je ne crains plus de vous nom-
mer ainſi), votre pere & moi , je l'a-
voue , nous avons été long-tems enne-
mis l'un de l'autre : j'avoue même qu'a-
près que nous eûmes fait tomber la ſu-
perbe ville de Troie, mon cœur n'étoit
point encore appaiſé ; & quand je vous
ai vu, j'ai ſenti de la peine à aimer la
vertu dans le fils d'Ulyſſe. Je me le ſuis
ſouvent reproché. Mais enfin la vertu ,
quand elle eſt douce , ſimple , ingénue
& modeſte , ſurmonte tout. Enſuite Phi-
loctete s'engagea inſenſiblement à lui
raconter ce qui avoit allumé dans ſon
cœur tant de haine contre Ulyſſe.

Il faut , dit-il , reprendre mon hiſ-
toire de plus haut. Je ſuivis par-tout le
grand Herculé, qui a délivré la terre de
tant de monſtres, & devant qui les au-
tres héros n'étoient que comme ſont
les foibles roſeaux auprès d'un grand

chêne, ou comme les moindres oifeaux en préfence de l'aigle. Ses malheurs & les miens vinrent d'une paffion qui caufe les défaftres les plus affreux, c'eft l'amour. Hercule, qui avoit vaincu tant de monftres, ne pouvoit vaincre cette paffion honteufe; & le cruel enfant Cupidon fe jouoit de lui. Il ne pouvoit fe reffouvenir, fans rougir de honte, qu'il avoit autrefois oublié fa gloire jufqu'à filer auprès d'Omphale, reine de Lydie, comme le plus lâche & le plus efféminé de tous les hommes : tant il avoit été entraîné par un amour aveugle. Cent fois il m'a avoué que cet endroit de fa vie avoit terni fa vertu, & prefque effacé la gloire de tous fes travaux.

Cependant, ô dieux! telle eft la foibleffe & l'inconftance des hommes, ils fe promettent tout d'eux-mêmes, & ne réfiftent à rien. Hélas! le grand Hercule retomba dans les pieges de l'amour qu'il avoit fi fouvent détefté : il aima Déjanire. Trop heureux s'il eût été conftant dans cette paffion pour une femme

qui fut fon époufe ! Mais bientôt la jeu-
neffe d'Iole, fur le vifage de laquelle
les graces étoient peintes, ravit fon
cœur. Déjanire brûla de jaloufie : elle
fe reffouvint de cette fatale tunique que
le Centaure Neffus lui avoit laiffée en
mourant, comme un moyen affuré de
réveiller l'amour d'Hercule toutes les
fois qu'il paroîtroit la négliger pour en
aimer quelque autre. Cette tunique,
pleine du fang vénimeux du Centaure,
renfermoit le poifon des fleches dont ce
monftre avoit été percé. Vous favez que
les fleches d'Hercule, qui tua ce perfide
Centaure, avoient été trempées dans le
fang de l'hydre de Lerne, & que ce
fang empoifonnoit ces fleches, en forte
que toutes les bleffures qu'elles faifoient
étoient incurables.

Hercule, s'étant revêtu de cette tuni-
que, fentit bientôt le feu dévorant qui
fe gliffoit jufques dans la moëlle de fes
os ; il pouffoit des cris horribles dont
le mont Oéta réfonnoit ; & faifoit reten-
tit toutes les profondes vallées ; la mer
même en paroiffoit émue : les taureaux

les

les plus furieux qui auroient mugi dans leurs combats, n'auroient pas fait un bruit auffi affreux. Le malheureux Lichas, qui lui avoit apporté de la part de Déjanirè cette tunique, ayant ofé s'approcher de lui, Hercule, dans le tranfport de fa douleur, le prit, le fit pirouetter comme un frondeur fait tourner avec fa fronde la pierre qu'il veut jetter loin de lui. Ainfi Lichas, lancé du haut de la montagne par la puiffante main d'Hercule, tomba dans les flots de la mer, où il fut changé tout-à-coup en un rocher qui garde encore la figure humaine, & qui, étant toujours battu par les vagues irritées, épouvante de loin les fages pilotes.

Après ce malheur de Lichas, je crus que je ne pouvois plus me fier à Hercule; je fongeois à me cacher dans les cavernes les plus profondes. Je le voyois déraciner fans peine, d'une main, les hauts fapins & les vieux chênes, qui, depuis plufieurs fiecles, avoient méprifé les vents & les tempêtes. De l'autre main , il tâchoit en vain d'arracher de deſſus ſon dos la fatale tunique : elle s'étoit collée ſur ſa peau & comme incorporée à ſes membres. A meſure qu'il la déchiroit , il déchiroit auſſi ſa peau & ſa chair ; ſon ſang ruiſſeloit , & trempoit la terre. Enfin , ſa vertu ſurmontant ſa douleur, il s'écria : Tu vois, ô mon cher Philoctete , les maux que les dieux me font ſouffrir : ils ſont juſtes ; c'eſt moi qui les ai offenſés ; j'ai violé l'amour conjugal. Après avoir vaincu tant d'en-nemis , je me ſuis lâchement laiſſé vaincre par l'amour d'une beauté étran-gere : je péris ; & je ſuis content de pé-rir pour appaiſer les dieux. Mais , hélas! cher ami, où eſt-ce que tu fuis ? L'ex-cès de la douleur m'a fait commettre , il eſt vrai, contre ce miſérable Lichas , une cruauté que je me reproche ; il n'a pas ſu quel poiſon il me préſentoit ; il n'a point mérité ce que je lui ai fait ſouffrir : mais crois-tu que je puiſſe ou-blier l'amitié que je te dois , & vou-loir t'arracher la vie ? Non, non, je ne

cefferai point d'aimer Philoctete. Philo-
ctete recevra dans fon fein mon ame
prête à s'envoler: c'eft lui qui recueillera
mes cendres. Où es-tu donc, ô mon
cher Philoctete ? Philoctete, la feule ef-
pérance qui me refte ici-bas !

A ces mots, je me hâte de courir
vers lui. Il me tend les bras, & veut
m'embraffer ; mais il fe retient, dans
la crainte d'allumer dans mon fein le
feu cruel dont il eft lui-même brûlé.
Hélas ! dit-il, cette confolation même
ne m'eft plus permife ! En parlant ain-
fi, il affemble tous ces arbres qu'il vient
d'abattre : il en fait un bûcher fur le
fommet de la montagne ; il monte tran-
quillement fur le bûcher ; il étend la
peau du Lion de Némée, qui avoit fi
long-tems couvert fes épaules lorfqu'il
alloit d'un bout de la terre à l'autre
abattre les monftres & délivrer les mal-
heureux; il s'appuie fur fa maffue ; &
il m'ordonne d'allumer le feu du bû-
cher.

Mes mains tremblantes & faifies
D ij

d'horreur, ne purent lui refuſer ce cruel office ; car la vie n'étoit plus pour lui un préſent des dieux, tant elle lui étoit funeſte : je craignis même que l'excès de ſes douleurs ne le tranſportât juſqu'à faire quelque choſe d'indigne de cette vertu qui avoit étonné l'univers. Comme il vit que la flamme commençoit à prendre au bûcher : C'eſt maintenant, s'écria-t-il, mon cher Philoctete, que j'éprouve ta véritable amitié ; car tu aimes mon honneur plus que ma vie. Que les dieux te le rendent ! Je te laiſſe ce que j'ai de plus précieux ſur la terre, ces flechçs trempées dans le ſang de l'hydre de Lerne. Tu ſais que les bleſſures qu'elles font ſont incurables ; par elles tu ſeras invincible, comme je l'ai été, & aucun mortel n'oſera combattre contre toi. Souviens-toi que je meurs fidele à notre amitié, & n'oublie jamais combien tu m'as été cher. Mais s'il eſt vrai que tu ſois touché de mes maux, tu peux me donner une derniere conſolation : promets-moi de ne découvrir jamais à

aucun mortel ni ma mort ni le lieu où
tu auras caché mes cendres. Je le luï
promis; hélas! je le jurai même en ar-
rofant fon bûcher de mes larmes. Un
rayon de joie parut dans fes yeux : mais
tout-à-coup un tourbillon de flamme
qui l'enveloppa étouffa fa voix, & le dé-
roba prefque à ma vue. Je le voyois
encore néanmoins au travers des flam-
mes avec un vifage auffi ferein que s'il
eût été couronné de fleurs & couvert
de parfums dans la joie d'un feftin dé-
licieux, au milieu de tous fes amis.

Le feu confuma bientôt tout ce qu'il
y avoit de terreftre & de mortel en luï.
Bientôt il ne lui refta rien de tout ce
qu'il avoit reçu dans fa naiffance de fa
mere Alcmene ; mais il conferva par
l'ordre de Jupiter, cette nature fubtile
& immortelle, cette flamme célefte qui
eft le vrai principe de vie, & qu'il avoit
reçue du pere des dieux. Ainfi il alla
avec eux, fous les voûtes dorées du bril-
lant Olympe, boire le nectar, où les
dieux lui donnerent pour époufe l'aimable

Hébé, qui eſt la déeſſe de la jeuneſſe, & qui verſoit le nectar dans la coupe du grand Jupiter, avant que Ganymede eût reçu cet honneur.

Pour moi, je trouvai une ſource iné-puiſable de douleurs dans ces fleches qu'il m'avoit données pour m'élever au-deſſus de tous les héros. Bientôt les rois ligués entreprirent de venger Ménélas de l'infâme Pâris, qui avoit enlevé Hé-lene, & de renverſer l'empire de Priam. L'oracle d'Apollon leur fit entendre qu'ils ne devoient point eſpérer de finir heureuſement cette guerre, à moins qu'ils n'euſſent les fleches d'Hercule.

Ulyſſe votre pere, qui étoit toujours le plus éclairé & le plus induſtrieux dans tous les conſeils, ſe chargea de me per-ſuader d'aller avec eux au ſiege de Troie, & d'y apporter les fleches qu'il croyoit que j'avois. Il y avoit déja long-tems qu'Hercule ne paroiſſoit plus ſur la ter-re : on n'entendoit plus parlr d'aucun nouvel exploit de ce héros : les monſ-tres & les ſcélérats recommençoient à

paroître impunément. Les Grecs ne fa-
voient que croire de lui : les uns di-
foient qu'il étoit mort ; d'autres foute-
noient qu'il étoit allé jufques fous l'our-
fe glacée dompter les Scythes. Mais
Ulyffe foutint qu'il étoit mort , & en-
treprit de mé le faire avouer. Il me
vint trouver dans un tems où je ne
pouvois encore me confoler d'avoir
perdu le grand Alcide. Il eut une peine
extrême à m'aborder ; car je ne pouvois
plus voir les hommes : je ne pouvois
fouffrir qu'on m'arrachât de ces déferts
du mont Oéta , où j'avois vu périr
mon ami ; je ne fongeois qu'à me
repeindre l'image de ce héros , & qu'à
pleurer à la vue de ces triftes lieux.
Mais la douce & puiffante perfuafion
étoit fur les levres de votre pere : il pa-
rut prefque auffi affligé que moi ; il
verfa des larmes ; il fut gagner infen-
fiblement mon cœur & attirer ma con-
fiance ; il m'attendrit pour les rois grecs
qui alloient combattre pour une jufte
caufe , & qui ne pouvoient réuffir fans

moi. Il ne put jamais néanmoins m'arracher le fecret de la mort d'Hercule, que j'avois juré de ne dire jamais ; mais il ne doutoit point qu'il ne fût mort, & il me preffoit de lui découvrir le lieu où j'avois caché fes cendres.

Hélas ! j'eus horreur de faire un parjure en lui difant un fecret que j'avois promis aux dieux de ne dire jamais ; j'eus la foibleffe d'éluder mon ferment, n'ofant le violer : les dieux m'en ont puni. Je frappai du pied la terre à l'endroit où j'avois mis les cendres d'Hercule. Enfuite j'allai joindre les rois ligués, qui me reçurent avec la même joie qu'ils auroient reçu Hercule même. Comme je paffois dans l'ifle de Lemnos, je voulus montrer à tous les Grecs ce que mes fleches pouvoient faire ; me préparant à percer un daim qui fe lançoit dans un bois, je laiffai par mégarde tomber la fleche de l'arc fur mon pied, & elle me fit une bleffure que je reffens encore. Auffi-tôt j'éprouvai les mêmes douleurs qu'Hercule avoit fouffertes ; je

remplissois nuit & jour l'isle de mes
cris ; un sang noir & corrompu coulant
de ma plaie infectoit l'air, & répandoit
dans le camp des Grecs une puanteur
capable de suffoquer les hommes les plus
vigoureux. Toute l'armée eut horreur
de me voir dans cette extrémité ; cha-
cun conclut que c'étoit un supplice qui
m'étoit envoyé par les justes dieux.

Ulysse, qui m'avoit engagé dans cette
guerre, fut le premier à m'abandonner:
J'ai reconnu, depuis, qu'il l'avoit fait
parce qu'il préféroit l'intérêt commun
de la Grece, & la victoire, à toutes les
raisons d'amitié & de bienséance par-
ticuliere. : on ne pouvoit plus sacrifier
dans le camp tant l'horreur de ma plaie,
son infection, & la violence de mes
cris, troubloient toute l'armée. Mais au
moment où je me vis abandonné de
tous les Grecs par les conseils d'Ulysse,
cette politique me parut pleine de la
plus horrible inhumanité & de la plus
noire trahison. Hélas ! j'étois aveugle,
& je ne voyois pas qu'il étoit juste que

les plus sages hommes fussent contre
moi, de même que les dieux que j'avois
irrités.

Je demeurai, presque pendant tout
le siege de Troie, seul, sans secours,
sans espérance, sans soulagement, livré à
d'horribles douleurs, dans cette isle déserte
& sauvage, où je n'entendois que le
bruit des vagues de la mer qui se bri-
soient contre les rochers. Je trouvai,
au milieu de cette solitude, une ca-
verne vuide dans un rocher qui élevoit
vers le ciel deux pointes semblables à
deux têtes : de ce rocher sortoit une
fontaine claire. Cette caverne étoit la
retraite des bêtes farouches, à la fureur
desquelles j'étois exposé nuit & jour.
J'amassai quelques feuilles pour me
coucher. Il ne me restoit pour tout bien
qu'un pot de bois grossiérement tra-
vaillé, & quelques habits déchirés, dont
j'enveloppois ma plaie pour arrêter le
sang, & dont je me servois aussi pour
la nettoyer. Là, abandonné des hom-
mes, & livré à la colere des dieux,

je paſſois mon tems.à percer de mes
fleches les colombes & les autres oiſeaux
qui voloient autour de ce rocher. Quand
j'avois tué quelque oiſeau pour ma nour-
riture , il falloit que je me traînaſſe
contre terre avec douleur pour aller ra-
maſſer ma proie : ainſi mes mains me
préparoient de quoi me nourrir.

Il eſt vrai que les Grecs en partant
me laiſſerent quelques proviſions ; mais
elles durerent peu. J'allumois du feu
avec des cailloux. Cette vie , toute af-
freuſe qu'elle eſt , m'eût paru douce loin
des hommes ingrats & trompeurs , ſi la
douleur ne m'eût accablé , & ſi je n'euſſe
ſans ceſſe repaſſé dans mon eſprit ma
triſte aventure. Quoi ! diſois-je , tirer
un homme de ſa patrie , comme le ſeul
homme qui puiſſe venger la Grece , &
puis l'abandonner dans cette iſle déſerte
pendant ſon ſommeil ! car ce fut pen-
dant mon ſommeil que les Grecs par-
tirent. Jugez quelle fut ma ſurpriſe , &
combien je verſai de larmes à mon ré-
veil , quand je vis les vaiſſeaux fendre

les ondes. Hélas ! cherchant de tous côtés dans cette ifle fauvage & horrible, je n'y trouvai que la douleur.

Dans cette ifle il n'y a ni port, ni commerce, ni hofpitalité, ni homme qui y aborde volontairement. On n'y voit que les malheureux que les tempêtes y ont jettés, & on n'y peut efpérer de fociété que par des naufrages : encore même ceux qui venoient en ce lieu n'ofoient me prendre pour me ramener ; ils craignoient la colere des dieux & celle des Grecs. Depuis dix ans je fouffrois la honte, la douleur, la faim ; je nourriffois une plaie qui me dévoroit ; l'efpérance même étoit éteinte dans mon cœur.

Tout-à-coup, revenant de chercher des plantes médicinales pour ma plaie, j'apperçus dans mon antre un jeune homme, beau, gracieux, mais fier & d'une taille de héros. Il me fembla que je voyois Achille, tant il en avoit les traits, les regards & la démarche : fon âge feul me fit comprendre que ce ne

pouvoit être lui. Je remarquai fur fon
vifage tout enfemble la compaffion &
l'embarras : il fut touché de voir avec
quelle peine & quelle lenteur je me traî-
nois : les cris perçans & douloureux dont
je faifois retentir les échos de ce rivage
attendrirent fon cœur.

O étranger ! lui dis-je d'affez loin,
quel malheur t'a conduit dans cette ifle
inhabitée ? je reconnois l'habit grec, cet
habit qui m'eft encore fi cher. Oh ! qu'il
me tarde d'entendre ta voix, & de trou-
ver fur tes levres cette langue que j'ai
apprife dès l'enfance, & que je ne puis
plus parler à perfonne depuis fi long-
tems dans cette folitude ! Ne fois point
effrayé de voir un homme fi malheu-
reux ; tu dois en avoir pitié.

A peine Néoptoleme m'eut dit, je
fuis Grec, que je m'écriai : O douces
paroles, après tant d'années de filence &
de douleur fans confolation ! ô mon
fils ! quel malheur, quelle tempête,
ou plutôt, quel vent favorable t'a con-
duit ici pour finir mes maux ? Il me ré-

pondit : Je fuis de l'ifle de Scyros, j'y retourne ; on dit que je fuis fils d'Achille : tu fais tout.

Des paroles fi courtes ne contentoient pas ma curiofité ; je lui dis : O fils d'un pere que j'ai tant aimé ! cher nourriffon de Lycomede, comment viens-tu donc ici ? d'où viens-tu ? Il me répondit qu'il venoit du fiege de Troie. Tu n'étois pas, lui dis-je, de la premiere expédition. Et toi, me dit-il, en étois-tu ? Alors je lui répondis : Tu ne connois, je le vois bien, ni le nom de Philoctete ni fes malheurs. Hélas ! infortuné que je fuis, mes perfécuteurs m'infultent dans ma mifere ; la Grece ignore ce que je fouffre : ma douleur augmente. Les Atrides m'ont mis dans cet état : que les dieux le leur rendent !

Enfuite je lui racontai de quelle maniere les Grecs m'avoient abandonné. Auffi-tôt qu'il eut écouté mes plaintes, il me fit les fiennes. Après la mort d'Achille, me dit-il.... D'abord je l'interrompis, en lui difant : Quoi ! Achille eſt mort ! Pardonne-moi , mon fils , ſi je trouble ton récit par les larmes que je dois à ton pere. Néoptoleme me ré-pondit : Vous me conſolez en, m'inter-rompant : qu'il m'eſt doux de voir Phi-loctete pleurer mon pere !

Néoptoleme reprenant ſon diſcours , me dit : Après la mort d'Achille , Ulyſ-ſe & Phénix me vinrent chercher , aſſu-rant qu'on ne pouvoit ſans moi renver-ſer la ville de Troie. Ils n'eurent aucune peine à m'emmener ; car la douleur de la mort d'Achille , & le deſir d'hériter de ſa gloire dans cette célebre guerre , m'engageoient aſſez à les ſuivre. J'ar-rive à Sigée : l'armée s'aſſemble autour de moi : chacun jure qu'il revoit Achille ; mais , hélas ! il n'étoit plus. Jeune & ſans expérience , je croyois pouvoir tout eſpérer de ceux qui me donnoient tant de louanges. D'abord je demande aux Atrides les armes de mon pere ; ils me répondent cruellement : Tu auras le reſte de ce qui lui appartenoit ; mais pour ſes armes, elles ſont deſtinées à Ulyſſe.

Auſſi-tôt je me trouble, je pleure, je m'emporte : mais Ulyſſe, ſans s'émouvoir, me diſoit : Jeune homme, tu n'étois pas avec nous dans les périls de ce long ſiége ; tu n'as pas mérité de telles armes; & tu parles déja trop fièrement : jamais tu ne les auras. Dépouillé injuſtement par Ulyſſe, je m'en retourne dans l'iſle de Scyros, moins indigné contre Ulyſſe que contre les Atrides. Que quiconque eſt leur ennemi, puiſſe être l'ami des dieux ! O Philoctete, j'ai tout dit.

Alors je demandai à Néoptoleme comment Ajax Télamonien n'avoit pas empêché cette injuſtice. Il eſt mort, me répondit-il. Il eſt mort ! m'écriai-je : & Ulyſſe ne meurt point ! au contraire, il fleurit dans l'armée ! Enſuite je lui demandai des nouvelles d'Antiloque, fils du ſage Neſtor, & de Patrocle, ſi chéri par Achille. Ils ſont morts auſſi, me dit-il. Auſſi-tôt je m'écriai encore : Quoi !

morts ! Hélas ! que me dis-tu ! Ainſi la
cruelle guerre moiſſonne les bons , &
épargne les méchans. Ulyſſe eſt donc en
vie ? Therſite l'eſt auſſi ſans doute ? Voilà
ce que font les dieux : & nous les loue-
rions encore !

Pendant que j'étois dans cette fureur
contre votre pere , Néoptoleme conti-
nuoit à me tromper ; il ajouta ces triſ-
tes paroles : Loin de l'armée grecque ,
où le mal prévaut ſur le bien , je vais
vivre content dans la ſauvage iſle de
Scyros. Adieu , je pars : que les dieux
vous guériſſent !

Auſſi-tôt je lui dis : O mon fils, je
te conjure par les mânes de ton pere ,
par ta mere , par tout ce que tu as de
plus cher ſur la terre, de ne me laiſſer
pas ſeul dans les maux que tu vois. Je
n'ignore pas combien je te ſerai à char-
ge , mais il y auroit de la honte à m'a-
bandonner. Jette-moi à la proue , à la
pouppe , dans la ſentine même , par-
tout où je t'incommoderai le moins. Il
n'y a que les grands cœurs qui ſachent

combien il y a de gloire à être bon. Ne me laiffe point en un défert où il n'y a aucun veftige d'hommes ; mene - moi dans ta patrie ou dans l'Eubée , qui n'eft pas loin du mont Oéta , de Trachine , & des bords agréables du fleuve Sperchius: rends-moi à mon pere. Hélas ! je crains qu'il ne foit mort ! Je lui avois mandé de m'envoyer un vaiffeau : ou il eft mort , ou bien ceux qui m'avoient promis de lui dire ma mifere, ne l'ont pas fait. J'ai recours à toi, ô mon fils ! fouviens-toi de la fragilité des chofes humaines : celui qui eft dans la profpérité , doit craindre d'en abufer, & fecourir les malheureux.

Voilà ce que l'excès de la douleur me faifoit dire à Néoptoleme. Il me promit de m'emmener. Alors je m'écriai encore : O heureux jour ! ô aimable Néoptoleme, digne de la gloire de fon pere ! chers compagnons de ce voyage, fouffrez que je dife adieu à cette trifte demeure. Voyez où j'ai vécu ; comprenez ce que j'ai fouffert, nul autre n'eût pû le souffrir ; mais la nécessité m'avoit instruit, & elle apprend aux hommes ce qu'ils ne pourroient jamais savoir autrement. Ceux qui n'ont jamais souffert, ne savent rien ; ils ne connoissent ni les biens, ni les maux ; ils s'ignorent eux-mêmes. Après avoir parlé ainsi, je pris mon arc & mes fleches.

. Néoptoleme me pria de souffrir qu'il les baisât, ces armes si célebres & consacrées par l'invincible Hercule. Je lui répondis : Tu peux tout ; c'est toi, mon fils, qui me rends aujourd'hui la lumiere, ma patrie, mon pere accablé de vieillesse, mes amis, moi-même : tu peux toucher ces armes, & te vanter d'être le seul d'entre les Grecs qui ait mérité de les toucher. Aussi-tôt Néoptoleme entre dans ma grotte pour admirer mes armes.

Cependant une douleur cruelle me saisit, elle me trouble, je ne sais plus ce que je fais ; je demande un glaive tranchant pour couper mon pied ; je m'écrie : O mort tant desirée ! que ne viens-

tu ? O jeune homme ! brûle-moi tout à-
l'heure, comme je brûlai le fils de Ju-
piter ! O terre ! ô terre ! reçois un mou-
rant qui ne peut plus se relever ! De
ce transport de douleur je tombai sou-
dainement, selon ma coutume, dans un
assoupissement profond ; une grande sueur
commença à me soulager ; un sang noir
& corrompu coula de ma plaie. Pendant
mon sommeil, il eût été facile à Néop-
toleme d'emporter mes armes & de par-
tir : mais il étoit fils d'Achille, & n'étoit
pas né pour tromper.

En m'éveillant, je reconnus son em-
barras : il soupiroit, comme un homme
qui ne sait pas dissimuler, & qui agit
contre son cœur. Me veux-tu donc sur-
prendre ? lui dis-je : qu'y a-t-il donc ?
Il faut, me répondit-il, que vous me
suiviez au siege de Troie. Je repris aussi-
tôt : Ah ! qu'as-tu dit, mon fils ? Rends-
moi cet arc ; je suis trahi ! ne m'arrache
pas la vie. Hélas ! il ne répond rien, il
me regarde tranquillement, rien ne
le touche. O rivages ! ô promontoires

de cette ifle ! ô bêtes farouches ! ô ro-
chers efcarpés ! c'eft à vous que je me
plains ; car je n'ai que vous à qui je puis
me plaindre : vous êtes accoutumés à
mes gémiffemens. Faut-il que je fois
trahi par le fils d'Achille ! Il m'enleve
l'arc facré d'Hercule ; il veut me traîner
dans le camp des Grecs pour triompher
de moi ; il ne voit pas que c'eft triom-
pher d'un mort, d'une ombre, d'une
image vaine. Oh ! s'il m'eût attaqué
dans ma force.... ! mais encore à préfent,
ce n'eft que par furprife. Que ferai-je ?
Rends, mon fils, rends : fois femblable
à ton pere, femblable à toi-même. Que
dis-tu ?.... Tu ne dis rien !... O ro-
cher fauvage ! je reviens à toi, nud, mi-
férable, abandonné, fans nourriture :
je mourrai feul dans cet antre : n'ayant
plus mon arc pour tuer les bêtes, les
bêtes me dévoreront : n'importe. Mais,
mon fils, tu ne parois pas méchant ; quel-
que confeil te pouffe : rends-moi mes
armes ; va-t-en.

Néoptoleme, les larmes aux yeux, difoit tout bas : Plût aux dieux que je ne fuſſe jamais parti de Scyros ! Cependant je m'écrie : Ah ! que vois-je ? n'eſt-ce pas Ulyſſe ? Auſſi-tôt j'entends ſa voix, & il me répond : Oui, c'eſt moi. Si le ſombre royaume de Pluton ſe fût entr'ouvert, & que j'euſſe vu le noir Tartare que les dieux mêmes craignent d'entrevoir, je n'aurois pas été ſaiſi, je l'avoue, d'une plus grande horreur. Je m'écriai encore : O terre de Lemnos, je te prends à témoin ! O ſoleil ! tu le vois, & tu le ſouffres ! Ulyſſe me répondit ſans s'émouvoir : Jupiter le veut, & je l'exécute. Oſes-tu, lui diſois-je, nommer Jupiter ? Vois-tu ce jeune homme qui n'étoit point né pour la fraude, & qui ſouffre en exécutant ce que tu l'obliges de faire ? Ce n'eſt pas pour vous tromper, me dit Ulyſſe, ni pour vous nuire, que nous venons ; c'eſt pour vous délivrer, vous guérir, vous donner la gloire de renverſer Troie, & vous ra-

mener dans votre patrie. C'eſt vous,
& non pas Ulyſſe, qui ètes l'ennemi de
Philoctete.

Alors je dis à votre pere tout ce que
la fureur pouvoit m'inſpirer : Puiſque tu
m'as abandonné ſur ce rivage, lui diſois-
je, que ne m'y laiſſes-tu en paix ? Va
chercher la gloire des combats & tous
les plaiſirs; jouis de ton bonheur avec les
Atrides : laiſſe-moi ma miſere & ma
douleur. Pourquoi m'enlever ? je ne ſuis
plus rien; je ſuis déja mort. Pourquoi
ne crois-tu pas encore aujourd'hui,
comme tu le croyois autrefois, que je
ne ſaurois partir ; que mes cris & l'in-
fection de ma plaie troubleroient les ſa-
crifices ? O Ulyſſe, auteur de mes maux,
que les dieux puiſſent te...! Mais les
dieux ne m'écoutent point; au contrai-
re, ils excitent mon ennemi. O terre
de ma patrie, que je ne reverrai ja-
mais !.... O dieux, s'il en reſte encore
quelqu'un d'aſſez juſte pour avoir pitié
de moi, puniſſez, puniſſez Ulyſſe; alors
je me croirai guéri !

Pendant que je parlois ainſi, votre père, tranquille, me regardoit avec un air de compaſſion, comme un homme qui, loin d'être irrité, ſupporte & excuſe le trouble d'un malheureux que là fortune a aigri. Je le voyois ſemblable à un rocher qui, ſur le ſommet d'une montagne, ſe joue de la fureur des vents, & laiſſe épuiſer leur rage, pendant qu'il demeure immobile. Ainſi votre pere demeurant dans le ſilence, attendoit que ma colere fût épuiſée; car il ſavoit qu'il ne faut attaquer les paſſions des hommes, pour les réduire à là raiſon, que quand elles commencent à s'affoiblir par une eſpece de laſſitude. Enſuite il me dit ces paroles: O Philoctete! qu'avez-vous fait de votre raiſon & de votre courage? voici le moment de s'en ſervir. Si vous refuſez de nous ſuivre pour remplir les grands deſſeins de Jupiter ſur vous, adieu; vous êtes indigne d'être le libérateur de la Grece & le deſtructeur de Troie. Demeurez à Lemnos: ces armes, que j'emporte,

me

me donneroit une gloire qui vous étoit
destinée. Néoptoleme, répartis-je, il est
inutile de dire pour la compassion pour
un seul homme, ne doit pas nous faire
abandonner le salut de la Grèce entière.
Alors je me sentis comme une lionne
à qui l'on vient d'arracher ses petits, elle
remplit les forêts de ses rugissemens. O
caverne, disois-je, jamais je ne me verrai
tirer, tu seras mon tombeau! ô séjour
de ma douleur, plus de nourriture, plus
d'espérance! Qui me donnera un glaive
pour me percer? Oh! si les oiseaux de
proie pouvoient m'enlever! Je ne les
percerai plus de mes fleches! O arc pré-
cieux, arc consacré par les mains du fils
de Jupiter! O cher Hercule, s'il te reste
encore quelque sentiment, n'es-tu pas
indigné? Cet arc n'est plus dans les
mains de ton fidele ami; il est dans les
mains impures & trompeuses d'Ulysse.
Oiseaux de proie, bêtes farouches, ne
fuyez plus cette caverne, mes mains
n'ont plus de fleches; misérable, je ne
puis vous nuire, venez me dévorer!

ou plutôt, que la foudre de l'impitoyable Jupiter m'écrase!

Votre pere, ayant tenté tous les autres moyens pour me perfuader, jugea enfin que le meilleur étoit de me rendre mes armes : il fit figne à Néoptoleme, qui me les rendit auffi-tôt. Alors je lui dis : Digne fils d'Achille, tu montres que tu l'es : mais laiffe-moi percer mon ennemi. Auffi-tôt je voulus tirer une fleche contre votre pere ; mais Néoptoleme m'arrêta, en me difant : La colere vous trouble, & vous empêche de voir l'indigne action que vous voulez faire.

Pour Ulyffe, il paroiffoit auffi tranquille contre mes fleches que contre mes injures. Je me fentis touché de cette intrépidité & de cette patience. J'eus honte d'avoir voulu, dans ce premier tranfport, me fervir de mes armes pour tuer celui qui me les avoit fait rendre : mais comme mon reffentiment n'étoit pas encore appaifé, j'étois inconfolable de devoir mes armes à un homme que je

haïſſois tant. Cependant Néoptoleme
me diſoit : Sachez que le divin Hélé-
nus , fils de Priam, étant ſorti de la
ville de Troie par l'ordre & par l'inſ-
piration des dieux , nous a dévoilé l'a-
venir. La malheureuſe Troie tombera ,
a-t-il dit ; mais elle ne peut tomber qu'a-
près qu'elle aura été attaquée par celui
qui tient les fleches d'Hercule. Cet
homme ne peut guérir que quand il ſera
devant les murailles de Troie : les en-
fans d'Eſculape le guériront.

En ce moment je ſentis mon cœur par-
tagé : j'étois touché de la naïveté de
Néoptoleme , & de la bonne foi avec
laquelle il m'avoit rendu mon arc ; mais
je ne pouvois me réſoudre à voir encore
le jour s'il falloit céder à Ulyſſe , & une
mauvaiſe honte me tenoit en ſuſpens.
Me verra-t-on, diſois-je en moi-même ,
avec Ulyſſe & avec les Atrides ? Que
croira-t-on de moi ?

Pendant que j'étois dans cette incer-
titude , tout-à-coup j'entends une voix
plus qu'humaine : je vois Hercule dans

un nuage éclatant ; il étoit environné de rayons de gloire. Je reconnus facilement ses traits un peu rudes , son corps robuste , & ses manieres simples ; mais il avoit une hauteur & une majesté qui n'avoient jamais paru si grandes en lui quand il domtoit les monstres. Il me dit :

Tu entends , tu vois Hercule. J'ai quitté le haut Olympe pour t'annoncer les ordres de Jupiter. Tu sais par quels travaux j'ai acquis l'immortalité : il faut que tu ailles avec le fils d'Achille , pour marcher sur mes traces dans le chemin de la gloire. Tu guériras, tu perceras de mes fleches Pâris , auteur de tant de maux: Après la prise de Troie , tu enverras de riches dépouilles à Péan , ton pere, sur le mont Oéta; ces dépouilles seront mises sur mon tombeau comme un monument de la victoire due à mes fleches. Et toi, ô fils d'Achille ! je te déclare que tu ne peux vaincre sans Philoctete , ni Philoctete sans toi. Allez donc comme deux lions qui cherchent ensemble leur proie. J'enverrai Esculape à Troie pour guérir Philoctete. Sur-tout, ô Grecs, aimez & observez la religion: le reste meurt; elle ne meurt jamais.

Après avoir entendu ces paroles, je m'écriai : O heureux jour, douce lumiere, tu te montres enfin après tant d'années! Je t'obéis : je pars après avoir salué ces lieux. Adieu, cher antre. Adieu, nymphes de ces prés humides; je n'entendrai plus le bruit sourd des vagues de cette mer. Adieu, rivage où tant de fois j'ai souffert les injures de l'air. Adieu, promontoires où Echo répéta tant de fois mes gémissemens. Adieu, douces fontaines qui me fûtes si ameres. Adieu, ô terre de Lemnos; laisse-moi partir heureusement, puisque je vais où m'appelle la volonté des dieux & de mes amis.

Ainsi nous partîmes. Nous arrivâmes au siege de Troie. Machaon & Podalire, par la divine science de leur pere Esculape, me guérirent, ou du moins me mirent dans l'état où vous me voyez. Je ne souffre plus; j'ai retrouvé toute

ma vigueur : mais je suis un peu boi-
teux. Je fis tomber Pâris comme un ti-
mide faon de biche qu'un chasseur perce
de ses traits. Bientôt Ilion fut réduite en
cendres. Vous savez le reste.

J'avois néanmoins encore je ne sais
quelle aversion pour le sage Ulysse, par
le ressouvenir de mes maux ; sa vertu ne
pouvoit appaiser ce ressentiment : mais la
vue d'un fils qui lui ressemble, & que je
ne puis m'empêcher d'aimer, m'attendrit
le cœur pour le pere même.

Fin du Livre quinzieme.

Télémaque, protégé par Minerve, combat et vainc
Hippias.

LIVRE SEIZIEME.
SOMMAIRE.

Télémaque entre en différend avec Phalante pour des prisonniers qu'ils se disputent : il combat & vainc Hippias, qui, méprisant sa jeunesse, prend de hauteur ces prisonniers pour son frere Phalante. Mais, étant peu content de sa victoire, il gémit en secret de sa témérité & de sa faute, qu'il voudroit réparer. Au même tems Adraste, roi des Dauniens, étant informé que les rois alliés ne songent qu'à pacifier le différend de Télémaque & d'Hippias, va les attaquer à l'improviste. Après avoir surpris cent de leurs vaisseaux pour transporter ses troupes dans leur camp, il y met d'abord le feu, commence l'attaque par le quartier de Phalante, tue son frere Hippias ; & Phalante lui-même est tout percé de ses coups.

PENDANT que Philoctete avoit raconté ainsi ses aventures, Télémaque étoit des

E iv

meuré comme suspendu & immobile.
Ses yeux étoient attachés sur ce grand
homme qui parloit. Toutes les passions
différentes qui avoient agité Hercule,
Philoctete, Ulysse, Néoptoleme, pa-
roissoient tour-à-tour sur le visage naïf
de Télémaque, à mesure qu'elles étoient
représentées dans la suite de cette narra-
tion. Quelquefois il s'écrioit & inter-
rompoit Philoctete sans y penser : quel-
quefois il paroissoit rêveur comme un
homme qui pense profondément à la
suite des affaires. Quand Philoctete dé-
peignit l'embarras de Néoptoleme, qui
ne savoit pas dissimuler, Télémaque pa-
rut dans le même embarras ; & dans ce
moment on l'auroit pris pour Néopto-
leme.

L'armée des alliés marchoit en bon
ordre contre Adraste, roi des Dauniens,
qui méprisoit les dieux, & qui ne cher-
choit qu'à tromper les hommes. Télé-
maque trouva de grandes difficultés pour
se ménager parmi tant de rois jaloux les
uns des autres. Il falloit ne se rendre

ſuſpeƈt à aucun , & ſe faire aimer de
tous. Son naturel étoit bon & ſincere ,
mais peu careſſant ; il ne s'aviſoit guere
de ce qui pouvoit faire plaiſir aux au-
tres : il n'étoit point attaché aux richeſ-
ſes ; mais il ne ſavoit point donner.
Ainſi , avec un cœur noble & porté au
bien , il ne paroiſſoit ni obligeant, ni
ſenſible à l'amitié, ni libéral, ni recon-
noiſſant des ſoins qu'on prenoit pour
lui, ni attentif à diſtinguer le mérite. Il
ſuivoit ſon goût ſans réflexion. Sa mere
Pénélope l'avoit nourri, malgré Men-
tor , dans une hauteur & dans une fierté
qui terniſſoit tout ce qu'il y avoit de
plus aimable en lui. Il ſe regardoit
comme étant d'une autre nature que le
reſte des hommes ; les autres ne lui ſem-
bloient mis ſur la terre par les dieux ,
que pour lui plaire , pour le ſervir , pour
prévenir tous ſes deſirs, & pour rappor-
ter tout à lui, comme à une divinité. Le
bonheur de le ſervir étoit, ſelon lui ,
une aſſez haute récompenſe pour ceux
qui le ſervoient. Il ne falloit jamais rien

trouver d'impoſſible quand il s'agiſſoit
de le contenter; & les moindres retarde-
mens irritoient ſon naturel ardent.

Ceux qui l'auroient vu ainſi dans ſon
naturel, auroient jugé qu'il étoit incapa-
ble d'aimer autre choſe que lui-même;
qu'il n'étoit ſenſible qu'à ſa gloire & à
ſon plaiſir. Mais cette indifférence pour
les autres, & cette attention continuelle
ſur lui-même, ne venoient que du tranſ-
port continuel où il étoit jetté par la
violence de ſes paſſions. Il avoit été
flatté par ſa mere dès le berceau, & il
étoit un grand exemple du malheur de
ceux qui naiſſent dans l'élévation. Les
rigueurs de la fortune, qu'il ſentit dès
ſa premiere jeuneſſe, n'avoient pu mo-
dérer cette impétuoſité & cette hauteur.
Dépourvu de tout, abandonné, expoſé
à tant de maux, il n'avoit rien perdu
de ſa fierté. Elle ſe relevoit toujours,
comme la palme ſouple ſe releve ſans
ceſſe d'elle-même, quelque effort qu'on
faſſe pour l'abaiſſer.

Pendant que Télémaque étoit avec

Mentor, ces défauts ne paroiſſoient point, & ils diminuoient tous les jours. Semblable à un courſier fougueux qui bondit dans les vaſtes prairies, que ni les rochers eſcarpés, ni les précipices ; ni les torrens n'arrêtent, qui ne connoît que la voix & la main d'un ſeul homme capable de le domter, Télémaque, plein d'une noble ardeur, ne pouvoit être retenu que par le ſeul Mentor. Mais auſſi un de ſes regards l'arrêtoit tout-à-coup dans ſa plus grande impétuoſité : il entendoit d'abord ce que ſignifioit ce regard ; il rappelloit auſſi-tôt dans ſon cœur tous les ſentimens de vertu. La ſageſſe de Mentor rendoit en un moment ſon viſage doux & ſerein. Neptune, quand il éleve ſon trident, & qu'il menace les flots ſoulevés, n'appaiſe point plus ſoudainement les noires tempêtes.

Quand Télémaque ſe trouva ſeul, toutes ſes paſſions, ſuſpendues comme un torrent arrêté par une forte digue, reprirent leur cours : il ne put ſouffrir l'arrogance des Lacédémoniens ; & de Phalante qui étoit à leur tête. Cette colonie, qui étoit venue fonder Tarente, étoit composée de jeunes hommes nés pendant le siege de Troie, qui n'avoient eu aucune éducation : leur naissance illégitime, le déréglement de leurs meres, la licence dans laquelle ils avoient été élevés, leur donnoient je ne sais quoi de farouche & de barbare. Ils ressembloient plutôt à une troupe de brigands, qu'à une colonie grecque.

Phalante, en toute occasion, cherchoit à contredire Télémaque : souvent il l'interrompoit dans les assemblées, méprisant ses conseils comme ceux d'un jeune homme sans expérience ; il en faisoit des railleries, le traitant de foible & d'efféminé : il faisoit remarquer aux chefs de l'armée ses moindres fautes. Il tâchoit de semer par-tout la jalousie, & de rendre la fierté de Télémaque odieuse à tous les alliés.

Un jour Télémaque ayant fait sur les Dauniens quelques prisonniers, Pha-

lante prétendit que ces captifs devoient
lui appartenir, parce que c'étoit lui,
disoit-il, qui, à la tête de ses Lacédé-
moniens, avoit défait cette troupe d'en-
nemis; & que Télémaque, trouvant les
Dauniens déja vaincus & mis en fuite,
n'avoit eu d'autre peine que celle de leur
donner la vie, & de les mener dans le
camp. Télémaque soutenoit au contraire
que c'étoit lui qui avoit empêché Pha-
lante d'être vaincu, & qui avoit rem-
porté la victoire sur les Dauniens; Ils
allerent tous deux défendre leur cause
dans l'assemblée des rois alliés. Télé-
maque s'y emporta jusqu'à menacer Pha-
lante; ils se fussent battus sur-le-champ,
si on ne les eût arrêtés.

Phalante avoit un frere nommé Hip-
pias, célebre dans toute l'armée par sa
valeur, par sa force, & par son adres-
se; Pollux, disoient les Tarentins, ne
combattoit pas mieux du ceste; Castor
n'eût pu le surpasser pour conduire un
cheval: il avoit presque la taille & la
force d'Hercule. Toute l'armée le crai-

gnoit ; car il étoit encore plus querel-
leur & plus brutal, qu'il n'étoit fort &
vaillant.

Hippias, ayant vu avec quelle hauteur
Télémaque avoit menacé son frere, va
à la hâte prendre les prisonniers pour les
emmener à Tarente , sans attendre le
jugement de l'assemblée. Télémaque,
à qui on vint le dire en secret, sortit en
frémissant de rage. Tel qu'un sanglier
écumant qui cherche le chasseur par le-
quel il a été blessé, on le voyoit errer
dans le camp, cherchant des yeux son
ennemi , & branlant le dard dont il le
vouloit percer : enfin il le rencontre ;
& en le voyant, sa fureur redouble. Ce
n'étoit plus ce sage Télémaque instruit
par Minerve sous la figure de Mentor ;
c'étoit un frénétique ou un lion furieux.

Aussi-tôt il crie à Hippias : Arrête, ô
le plus lâche de tous les hommes ! arrê-
te ! nous allons voir si tu pourras m'en-
lever les dépouilles de ceux que j'ai vain-
cus. Tu ne les conduiras point à Taren-
te ; và, descends tout-à-l'heure sur les

rives sombres du Styx. Il dit, & il lança
son dard : mais il le lança avec tant de
fureur, qu'il ne put mesurer son coup ;
le dard ne toucha point Hippias. Aussi-
tôt, Télémaque prend son épée, dont la
garde étoit d'or, & que Laërte lui avoit
donnée quand il partit d'Ithaque, com-
me un gage de sa tendresse. Laërte s'en
étoit servi avec beaucoup de gloire pen-
dant qu'il étoit jeune, & elle avoit été
teinte du sang de plusieurs fameux ca-
pitaines des Epirotes dans une guerre
où Laërte fut victorieux. A peine Télé-
maque eut tiré cette épée, qu'Hippias,
qui vouloit profiter de l'avantage de sa
force, se jetta pour l'arracher des mains
du jeune fils d'Ulysse. L'épée se rompt
dans leurs mains ; ils se saisissent & se
serrent l'un l'autre. Les voilà, comme
deux bêtes cruelles qui cherchent à se dé-
chirer ; le feu brille dans leurs yeux ; ils
se raccourcissent, ils s'allongent, ils se bais-
sent, ils se relevent, ils s'élancent ; ils sont
altérés de sang. Les voilà aux prises, pieds
contre pieds, mains contre mains : ces

deux corps entrelacés paroiffent n'en
faire qu'un. Mais Hippias, d'un âge
plus avancé, fembloit devoir accabler
Télémaque, dont la tendre jeuneffe étoit
moins nerveufe. Déja Télémaque, hors
d'haleine, fentoit fes genoux chance-
lans : Hippias, le voyant ébranlé, redou-
bloit fes efforts. C'étoit fait du fils
d'Ulyffe ; il alloit porter la peine de fa
témérité & de fon emportement, fi
Minerve, qui veilloit de loin fur lui,
& qui ne le laiffoit dans cette extrémité
de péril, que pour l'inftruire, n'eût dé-
terminé la victoire en fa faveur.

Elle ne quitta point le palais de Sa-
lente : mais elle envoya Iris, la promp-
te meffagere des dieux. Celle-ci, vo-
lant d'une aile légere, fend les efpaces
immenfes des airs ; laiffant après elle une
longue trace de lumiere qui peignoit un
nuage de mille diverfes couleurs ; elle
ne fe repofa que fur le rivage de la mer
où étoit campée l'armée innombrable
des alliés : elle voit de loin la querelle ;
l'ardeur & les efforts des deux combat-

tans ; elle frémit à la vue du danger où
étoit le jeune Télémaque ; elle s'appro-
che, enveloppée d'un nuage clair qu'elle
avoit formé de vapeurs subtiles. Dans le
moment où Hippias, sentant toute sa
force, se crut victorieux, elle couvrit
le jeune nourriſſon de Minerve de l'é-
gide que la sage déeſſe lui avoit confiée.
Auſſi-tôt Télémaque, dont les forces
étoient épuiſées, commence à se rani-
mer. A meſure qu'il se ranime, Hip-
pias se trouble ; il sent je ne sais quoi
de divin qui l'étonne & qui l'accable.
Télémaque le preſſe & l'attaque, tan-
tôt dans une situation, tantôt dans une
autre ; il l'ébranle ; il ne lui laiſſe aucun
moment pour se raſſurer ; enfin il le
jette par terre ; & tombe sur lui. Un
grand chêne du mont Ida, que la ha-
che a coupé par mille coups dont toute
la forêt a retenti, ne fait pas un plus
horrible bruit en tombant ; la terre en
gémit ; tout ce qui l'environne en eſt
ébranlé. ....

Cependant la sageſſe étoit revenue

avec la force au-dedans de Télémaque.
A peine Hippias fut-il tombé sous lui,
que le fils d'Ulysse comprit la faute qu'il
avoit faite d'attaquer ainsi le frere d'un
des rois alliés qu'il étoit venu secourir ;
il rappella en lui-même avec confusion,
les sages conseils de Mentor : il eut honte
de sa victoire, & comprit qu'il avoit mé-
rité d'être vaincu. Cependant Phalante,
transporté de fureur, accouroit au se-
cours de son frere ; il eût percé Télé-
maque d'un dard qu'il portoit, s'il n'eût
craint de percer aussi Hippias, que Télé-
maque tenoit sous lui dans la poussiere.
Le fils d'Ulysse eût pu sans peine ôter la
vie à son ennemi ; mais sa colere étoit
appaisée, il ne songeoit plus qu'à répa-
rer sa faute, en montrant de la modéra-
tion. Il se leve en disant : O Hippias ! il
me suffit de vous avoir appris à ne mé-
priser jamais ma jeunesse ; vivez ; j'ad-
mire votre force & votre courage. Les
dieux m'ont protégé, cédez à leur puis-
sance : ne songeons plus qu'à combattre
ensemble les Dauniens.

Pendant que Télémaque parloit ainsi, Hippias se relevoit couvert de poussiere & de sang, plein de honte & de rage. Phalante n'ofoit ôter la vie à celui qui venoit de la donner si génereusement à son frere; il étoit en suspens & hors de lui-même. Tous les rois alliés accourent: ils menent d'un côté Télémaque, & de l'autre Phalante & Hippias qui, ayant perdu sa fierté, n'ofoit lever les yeux. Toute l'armée ne pouvoit affez s'étonner que Télémaque, dans un âge si tendre, où les hommes n'ont point encore toute leur force, eût pu renverfer Hippias femblable en force & en grandeur à ces géants, enfans de la terre, qui tenterent autrefois de chaffer de l'olympe les immortels.

Mais le fils d'Ulyffe étoit bien éloigné de jouir du plaifir de cette victoire. Pendant qu'on ne pouvoit fe laffer de l'admirer, il fe retira dans fa tente, honteux de fa faute; & ne pouvant plus fe fupporter lui-même, il gémiffoit de fa promptitude. Il reconnoiffoit combien il étoit injufte & déraifonnable dans fes emportemens : il trouvoit je ne fais quoi de vain, de foible & de bas dans cette hauteur démefurée. Il reconnoiffoit que la véritable grandeur n'eft que dans la modération, la juftice, la modeftie & l'humanité : il le voyoit ; mais il n'ofoit efpérer de fe corriger après tant de re-chûtes ; il étoit aux prifes avec lui - mê-me, & on l'entendoit rugir comme un lion furieux.

Il demeura deux jours renfermé feul dans fa tente, ne pouvant fe réfoudre à fe rendre dans aucune fociété, & fe puniffant foi-même. Hélas ! difoit-il, oferai-je revoir Mentor ? Suis-je le fils d'Ulyffe, le plus fage & le plus patient des hommes ? Suis-je venu porter la di-vifion & le défordre dans l'armée des alliés ? Eft-ce leur fang, ou celui des Dauniens leurs ennemis, que je dois ré-pandre ? J'ai été téméraire ; je n'ai pas même fu lancer mon dard : je me fuis expofé dans un combat avec Hippias à

forces inégales; je n'en devois attendre
que la mort avec la honte d'être vaincu.
Mais qu'importe? je ne serois plus,
non, je ne serois plus ce téméraire Té-
lémaque, ce jeune insensé, qui ne pro-
fite d'aucun conseil : ma honte finiroit
avec ma vie. Hélas ! si je pouvois au
moins espérer de ne plus faire ce que je
suis désolé d'avoir fait ! trop heureux !
trop heureux ! Mais peut-être qu'avant
la fin du jour je ferai & voudrai faire
encore les mêmes fautes dont j'ai main-
tenant tant de honte & d'horreur. O fu-
neste victoire ! ô louanges que je ne puis
souffrir, & qui sont de cruels reproches
de ma folie !

Pendant qu'il étoit seul & inconsola-
ble, Nestor & Philoctete le vinrent
trouver. Nestor voulut lui remontrer le
tort qu'il avoit : mais ce sage vieillard,
reconnoissant bientôt la désolation du
jeune homme, changea ses graves re-
montrances en des paroles de tendresse,
pour adoucir son désespoir.

Les princes alliés étoient arrêtés par

cette querelle, & ils ne pouvoient marcher vers les ennemis, qu'après avoir réconcilié Télémaque avec Phalante & Hippias. On craignoit à toute heure que les troupes des Tarentins n'attaquaſſent les cent jeunes Crétois qui avoient ſuivi Télémaque dans cette guerre : tout étoit dans le trouble pour la faute du ſeul Télémaque ; & Télémaque, qui voyoit tant de maux préſens & de périls pour l'avenir, dont il étoit l'auteur, s'abandonnoit à une douleur amere. Tous les princes étoient dans un extrême embarras : ils n'oſoient faire marcher l'armée, de peur que dans la marche, les Crétois de Télémaque & les Tarentins de Phalante ne combattiſſent les uns contre les autres. On avoit bien de la peine à les retenir au-dedans du camp, où ils étoient gardés de près. Neſtor & Philoctete alloient & venoient ſans ceſſe de la tente de Télémaque à celle de l'implacable Phalante, qui ne reſpiroit que la vengeance. La douce éloquence de Neſtor & l'autorité du grand Philoctete ne pouvoient modérer ce cœur farouche, qui étoit encore sans cesse irrité par les discours pleins de rage de son frere Hippias. Télémaque étoit bien plus doux; mais il étoit abattu par une douleur que rien ne pouvoit consoler.

Pendant que les princes étoient dans cette agitation, toutes les troupes étoient consternées : tout le camp paroissoit comme une maison désolée qui vient de perdre un pere de famille, l'appui de tous ses proches, & la douce espérance de ses petits enfans.

Dans ce désordre & cette consternation de l'armée, on entend tout-à-coup un bruit effroyable de chariots, d'armes, de hennissemens de chevaux, de cris d'hommes; les uns vainqueurs & animés au carnage; les autres, ou fuyants, ou mourants, ou blessés. Un tourbillon de poussiere forme un épais nuage qui couvre le ciel, & qui enveloppe tout le camp. Bientôt à la poussiere se joint une fumée épaisse qui troubloit l'air, & qui ôtoit la respiration. On entendoit un bruit sourd, semblable à celui des tourbillons de flamme que le mont Etna vomit du fond de ses entrailles embrasées, lorsque Vulcain, avec ses Cyclopes, y forge des foudres pour le pere des dieux. L'épouvante saisit les cœurs.

Adraste, vigilant & infatigable, avoit surpris les alliés : il leur avoit caché sa marche, & il étoit instruit de la leur. Pendant deux nuits il avoit fait une incroyable diligence pour faire le tour d'une montagne presque inaccessible, dont les alliés avoient saisi presque tous les passages ; tenant ces défilés, ils se croyoient en pleine sûreté, & prétendoient même pouvoir, par ces passages qu'ils occupoient, tomber sur l'ennemi derriere la montagne, quand quelques troupes qu'ils attendoient leur seroient venues. Adraste, qui répandoit l'argent à pleines mains, pour savoir le secret de ses ennemis, avoit appris leur résolution ; car Nestor & Philoctete, ces deux capitaines d'ailleurs si sages & si expérimentés, n'étoient pas assez secrets dans

leurs

leurs entreprises. Nestor, dans ce dé-
clin de l'âge, se plaisoit trop à racon-
ter ce qui pouvoit lui attirer quelque
louange. Philoctete naturellement par-
loit moins : mais il étoit prompt, & si
peu qu'on excitât sa vivacité, on lui fai-
soit dire ce qu'il avoit résolu de taire.
Les gens artificieux avoient trouvé la
clef de son cœur pour en tirer les plus
importans secrets. On n'avoit qu'à l'ir-
riter : alors, fougueux & hors de lui-
même, il éclatoit par des menaces ; il
se vantoit d'avoir des moyens sûrs de
parvenir à ce qu'il vouloit. Si peu qu'on
parût douter de ces moyens, il se hâtoit
de les expliquer inconsidérément, &
le secret le plus intime échappoit du
fond de son cœur. Semblable à un vase
précieux, mais fêlé, d'où s'écoulent
toutes les liqueurs les plus délicieuses,
le cœur de ce grand capitaine ne pou-
voit rien garder.

    Les traîtres corrompus par l'argent
d'Adraste, ne manquoient pas de se jouer

de la foiblesse de ces deux rois. Ils flat-
toient sans cesse Nestor par de vaines
louanges ; ils lui rappelloient ses victoi-
res passées, admiroient sa prévoyance,
ne se lassoient jamais d'applaudir. D'un
autre côté, ils tendoient des pieges con-
tinuels à l'humeur impatiente de Phi-
loctete ; ils ne lui parloient que de dif-
ficultés, de contretemps, de dangers,
d'inconvénients, de fautes irrémédia-
bles. Aussi-tôt que ce naturel prompt
étoit enflammé, sa sagesse l'abandon-
noit, il n'étoit plus le même homme.

Télémaque, malgré les défauts que
nous avons vus, étoit bien plus prudent
pour garder un secret : il y étoit accou-
tumé par ses malheurs, & par la né-
cessité où il avoit été dès son enfance de
se cacher aux amans de Pénélope. Il sa-
voit taire un secret sans dire aucun men-
songe : il n'avoit point même un cer-
tain air réservé & mystérieux qu'ont d'or-
dinaire les gens secrets ; il ne paroissoit
point chargé du poids du secret qu'il

devoit garder ; on le trouvoit toujours
libre, naturel, ouvert comme un homme
qui a fon cœur fur fes lèvres. Mais en
difant tout ce qu'on pouvoit dire fans
conféquence, il favoit s'arrêter précifé-
ment & fans affectation aux chofes qui
pouvoient donner quelque foupçon &
entamer fon fecret : par-là fon cœur
étoit impénétrable & inacceffible. Ses
meilleurs amis même ne favoient que ce
qu'il croyoit utile de leur découvrir pour
en tirer de fages confeils; & il n'y avoit
que le feul Mentor pour lequel il n'a-
voit aucune réferve. Il fe confioit à d'au-
tres amis, mais à divers degrés, & à
proportion de ce qu'il avoit éprouvé
leur amitié & leur fageffe.

Télémaque avoit fouvent remarqué
que les réfolutions du confeil fe répan-
doient un peu trop dans le camp; il en
avoit averti Neftor & Philoctete. Mais
ces deux hommes fi expérimentés ne fi-
rent pas affez d'attention à un avis fi fa-
lutaire : la vieilleffe n'a plus rien de fou-

ple-; la longue habitude la tient comme enchaînée; elle n'a plus de reſſource contre ſes défauts. Semblables aux arbres dont le tronc rude & noueux s'eſt durci par le nombre des années, & ne peut plus ſe redreſſer, les hommes à un certain âge ne peuvent preſque plus ſe plier eux - mêmes contre certaines habitudes qui ont vieilli avec eux, & qui ſont entrées juſques dans la moëlle de leurs os. Souvent ils les connoiſſent, mais trop tard; ils gémiſſent en vain : la tendre jeuneſſe eſt le ſeul âge où l'homme peut encore tout ſur lui-même pour ſe corriger.

Il y avoit dans l'armée un Dolope, nommé Eurimaque, flatteur inſinuant, ſachant s'accommoder à tous les goûts & à toutes les inclinations des princes; inventif & induſtrieux pour trouver de nouveaux moyens de leur plaire. A l'entendre, rien n'étoit jamais difficile. Lui demandoit-on ſon avis; il devinoit celui qui ſeroit le plus agréable. Il étoit

plaifant , railleur contre les foibles , com.
plaifant pour ceux qu'il craignoit , habile
pour affaifonner une louange délicate
qui fût bien reçue des hommes les plus
modeftes. Il étoit grave avec les graves ,
enjoué avec ceux qui étoient d'une hu-
meur enjouée : il ne lui coûtoit rien de
prendre toutes fortes de formes. Les
hommes finceres & vertueux, qui font
toujours les mêmes , & qui s'affujettif-
fent aux regles de la vertu , ne fauroient
jamais être auffi agréables aux princes ,
que ceux qui flattent leurs paffions do-
minantes. Eurimaque favoit la guerre ;
il étoit capable d'affaires. C'étoit un
aventurier qui s'étoit donné à Neftor &
qui avoit gagné fa confiance ; il tiroit
du fond de fon cœur, un peu vain &
fenfible aux louanges, tout ce qu'il en
vouloit favoir.

Quoique Philoctete ne fe confiât
point à lui, la colere & l'impatience
faifoient en lui ce que la confiance fai-
foit dans Neftor. Eurimaque n'avoit

qu'à le contredire; en l'irritant il dé-
couvroit tout. Cet homme avoit reçu
de grandes sommes d'Adrafte pour lui
mander tous les desseins des alliés. Ce
roi des Dauniens avoit dans l'armée un
certain nombre de transfuges qui de-
voient, l'un après l'autre, s'échapper
du camp des alliés & retourner au sien.
A mesure qu'il y avoit quelque affaire
importante à faire savoir à Adrafte,
Eurimaque faisoit partir un de ces trans-
fuges. La tromperie ne pouvoit pas être
facilement découverte, parce que ces
transfuges ne portoient point de lettres.
Si on les surprenoit, on ne trouvoit
rien qui pût rendre Eurimaque suspect.

Cependant Adrafte prévenoit toutes
les entreprises des alliés. A peine une
résolution étoit-elle prise dans le con-
feil, que les Dauniens faisoient pré-
cifément ce qui étoit nécessaire pour en
empêcher le succès. Télémaque ne se las-
foit point d'en chercher la cause, &
d'exciter la défiance de Neftor & de Phi-

Ioctete : mais fon foin étoit inutile ; ils étoient aveuglés.

On avoit réfolu dans le conseil d'attendre les troupes nombreufes qui devoient arriver ; & on avoit fait avancer fecrètement, pendant la nuit, cent vaiffeaux pour conduire plus promptement ces troupes depuis une côte de mer très-rude, où elles devoient arriver, jufqu'au lieu où l'armée campoit. Cependant on fe croyoit en sûreté, parce qu'on tenoit avec des troupes les détroits de la montagne voifine, qui est une côte prefque inacceffible de l'Apennin. L'armée étoit campée fur les bords du fleuve Galefe, affez près de la mer : cette campagne délicieufe est abondante en pâturages & en tous les fruits qui peuvent nourrir une armée. Adrafte étoit derriere la montagne, & on comptoit qu'il ne pouvoit paffer ; mais comme il fut que les alliés étoient encore foibles, qu'il leur venoit un grand fecours, que les vaiffeaux attendoient des troupes qui devoient arriver, & que l'armée étoit divisée par la querelle de Télémaque avec Phalante, il se hâta de faire un grand tour. Il vint en diligence jour & nuit sur le bord de la mer, & passa par des chemins qu'on avoit toujours crus absolument impraticables. Ainsi là hardiesse & le travail obstiné surmontent les plus grands obstacles; ainsi il n'y a presque rien d'impossible à ceux qui savent oser & souffrir; ainsi ceux qui s'endorment, comptant que les choses difficiles sont impossibles, méritent d'être surpris & accablés.

Adraste surprit au point du jour les cent vaisseaux qui appartenoient aux alliés. Comme ces vaisseaux étoient mal gardés, & qu'on ne se défioit de rien, il s'en saisit sans résistance, & s'en servit pour transporter ses troupes avec une incroyable diligence à l'embouchure du Galese; puis il remonta très-promptement sur les bords du fleuve. Ceux qui étoient dans les postes avancés autour du camp,

vers la riviere, crurent que ces vaisseaux
leur amenoient les troupes qu'on atten-
doit ; on poussa d'abord de grand cris
de joie. Adraste & ses soldats descendi-
rent avant qu'on pût les reconnoître : ils
tombent sur les alliés, qui ne se défient
de rien, ils les trouvent dans un camp
tout ouvert, sans ordre, sans chef, sans
armes.

Le côté du camp qu'il attaqua d'a-
bord, fut celui des Tarentins où com-
mandoit Phalante. Les Dauniens y en-
trerent avec tant de vigueur, que cette
jeunesse Lacédémonienne étant surprise
ne put résister. Pendant qu'ils cherchent
leurs armes, & qu'ils s'embarrassent les
uns les autres dans cette confusion,
Adraste fait mettre le feu au camp. Aussi-
tôt la flamme s'éleve des pavillons &
monte jusqu'aux nues : le bruit du feu
est semblable à celui d'un torrent qui
inonde toute une campagne, & qui
entraîne par sa rapidité les grands chê-
nes avec leurs profondes racines, les

moissons, les granges, les étables & les troupeaux. Le vent pousse impétueusement la flamme de pavillon en pavillon; & bientôt tout le camp est comme une vieille forêt qu'une étincelle de feu a embrasée.

Phalante, qui voit le péril de plus près qu'un autre, ne peut y remédier. Il comprend que toutes les troupes vont périr dans cet incendie, si on ne se hâte d'abandonner le camp, mais il comprend aussi combien le désordre de cette retraite est à craindre devant un ennemi victorieux : il commence à faire sortir sa jeunesse Lacédémonienne encore à demi désarmée. Mais Adraste ne les laisse point respirer : d'un côté, une troupe d'archers adroits perce de fleches innombrables les soldats de Phalante ; de l'autre, des frondeurs jettent une grêle de grosses pierres. Adraste lui-même, l'épée à la main, marchant à la tête d'une troupe choisie des plus intrépides Dauniens, poursuit à la lueur

du feu les troupes qui s'enfuirent. Il
moissonné par le fer tranchant tout ce
qui a échappé au feu; il nage dans le
sang; il ne peut s'assouvir de carnage :
les lions & les tigres n'égalent point sa
furie quand ils égorgent les bergers avec
leurs troupeaux. Les troupes de Pha-
lante succombent, & le courage les
abandonne : la pâle mort, conduite par
une furie infernale dont la tête est hé-
rissée de serpens, glace le sang de leurs
veines; leurs membres engourdis se roi-
dissent, & leurs genoux chancelans leur
ôtent même l'espérance de la fuite.

Phalante à qui la honte & le désef-
poir donne encore un reste de force
& de vigueur, éleve les mains & les
yeux vers le ciel; il voit tomber à ses
pieds son frere Hippias sous les coups
de la main foudroyante d'Adraste. Hip-
pias, étendu par terre, se roule dans la
poussiere; un sang noir & bouillonnant
sort comme un ruisseau de la profonde
blessure qui lui traverse le côté; ses yeux

se ferment à la lumiere; son ame furieuse s'enfuit avec tout son sang. Phalante lui-même, tout couvert du sang de son frere, & ne pouvant le secourir, se voit enveloppé par une foule d'ennemis qui s'efforcent de le renverser; son bouclier est percé de mille traits; il est blessé en plusieurs endroits de son corps; il ne peut plus rallier ses troupes fugitives: les dieux le voient, & ils n'en ont aucune pitié.

Fin du Livre seizieme.

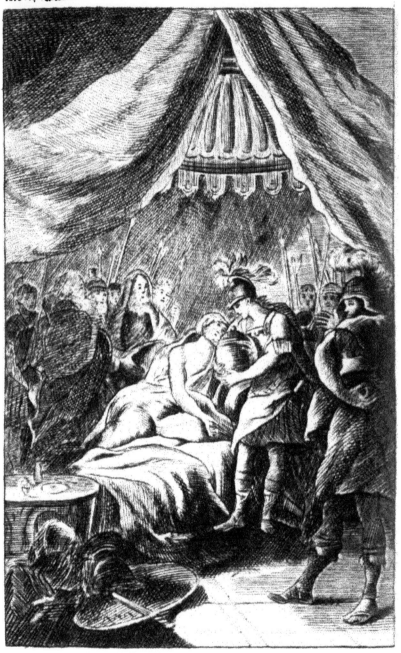

Télémaque apporte à Phalante blessé les cendres de son frere Hippias tué dans le combat.

LIVRE DIX-SEPTIEME.

SOMMAIRE.

Télémaque, s'étant revêtu de ses armes divines, court au secours de Phalante ; renverse d'abord Iphyclès, fils d'Adraste ; repousse l'ennemi victorieux, & remporteroit sur lui une victoire complette, si une tempête survenant ne faisoit finir le combat. Ensuite Télémaque fait emporter les blessés, prend soin d'eux, & principalement de Phalante. Il fait l'honneur des obseques de son frere Hippias, dont il lui va présenter les cendres qu'il a recueillies dans une urne d'or.

JUPITER, au milieu de toutes les divinités célestes, regardoit du haut de l'Olympe ce carnage des alliés. En même tems il consultoit les immuables destinées, & voyoit tous les chefs dont la trame devoit ce jour-là être tranchée par

le ciſeau de la Parque. Chaçun des dieux
étoit attentif pour découvrir ſur le viſa-
ge de Jupiter quelle ſeroit ſa volonté.
Mais le pere des dieux & des hommes
leur dit d'une voix douce & majeſtueuſe :
Vous voyez en quelle extrémité ſont ré-
duits les alliés ; vous voyez Adraſte qui
renverſe tous ſes ennemis : mais ce ſpec-
tacle eſt bien trompeur, la gloire &
la proſpérité des méchans eſt courte :
Adraſte, impie, & odieux par la mau-
vaiſe foi, ne remportera point une en-
tiere victoire. Ce malheur n'arrive aux
alliés, que pour leur apprendre à ſe cor-
riger & à mieux garder le ſecret de leurs
entrepriſes. Ici la ſage Minerve pré-
pare une nouvelle gloire à ſon jeune Té-
lémaque, dont elle fait ſes délices. Alors
Jupiter ceſſa de parler. Tous les dieux
en ſilence continuoient à regarder le
combat.

Cependant Neſtor & Philoctete fu-
rent avertis qu'une partie du camp étoit
déja brûlée ; que la flamme, pouſſée

par le vent, s'avançoit toujours ; que
leurs troupes étoient en défordre, &
que Phalante ne pouvoit plus foutenir
les efforts des ennemis. A peine ces fu-
neftes paroles frappent leurs oreilles,
qu'ils courent aux armes, affemblent les
capitaines, & ordonnent qu'on fe hâte
de fortir du camp pour éviter cet incen-
die.

Télémaque, qui étoit abattu & in-
confolable, oublie fa douleur : il prend
fes armes, don précieux de la fage Mi-
nerve, qui, paroiffant fous la figure de
Mentor, fit femblant de les avoir re-
çues d'un excellent ouvrier de Salente,
mais qui les avoit fait faire à Vulcain
dans les cavernes fumantes du mont
Etna.

Ces armes étoient polies comme une
glace, & brillantes comme les rayons
du foleil. On y voyoit Neptune & Pal-
las qui difputoient entre eux à qui auroit
la gloire de donner fon nom à une ville
naiffante. Neptune de fon trident frap-
poit la terre, & on en voyoit fortir un

cheval fougueux : le feu fortoit de fes yeux, & l'écume de fa bouche ; fes crins flottoient au gré du vent ; fes jambes fouples & nerveufes fe reploioient avec vigueur & légéreté : il ne marchoit point, il fautoit à force de reins, mais avec tant de vîteffe, qu'il ne laiffoit aucune trace de fes pas : on croyoit l'entendre hennir.

De l'autre côté, Minerve donnoit aux habitans de fa nouvelle ville l'olive, fruit de l'arbre qu'elle avoit planté : le rameau auquel pendoit fon fruit, repréfentoit la douce paix avec l'abondance, préférable aux troubles de la guerre, dont ce cheval étoit l'image. La déeffe demeuroit victorieufe par fes dons fimples & utiles, & la fuperbe Athènes portoit fon nom.

On voyoit auffi Minerve affemblant autour d'elle tous les beaux arts, qui étoient des enfans tendres & aîlés : ils fe réfugioient autour d'elle, étant épouvantés des fureurs brutales de Mars, qui ravage tout ; comme les agneaux

bêlans fe réfugient autour de leur mere
à la vue d'un loup affamé, qui d'une
gueule béante & enflammée s'élance
pour les dévorer. Minerve, d'un vifage
dédaigneux & irrité, confondoit par
l'excellence de fes ouvrages la folle té-
mérité d'Arachné, qui avoit ofé dif-
puter avec elle pour la perfection des
tapifferies : on voyoit cette malheureu-
fe, dont tous les membres exténués fe
défiguroient & fe changeoient en arai-
gnée.

Auprès de cet endroit paroiffoit en-
core Minerve, qui, dans la guerre des
géans, fervoit de confeil à Jupiter mê-
me, & foutenoit tous les autres dieux
étonnés. Elle étoit auffi repréfentée avec
fa lance & fon égide fur les bords du
Xanthe & du Simoïs, menant Ulyffe
par la main, ranimant les troupes fu-
gitives des Grecs, foutenant les efforts
des plus vaillans capitaines Troyens &
du redoutable Hector même ; enfin,
introduifant Ulyffe dans cette fatale mai

chine qui devoit en une feule nuit ren-
verfer l'empire de Priam.

D'un autre côté, le bouclier repre-
fentoit Cérès dans les fertiles campagnes
d'Enna qui font au milieu de la Sicile.
On voyoit la déeffe qui raffembloit les
peuples épars çà & là, cherchant leur
nourriture par la chaffe, ou cueillant les
fruits fauvages qui tomboient des arbres.
Elle montroit à ces hommes groffiers
l'art d'adoucir la terre, & de tirer de fon
fein fécond leur nourriture. Elle leur
préfentoit une charrue, & y faifoit atte-
ler des bœufs. On voyoit la terre s'ou-
vrir en fillons par le tranchant de la
charrue; puis on appercevoit les moif-
fons dorées qui couvroient ces fertiles
campagnes : le moiffonneur, avec fa
faux, coupoit les doux fruits de la terre,
& fe payoit de toutes fes peines. Le fer,
deftiné ailleurs à tout détruire, ne pa-
roiffoit employé en ce lieu qu'à prépa-
rer l'abondance & qu'à faire naître tous
les plaifirs.

Les Nymphes, couronnées de fleurs, danfoient enfemble dans une prairie, fur le bord d'une riviere, auprès d'un bocage : Pan jouoit de la flûte, les Faunes & les Satyres folâtres fautoient dans un coin. Bacchus y paroiffoit auffi, couronné de lierre, appuyé d'une main fur fon thyrfe, & tenant de l'autre une vigne ornée de pampres & de plufieurs grappes de raifins. C'étoit une beauté molle, avec je ne fais quoi de noble, de paffionné & de languiffant : il étoit tel qu'il parut à la malheureufe Ariadne, lorfqu'il la trouva feule, abandonnée, & abîmée dans la douleur, fur un rivage inconnu.

Enfin, on voyoit de toutes parts un peuple nombreux ; des vieillards qui alloient porter dans les temples les prémices de leurs fruits ; des jeunes hommes qui revenoient vers leurs époufes, laffés du travail de la journée : les femmes alloient au-devant d'eux, menant par la main leurs petits enfans qu'elles careffoient. On voyoit auffi des bergers qui paroiſſoient chanter , & quelques-uns danſoient au ſon du chalumeau. Tout repréſentoit la paix , l'abondance & les délices : tout paroiſſoit riant & heureux. On voyoit même dans les pâturages les loups ſe jouer au milieu des moutons : le lion & le tigre , ayant quitté leur férocité , paiſſoient avec les tendres agneaux ; un petit berger les ménoit enſemble ſous ſa houlette : & cette aimable peinture rappelloit tous les charmes de l'âge d'or.

Télémaque, s'étant revêtu de ces armes divines , au lieu de prendre ſon bouclier ordinaire , prit la terrible Egide que Minerve lui avoit envoyée , en la confiant à Iris prompte meſſagere des dieux. Iris lui avoit enlevé ſon bouclier ſans qu'il s'en apperçût , & lui avoit donné en la place cette Egide redoutable aux dieux mêmes.

En cet état , il court hors du camp pour en éviter les flammes : il appelle à lui d'une voix forte les chefs de l'armée ; & cette voix ranime déjà tous les alliés.

éperdus. Un feu divin étincele dans les yeux du jeune guerrier. Il paroît toujours libre & tranquille, toujours appliqué à donner les ordres, comme pourroit faire un fage vieillard attentif à régler fa famille & à inftruire fes enfans. Mais il eft prompt, & rapide dans l'exécution : femblable à un fleuve impétueux, qui non-feulement roule avec précipitation fes flots écumeux, mais qui entraîne encore dans fa courfe les plus pefans vaiffeaux dont il eft chargé.

Philoctete, Neftor, les chefs des Manduriens & des autres nations, fentent dans le fils d'Ulyffe je ne fais quelle autorité à laquelle il faut que tout cede : l'expérience des vieillards leur manque ; le confeil & la fageffe font ôtés à tous les commandans ; la jaloufie même, fi naturelle aux hommes, s'éteint dans les cœurs ; tous fe taifent ; tous admirent Télémaque ; tous fe rangent pour lui obéir, fans y faire de réflexion, & comme s'ils y euffent été accoutumés. Il s'avance, & monte fur une colline, d'où il obferve la difpofition des ennemis puis tout-à-coup il juge qu'il faut fe hâter de les furprendre dans le défordre où ils fe font mis en brûlant le camp des alliés. Il fait le tour en diligence : & tous les capitaines les plus expérimentés le fuivent.

Il attaque les Dauniens par derriere, dans un tems où ils croyoient l'armée des alliés enveloppée dans les flammes de l'embrâfement. Cette furprife les trouble ; ils tombènt fous la main de Télémaque, comme les feuilles, dans les derniers jours de l'automne, tombent des forêts quand un fier aquilon, ramenant l'hiver, fait gémir les troncs des vieux arbres & en agite toutes les branches. La terre eft couverte des hommes que Télémaque renverfe. De fon dard il perce le cœur d'Iphyclès, le plus jeune des enfans d'Adrafte. Celui-ci ofa fe préfenter contre lui au combat pour fauver la vie de fon pere, qui penfa être furpris par Télémaque. Le fils d'Ulyffe & Iphyclès étoient tous deux beaux, vigoureux, pleins d'adreffe & de courage, de la même taille, de la même douceur, du même âge, tous deux chéris de leurs parens : mais Iphyclès étoit comme une fleur qui s'épanouit dans un champ, & qui doit être coupée par le tranchant de la faux du moiſſonneur. Enſuite Télémaque renverſe Euphorion, le plus célebre de tous les Lydiens venus en Etrurie : enfin ſon glaive perce Cléomenes, nouveau marié, qui avoit promis à ſon épouſe de lui porter les riches dépouilles des ennemis, mais qui ne devoit jamais la revoir.

Adraſte frémit de rage voyant la mort de ſon cher fils, celle de pluſieurs capitaines, & la victoire qui échappe de ſes mains. Phalante, preſque abattu à ſes pieds, eſt comme une victime à demi égorgée qui ſe dérobe au couteau ſacré, & qui s'enfuit loin de l'autel. Il ne falloit plus à Adraſte qu'un moment pour achever la perte du Lacédémonien.

Phalante, noyé dans ſon ſang & dans celui des ſoldats qui combattent avec lui, entend les cris de Télémaque qui s'avance pour le fecourir : en ce moment la vie lui eft rendue, un nuage qui couvroit déjà fes yeux fe diffipe. Les Dauniens, fentant cette attaque imprévue, abandonnent Phalante pour aller repouffer un plus dangereux ennemi. Adrafte eft tel qu'un tigre à qui les bergers affemblés arrachent la proie qu'il étoit prêt à dévorer. Télémaque le cherche dans la mêlée, & veut finir tout-à-coup la guerre en délivrant les alliés de leur implacable ennemi.

Mais Jupiter ne vouloit pas donner au fils d'Ulyffe une victoire fi prompte & fi facile : Minerve même vouloit qu'il eût à fouffrir des maux plus longs, pour mieux apprendre à gouverner les hommes. L'impie Adrafte fut donc confervé par le pere des dieux, afin que Télémaque eût le temps d'acquérir plus de gloire & plus de vertu. Un nuage que Jupiter affembla dans les airs fauva les Dauniens ; un tonnerre effroyable déclara la volonté des dieux : on auroit

cru

cru que les voûtes éternelles du haut Olympe alloient s'écrouler sur les têtes des foibles mortels ; les éclairs fendoient la nue de l'un à l'autre pôle, & dans le moment où ils éblouissoient les yeux par leurs feux perçans, on retomboit dans les affreuses ténébres de la nuit. Une pluie abondante qui tomba dans l'inf- tant servit encore à séparer les deux ar- mées.

Adraste profita du secours des dieux, sans être touché de leur pouvoir, & mé- rita par cette ingratitude d'être réservé à une plus cruelle vengeance. Il se hâta de faire passer ses troupes entre le camp à demi-brûlé & un marais qui s'étendoit jusqu'à la rivière : il le fit avec tant d'in- dustrie & de promptitude, que cette retraite montra combien il avoit de ref- fources & de présence d'esprit. Les al- liés, animés par Télémaque, vouloient le poursuivre ; mais à la faveur de cet orage il leur échappa, comme un oiseau d'une aîle légere échappe aux filets des chasseurs.

Les alliés ne fongerent plus qu'à ren-
trer dans leur camp, & qu'à réparer leur
perte. En y rentrant, ils virent ce que la
guerre a de plus lamentable : les mala-
des & les bleffés, manquant de force
pour fe traîner hors des tentes, n'avoient
pu fe garantir du feu ; ils paroiffoient à
demi brûlés, pouffant vers le ciel, d'une
voix plaintive & mourante, des cris dou-
loureux. Le cœur de Télémaque en fut
percé ; il ne put retenir fes larmes ; il
détourna plufieurs fois fes yeux, étant
faifi d'horreur & de compaffion : il ne
pouvoit voir fans frémir ces corps en-
core vivans & dévoués à une longue
& cruelle mort ; ils paroiffoient fem-
blables à la chair des victimes qu'on a
brûlées fur les autels, & dont l'odeur
fe répand de tous côtés.

Hélas ! s'écrioit Télémaque, voilà
donc les maux que la guerre entraîne
après elle ! Quelle fureur aveugle pouffe
les malheureux mortels ! ils ont fi peu
de jours à vivre fur la terre ; ces jours
font fi miférables : pourquoi précipiter

une mort déjà si prochaine ? pourquoi
ajouter tant de désolations affreuses à
l'amertume dont les dieux ont rempli
cette vie si courte ? Les hommes sont tous
freres, & ils s'entre-déchirent ; les bêtes
farouches sont moins cruelles. Les lions ne
font point la guérre aux lions, ni les ti-
gres aux tigres ; ils n'attaquent que les ani-
maux d'espece différente : l'homme seul,
malgré sa raison, fait ce que les animaux
sans raison ne firent jamais. Mais encore,
pourquoi ces guerres ? N'y a-t-il pas assez
de terre dans l'univers pour en donner à
tous les hommes plus qu'ils n'en peuvent
cultiver ? Combien y a-t-il de terres dé-
sertes ! le genre humain ne sauroit les rem-
plir ! Quoi donc ! une fausse gloire, un
vain titre de conquérant qu'un prince veut
acquérir, allume la guerre dans des
pays immenses ! Ainsi un seul homme,
donné au monde par la colere des dieux,
en sacrifie brutalement tant d'autres à sa
vanité. Il faut que tout périsse, que tout
nage dans le sang, que tout soit dévoré
par les flammes, que ce qui échappe au

fer & au feu ne puisse échapper à la faim
encore plus cruelle , afin qu'un seul hom-
me , qui se joue de la nature humaine
entiere , trouve dans cette destruction
générale son plaisir & sa gloire ! Quelle
gloire monstrueuse ! Peut-on trop abhor-
rer & trop méprifer des hommes qui
ont tellement oublié l'humanité ? Non ,
non : bien loin d'être des demi-dieux ,
ce ne font pas même des hommes ; ils
doivent être en exécration à tous les
siecles dont ils ont cru être admirés.
Oh ! que les rois doivent bien prendre
garde aux guerres qu'ils entreprennent !
Elles doivent être justes : ce n'est
pas assez , il faut qu'elles soient nécef-
faires pour le bien public : le fang d'un
peuple ne doit être verfé que pour fau-
ver ce même peuple dans les befoins ex-
trêmes. Mais les conseils flatteurs , les
fauffes idées de gloire , les vaines jalou-
fies , l'injufte avidité qui se couvre de
beaux prétextes , enfin les engagemens
infenfibles , entraînent prefque toujours
les rois dans des guerres où ils se ren-

dent malheureux, où ils hafardent tout
fans néceffité, & où ils font autant de
mal à leurs fujets qu'à leurs ennemis.
Ainfi raifonnoit Télémaque.

Mais il ne fe contentoit pas de déplo-
rer les maux de la guerre, il tâchoit de
les adoucir. On le voyoit aller dans les
tentes fecourir lui-même les malades &
les mourans ; il leur donnoit de l'argent
& des remedes ; il les confoloit & les
encourageoit par des difcours pleins d'a-
mitié, & envoyoit vifiter ceux qu'il ne
pouvoit vifiter lui-même.

Parmi les Crétois qui étoient avec lui,
il y avoit deux vieillards, dont l'un fe
nommoit Traumaphile, & l'autre No-
fophuge.

Traumaphile avoit été au fiege de
Troie avec Idoménée, & avoit appris
des enfans d'Efculape l'art divin de gué-
rir les plaies. Il répandoit dans les blef-
fures les plus profondes & les plus en-
venimées, une liqueur odoriférante qui
confumoit les chairs mortes & corrom-
pues, fans avoir befoin de faire aucune

incifion, & qui formoit promptement de nouvelles chairs plus faïnes & plus belles que les premieres.

Pour Nofophuge, il n'avoit jamais vu les enfans d'Efculape; mais il avoit eu, par le moyen de Mérion, un livre facré & myftérieux qu'Efculape avoit donné à fes enfans. D'ailleurs Nofophuge étoit ami des dieux; il avoit compofé des hymnes en l'honneur des enfans de Latone; il offroit tous les jours le facrifice d'une brebis blanche & fans tache à Apollon, par lequel il étoit fouvent infpiré. A péine avoit-il vu un malade, qu'il connoiffoit à fes yeux, à la couleur de fon teint, à la conformation de fon corps, & à fa refpiration, la caufe de fa maladie. Tantôt il donnoit des remedes qui faifoient fuer; & il montroit, par le fuccès des fueurs, combien la tranfpiration, diminuée ou facilitée, déconcerte ou rétablit toute la machine du corps : tantôt il donnoit, pour les maux de langueur, certains breuvages qui fortifioient peu-à-peu les parties no-

bles, & qui rajeuniſſoient les hommes
en adouciſſant leur ſang. Mais il aſſuroit
que c'étoit faute de vertu & de courage,
que les hommes avoient ſi ſouvent beſoin
de la médecine. C'eſt une honte, diſoit-
il, pour les hommes, qu'ils aient tant
de maladies; car les bonnes mœurs pro-
duiſent la ſanté. Leur intempérance,
diſoit-il encore, change en poiſons mor-
tels les alimens deſtinés à conſerver la
vie. Les plaiſirs pris ſans modération
abregent plus les jours des hommes que
les remedes ne peuvent les prolonger.
Les pauvres ſont moins ſouvent mala-
des faute de nourriture, que les riches
ne le deviennent pour en prendre trop.
Les alimens qui flattent trop le goût,
& qui font manger au-delà du beſoin,
empoiſonnent au lieu de nourrir. Les
remedes ſont eux-mêmes de véritables
maux qui uſent la nature, & dont il ne
faut ſe ſervir que dans les preſſans be-
ſoins. Le grand remede, qui eſt tou-
jours innocent, & toujours d'un uſage
utile, c'eſt la ſobriété, c'eſt la tempé-

rance dans tous les plaifirs, c'eft la tran-
quillité de l'efprit, c'eft l'exercice du
corps. Par-là on fait un fang doux &
tempéré, & on diffipe toutes les hu-
meurs fuperflues. Ainfi le fage Nofo-
phuge étoit moins admirable par fes re-
medes que par le régime qu'il confeil-
loit pour prévenir les maux, & pour
rendre les remedes inutiles.

Ces deux hommes furent envoyés par
Télémaque pour vifiter tous les malades
de l'armée. Ils en guérirent beaucoup par
leurs remedes : mais ils en guérirent bien
davantage par le foin qu'ils prirent pour
les faire fervir à propos ; car ils s'appli-
quoient à les tenir proprement, à em-
pêcher le mauvais air par cette propreté,
à leur faire garder un régime de fobriété
exacte dans leur convalefcence. Tous les
foldats, touchés de ces fecours, ren-
doient graces aux dieux d'avoir envoyé
Télémaque dans l'armée des alliés.

Ce n'eft pas un homme, difoient-ils,
c'eft fans doute quelque divinité bien-
faifante fous une figure humaine. Du

moins , fi c'eft un homme , il reffemble
moins au refte des hommes qu'aux dieux ;
il n'eft fur la terre que pour faire du
bien ; il eft encore plus aimable par fa
douceur & par fa bonté que par fa va-
leur. Oh ! fi nous pouvions l'avoir pour
roi ! mais les dieux le réfervent pour
quelque peuple plus heureux qu'ils ché-
riffent , & chez lequel ils veulent renou-
veller l'âge d'or.

Télémaque , pendant qu'il alloit la
nuit vifiter les quartiers du camp , par
précaution contre les rufes d'Adrafte ,
entendoit ces louanges , qui n'étoient
point fufpectes de flatterie , comme cel-
les que les flatteurs donnent fouvent en
face aux princes, fuppofant qu'ils n'ont
ni modeftie ni délicateffe, & qu'il n'y
a qu'à les louer fans mefure pour s'em-
parer de leur faveur. Le fils d'Ulyffe ne
pouvoit goûter que ce qui étoit vrai : il
ne pouvoit fouffrir d'autres louanges que
celles qu'on lui donnoit en fecret loin
de lui , & qu'il avoit véritablement mé-
ritées. Son cœur n'étoit pas infenfible à

celles-là ; il ſentoit ce plaiſir ſi doux & ſi
pur, que les dieux ont attaché à la ſeule
vertu, & que les méchans, faute de
l'avoir éprouvé, ne peuvent ni conce-
voir ni croire : mais il ne s'abandon-
noit point à ce plaiſir ; auſſi-tôt revenoient
en foule dans ſon eſprit toutes les fautes
qu'il avoit faites : il n'oublioit point ſa
hauteur naturelle & ſon indifférence
pour les hommes; il avoit une honte
ſecrete d'être né ſi dur, & de paroître ſi
humain. Il renvoyoit à la ſage Minerve
toute la gloire qu'on lui donnoit, &
qu'il ne croyoit pas mériter.

C'eſt vous, diſoit-il, ô grande déeſſe !
qui m'avez donné Mentor pour m'inſ-
truire & pour corriger mon mauvais na-
turel; c'eſt vous qui me donnez la ſa-
geſſe de profiter de mes fautes pour me
défier de moi-même; c'eſt vous qui re-
tenez mes paſſions impétueuſes ; c'eſt
vous qui me faites ſentir le plaiſir de
ſoulager les malheureux : ſans vous je
ferois haï & digne de l'être ; ſans vous
je ferois des fautes irréparables; je ferois

comme un enfant, qui, ne sentant pas
sa foiblesse, quitte sa mere & tombe dès
le premier pas.

Nestor & Philoctete étoient étonnés
de voir Télémaque devenu si doux, si
attentif à obliger les hommes, si offi-
cieux, si secourable, si ingénieux pour
prévenir tous les besoins; ils ne savoient
que croire, ils ne reconnoissoient plus
en lui le même homme. Ce qui les sur-
prit davantage, fut le soin qu'il prit des
funérailles d'Hippias. Il alla lui-même
retirer son corps sanglant & défiguré de
l'endroit où il étoit caché sous un mon-
ceau de corps morts; il versa sur lui des
larmes pieuses; il dit : O grande ombre !
tu le sais maintenant combien j'ai estimé
ta valeur. Il est vrai que ta fierté m'a-
voit irrité ; mais tes défauts venoient
d'une jeunesse ardente : je sais combien
cet âge a besoin qu'on lui pardonne.
Nous eussions dans la suite été sincère-
ment unis : j'avois tort de mon côté. O
dieux ! pourquoi me le ravir avant que
j'aie pu le forcer de m'aimer !

Enſuite Télémaque fit laver le corps dans des liqueurs odoriférantes, puis on prépara par ſon ordre un bûcher. Les grands pins, gémiſſant ſous les coups des haches, tombent en roulant du haut des montagnes; les chênes, ces vieux enfans de la terre qui ſembloient menacer le ciel; les hauts peupliers, les ormeaux, dont les têtes ſont ſi vertes & ſi ornées d'un épais feuillage; les hêtres, qui ſont l'honneur des forêts, viennent tomber ſur le bord du fleuve Galeſe: là s'éleve avec ordre un bûcher qui reſſemble à un bâtiment régulier; la flamme commence à paroître, un tourbillon de fumée monte juſqu'au ciel.

Les Lacédémoniens s'avancent d'un pas lent & lugubre, tenant leurs piques renverſées & leurs yeux baiſſés; la douleur amere eſt peinte ſur ces viſages ſi farouches, & les larmes coulent abondamment. Puis on voyoit venir Phérécide, vieillard moins abattu par le nombre des années que par la douleur de ſurvivre à Hippias, qu'il avoit élevé

depuis fon enfance. Il levoit vers le ciel
fes mains & fes yeux noyés de larmes.
Depuis la mort d'Hippias il refufoit toute
nourriture; le doux fommeil n'avoit pu
appefantir fes paupieres, ni fufpendre
un moment fa cuifante peine : il mar-
chôit d'un pas tremblant, fuivant la fou-
le, & ne fachant où il alloit. Nulle pa-
role ne fortoit de fa bouche, car fon
cœur étoit trop ferré ; c'étoit un filence
de défefpoir & d'abattement : mais
quand il vit le bûcher allumé, il parut
tout-à-coup furieux, & il s'écria : O
Hippias ! Hippias ! je ne te verrai plus !
Hippias n'eft plus, & je vis encore !
O mon cher Hippias ! c'eft moi cruel,
moi impitoyable, qui t'ai appris à mé-
prifer la mort ! Je croyois que tes mains
fermeroient mes yeux, & que tu re-
cueillerois mon dernier foupir : ô dieux
cruels ! vous prolongez ma vie pour me
faire voir la mort d'Hippias ! O cher
enfant que j'ai nourri, & qui m'as
coûté tant de foins, je ne te verrai

plus ! mais je verrai ta mere qui mour-
ra de tristesse en me reprochant ta
mort ; je verrai ta jeune épouse frappant
sa poitrine, arrachant ses cheveux : &
j'en serai cause ! O chere ombre ! appel-
le-moi sur les rives du Styx ; la lumière
m'est odieuse : c'est toi seul, mon cher
Hippias, que je veux revoir. Hippias !
Hippias ! ô mon cher Hippias ! je ne vis
encore que pour rendre à tes cendres le
dernier devoir.

Cependant on voyoit le corps du jeune
Hippias étendu, qu'on portoit dans un
cercueil orné de pourpre, d'or & d'ar-
gent. La mort qui avoit éteint ses yeux,
n'avoit pu effacer toute sa beauté, & les
graces étoient encore à demi peintes sur
son visage pâle. On voyoit flotter au-
tour de son cou, plus blanc que la nei-
ge, mais penché sur l'épaule, ses longs
cheveux noirs, plus beaux que ceux d'A-
tys ou de Ganymede, qui alloient être
réduits en cendres : on remarquoit dans
le côté la blessure profonde par où tout

fon fang s'étoit écoulé, & qui l'avoit fait defcendre dans le royaume fombre de Pluton.

Télémaque, trifte & abattu, fuivoit de près le corps, & lui jettoit des fleurs. Quand on fut arrivé au bûcher, le jeune fils d'Ulyffe ne put voir la flamme pénétrer les étoffes qui enveloppoient le corps, fans répandre de nouvelles larmes. Adieu, dit-il, ô magnanime Hippias ! car je n'ofe te nommer mon ami : appaife-toi, ô ombre qui as mérité tant de gloire ! Si je ne t'aimois, j'envierois ton bonheur ; tu es délivré des miferes où nous fommes encore, & tu en es forti par le chemin le plus glorieux. Hélas ! que je ferois heureux de finir de même ! Que le Styx n'arrête point ton ombre; que les champs Elyfées lui foient ouverts; que la renommée conferve ton nom dans tous les fiecles, & que tes cendres repofent en paix !

A peine eut-il dit ces paroles entremêlées de foupirs, que toute l'armée

poussa un cri : on s'attendrissoit sur Hip-
pias, dont on racontoit les grandes ac-
tions ; & la douleur de sa mort, rap-
pellant toutes ses bonnes qualités, fai-
soit oublier les défauts qu'une jeunesse
impétueuse & une mauvaise éducation
lui avoient donnés. Mais on étoit en-
core plus touché des sentimens tendres
de Télémaque. Est-ce donc là, disoit-
on, ce jeune Grec si fier, si hautain, si
dédaigneux, si intraitable ? le voilà de-
venu doux, humain, tendre. Sans doute
Minerve, qui a tant aimé son pere,
l'aime aussi ; sans doute elle lui a fait
le plus précieux don que les dieux puis-
sent faire aux hommes, en lui donnant
avec la sagesse un cœur sensible à l'a-
mitié.

Le corps étoit déja consumé par les
flammes. Télémaque lui-même arrosa
de liqueur parfumée ses cendres encore
fumantes ; puis il les mit dans une urne
d'or qu'il couronna de fleurs, & il
porta cette urne à Phalante. Celui-ci

étoit étendu, percé de diverses blessu-
res; &, dans son extrême foiblesse,
il entrevoyoit près de lui les portes som-
bres des enfers.

Déja Traumaphile & Nosophuge,
envoyés par le fils d'Ulysse, lui avoient
donné tous les secours de leur art; ils
rappelloient peu-à-peu son ame prête
à s'envoler: de nouveaux esprits le ra-
nimoient insensiblement; une force
douce & pénétrante, un baume de vie
s'insinuoit de veine en veine jusqu'au
fond de son cœur; une chaleur agréa-
ble le déroboit aux mains glacées de la
mort. En ce moment, la défaillance
cessant, la douleur succéda; il com-
mença à sentir la perte de son frere,
qu'il n'avoit point été jusqu'alors en état
de sentir. Hélas! disoit-il, pourquoi
prend-on de si grands soins de me faire
vivre! ne me vaudroit-il pas mieux mou-
rir & suivre mon cher Hippias! je l'ai
vu périr tout auprès de moi! O Hip-
pias, la douceur de ma vie! mon fre-

re, mon cher frere, tu n'es plus! je
ne pourrai donc plus, ni te voir, ni
t'entendre, ni t'embraffer, ni te dire
mes peines, ni te confoler dans les
tiennes! O dieux, ennemis des hom-
mes! il n'y a plus d'Hippias pour moi!
eft-il poffible! Mais n'eft-ce point
un fonge? non, il n'eft que trop vrai.
O Hippias! je t'ai perdu, je t'ai vu
mourir : & il faut que je vive encore
autant qu'il fera néceffaire pour te
venger; je veux immoler à tes mânes
le cruel Adrafte teint de ton fang.

Pendant que Phalante parloit ainfi,
les deux hommes divins tâchoient d'ap-
paifer fa douleur, de peur qu'elle n'aug-
mentât fes maux & n'empêchât l'effet
des remedes. Tout-à-coup il apperçoit
Télémaque qui fe préfente à lui. D'a-
bord fon cœur fut combattu par deux
paffions contraires : il confervoit un ref-
fentiment de tout ce qui s'étoit paffé en-
tre Télémaque & Hippias; la douleur
de la perte d'Hippias rendoit ce reffen-

timent encore plus vif : d'un autre cô-
té, il ne pouvoit ignorer qu'il devoit la
conſervation de ſa vie à Télémaque,
qui l'avoit tiré ſanglant & à demi-mort
des mains d'Adraſte. Mais quand il vit
l'urne d'or où étoient renfermées les
cendres ſi cheres de ſon frere Hippias,
il verſa un torrent de larmes ; il em-
braſſa d'abord Télémaque ſans pou-
voir lui parler, & lui dit enfin d'une
voix languiſſante entrecoupée de ſan-
glots :

Digne fils d'Ulyſſe, votre vertu me
force à vous aimer. Je vous dois ce
reſte de vie qui va s'éteindre ; mais je
vous dois quelque choſe qui m'eſt bien
plus cher : ſans vous le corps de mon
frere auroit été la proie des vautours ;
ſans vous, ſon ombre, privée de la ſé-
pulture, ſeroit malheureuſement errante
ſur les rives du Styx, toujours repouſ-
ſée par l'impitoyable Caron. Faut-il
que je doive tant à un homme que j'ai
tant haï ! O dieux ! récompenſez-le, &

délivrez-moi d'une vie ſi malheureuſe! Pour vous, ô Télémaque! rendez-moi les derniers devoirs que vous avez rendus à mon frere, afin que rien ne manque à votre gloire.

A ces paroles Phalante demeura épuiſé & abattu d'un excès de douleur. Télémaque ſe tint auprès de lüi ſans oſer lui parler, & attendant qu'il reprît ſes forces. Bientôt Phalante, revenant de cette défaillance, prit l'urne des mains de Télémaque, la baiſa pluſieurs fois, l'arroſa de ſes larmes, & dit: O cheres, ô précieuſes cendres! quand eſt-ce que les miennes ſeront renfermées avec vous dans cette même urne! O ombre d'Hippias! je te ſuis dans les enfers: Télémaque nous vengera tous deux.

Cependant le mal de Phalante diminua de jour en jour par les ſoins des deux hommes qui avoient la ſcience d'Eſculape. Télémaque étoit ſans ceſſe avec eux auprès du malade pour les rendre plus attentifs à avancer ſa gué-

r#fon ; & toute l'armée admiroit bien
plus la bonté de cœur avec laquelle il
fecouroit fon plus grand ennemi, que
la valeur & la fageffe qu'il avoit mon-
trées en fauvant dans la bataille l'ar-
mée des alliés.

En même tems Télémaque fe mon-
troit infatigable dans les plus rudes tra-
vaux de la guerre : il dormoit peu ; &
fon fommeil étoit fouvent interrompu,
ou par les avis qu'il recevoit à toutes
les heures de la nuit comme du jour,
ou par la vifite de tous les quartiers
du camp, qu'il ne faifoit jamais deux
fois de fuite aux mêmes heures, pour
mieux furprendre ceux qui n'étoient pas
affez vigilans. Il revenoit fouvent dans
fa tente couvert de fueur & de pouffie-
re. Sa nourriture étoit fimple ; il vivoit
comme les foldats, pour leur donner
l'exemple de la fobriété & de la pa-
tience. L'armée ayant peu de vivres
dans ce campement, il jugea néceffaire
d'arrêter les murmures des foldats en
fouffrant lui-même volontairement les

mêmes incommodités qu'eux. Son corps,
loin de s'affoiblir dans une vie si pénible, se fortifioit & s'endurcissoit chaque jour : il commençoit à n'avoir plus
ces graces si tendres qui font comme
la fleur de la premiere jeuneffe ; fon
teint devenoit plus brun & moins délicat, ses membres moins mous & plus
nerveux.

Fin du Livre dix-feptieme.

Télémaque, conduit par Minerve, descend aux Enfers
et demande à Pluton la permission d'y chercher son

LIVRE DIX-HUITIEME.

SOMMAIRE.

Télémaque, perfuadé par divers fonges que fon pere Ulyffe n'eft plus fur la terre, exécute fon deffein de l'aller chercher dans les enfers. Il fe dérobe du camp, étant fuivi de deux Crétois jufqu'à un temple près de la fameufe caverne d'Achérontia. Il s'y enfonce au travers des ténébres, arrive au bord du Styx, & Caron le reçoit dans fa barque. Il va fe préfenter devant Pluton, qu'il trouve préparé à lui permettre de chercher fon pere. Il traverfe le Tartare, où il voit les tourmens que fouffrent les ingrats, les parjures, les hypocrites, & fur-tout les mauvais rois.

ADRASTE, dont les troupes avoient été confidérablement affoiblies dans le combat, s'étoit retiré derriere la montagne d'Aulon pour attendre divers fecours & pour tâcher de surprendre encore une fois ses ennemis ; semblable à un lion affamé, qui, ayant été repoussé d'une bergerie, s'en retourne dans les sombres forêts & rentre dans sa caverne, où il aiguise ses dents & ses griffes, attendant le moment favorable pour égorger les troupeaux.

Télémaque, ayant pris soin de mettre une exacte discipline dans tout le camp, ne songea plus qu'à exécuter un dessein qu'il avoit conçu, & qu'il cacha à tous les chefs de l'armée. Il y avoit déjà long-tems qu'il étoit agité pendant toutes les nuits par des songes qui lui représentoient son pere Ulysse. Cette chere image revenoit toujours sur la fin de la nuit, avant que l'aurore vînt chasser du ciel, par ses feux naissans, les inconstantes étoiles, & de dessus la terre le doux sommeil suivi des songes voltigeans. Tantôt il croyoit voir Ulysse nud, dans une isle fortunée, sur la rive d'un fleuve, dans une prairie ornée de fleurs, & environné de nymphes qui lui

lui jettoient des habits pour se couvrir :
tantôt il croyoit l'entendre parler dans
un palais tout éclatant d'or & d'ivoire,
où des hommes couronnés de fleurs l'é-
coutoient avec plaisir & admiration. Sou-
vent Ulysse lui apparoissoit tout-à-coup
dans des festins où la joie éclatoit parmi
les délices, & où l'on entendoit les ten-
dres accords d'une voix avec une lyre
plus douce que la lyre d'Apollon & que
les voix de toutes les Muses.

Télémaque, en s'éveillant, s'attristoit
de ces songes si agréables. O mon pere !
ô mon cher pere Ulysse ! s'écrioit-il,
les songes les plus affreux me seroient
plus doux ! Ces images de félicité me
font comprendre que vous êtes déjà des-
cendu dans le séjour des ames bienheu-
reuses, que les dieux récompensent de
leurs vertus par une éternelle tranquil-
lité. Je crois voir les champs Elysées.
Oh ! qu'il est cruel de n'espérer plus !
Quoi donc, ô mon cher pere ! je ne
vous verrai jamais ! jamais je n'embras-
serai celui qui m'aimoit tant, & que je

cherche avec tant de peines ! jamais je n'entendrai parler cette bouche d'où fortoit la fageffe ! jamais je ne baiferai ces mains, ces cheres mains, ces mains victorieufes, qui ont abattu tant d'ennemis ! elles ne puniront point les infenfés amans de Pénélope, & Ithaque ne fe relevera jamais de fa ruine ! O dieux ennemis de mon pere ! vous m'envoyez ces fonges funeftes pour arracher toute efpérance de mon cœur : c'eft m'arracher la vie. Non, je ne puis plus vivre dans cette incertitude. Que dis-je, hélas ! je ne fuis que trop certain que mon pere n'eft plus. Je vais chercher fon ombre jufques dans les enfers. Théfée y eft bien defcendu ; Théfée, cet impie qui vouloit outrager les divinités infernales : & moi, j'y vais, conduit par la piété. Hercule y defcendit : je ne fuis point Hercule ; mais il eft beau d'ofer l'imiter. Orphée a bien touché par le récit de fes malheurs, le cœur de ce dieu qu'on dépeint comme inexorable : il obtint de lui qu'Euridice retourneroit parmi les vivans. Je fuis plus digne de compaffion qu'Orphée ; car ma perte eft plus grande. Qui pourroit comparer une jeune fille femblable à tant d'autres, avec le fage Ulyffe admiré de toute la Grece ? Allons, mourons, s'il le faut. Pourquoi craindre la mort quand on fouffre tant dans la vie ? O Pluton ! ô Proferpine ! j'éprouverai bientôt fi vous êtes auffi impitoyables qu'on le dit ! O mon pere ! après avoir parcouru en vain les terres & les mers pour vous trouver, je vais voir fi vous n'êtes point dans la fombre demeure des morts. Si les dieux me refufent de vous poffèder fur la terre & à la lumiere du foleil, peut-être ne me refuferont-ils pas de voir au moins votre ombre dans le royaume de la nuit.

En difant ces paroles, Télémaque arrofoit fon lit de fes larmes : auffi-tôt il fe levoit, & cherchoit par la lumiere à foulager la douleur cuifante que ces fonges lui avoient caufée ; mais c'étoit une fleche qui avoit percé son cœur, & qu'il portoit par-tout avec lui.

Dans cette peine , il entreprit de descendre aux enfers par un lieu célebre qui n'étoit pas éloigné du camp : on l'appelloit Achérontia , à cause qu'il y avoit en ce lieu une caverne affreuse , de laquelle on descendoit sur les rives de l'Achéron , par lequel les dieux mêmes craignent de jurer. La ville étoit sur un rocher , posée comme un nid sur le haut d'un arbre : au pied de ce rocher on trouvoit la caverne , de laquelle les timides mortels n'osoient approcher ; les bergers avoient soin d'en détourner leurs troupeaux, La vapeur soufrée du marais stygien , qui s'exhaloit sans cesse par cette ouverture , empestoit l'air. Tout autour il ne croissoit ni herbe ni fleurs ; on n'y sentoit jamais les doux zéphyrs , ni les graces naissantes du printems , ni les riches dons de l'automne : la terre , aride , y languissoit ; on y voyoit seulement quelques arbustes dépouillés & quelques cyprès funestes. Au loin même, tout à l'entour, Cérès refusoit aux laboureurs ses moissons dorées. Bacchus sembloit en vain y promettre ses doux fruits : les grappes de raisin se desséchoient au lieu de mûrir. Les naïades, tristes, ne faisoient point couler une onde pure ; leurs flots étoient toujours amers & troubles. Les oiseaux ne chantoient jamais dans cette terre hérissée de ronces & d'épines, & n'y trouvoient aucun bocage pour se retirer : ils alloient chanter leurs amours sous un ciel plus doux. Là on n'entendoit que le croassement des corbeaux & la voix lugubre des hibous : l'herbe même y étoit amere, & les troupeaux qui la paissoient ne sentoient point la douce joie qui les fait bondir. Le taureau fuyoit la génisse, & le berger, tout abattu, oublioit sa musette & sa flûte.

De cette caverne sortoit de tems en tems une fumée noire & épaisse, qui faisoit une espéce de nuit au milieu de jour. Les peuples voisins redoubloient alors leurs sacrifices pour appaiser les divinités infernales : mais souvent les hommes à la fleur de leur âge, & dès leur plus tendre jeunesse, étoient les seules victimes que ces divinités cruelles prenoient plaisir à immoler par une funeste contagion.

C'est-là que Télémaque résolut de chercher le chemin de la sombre demeure de Pluton. Minerve, qui veilloit sans cesse sur lui, & qui le couvroit de son égide, lui avoit rendu Pluton favorable. Jupiter même, à la priere de Minerve, avoit ordonné à Mercure, qui descend chaque jour aux enfers pour livrer à Caron un certain nombre de morts, de dire au roi des ombres qu'il laissât entrer le fils d'Ulysse dans son empire.

Télémaque se dérobe du camp pendant la nuit ; il marche à la clarté de la lune, & il invoque cette puissante divinité, qui, étant dans le ciel le brillant astre de la nuit, & sur la terre la chaste Diane, est aux enfers la redou-

table Hécate. Cette divinité écouta fa-
vorablement ſes vœux , parce que ſon
cœur étoit pur , & qu'il étoit conduit
par l'amour pieux qu'un fils doit à ſon
pere. A peine fut-il auprès de l'entrée
de la caverne , qu'il entendit l'empire
ſouterrain mugir. La terre trembloit ſous
ſes pas ; le ciel s'arma d'éclairs & de
feux qui ſembloient tomber ſur la ter-
re. Le jeune fils d'Ulyſſe ſentit ſon
cœur ému ; tout ſon corps étoit couvert
d'une ſueur glacée : mais ſon courage
ſe ſoutins ; il leva les yeux & les mains
au ciel. Grands dieux ! s'écria-t-il , j'ac-
cepte ces préſages que je crois heureux ;
achevez votre ouvrage. Il dit ; & , re-
doublant ſes pas, il ſe préſenta hardiment.

Auſſi-tôt la fumée épaiſſe qui rendoit
l'entrée de la caverne funeſte à tous les
animaux dès qu'ils en approchoient, ſe
diſſipa ; l'odeur empoiſonnée ceſſa pour
un peu de tems. Télémaque entra ſeul ;
car quel autre mortel eût oſé le ſuivre !
Deux Crétois , qui l'avoient accompa-

gné jufqu'à une certaine diftance de la caverne, & auxquels il avoit confié fon deffein, demeurerent tremblans & à demi morts affez loin de-là dans un temple, faifant des vœux, & n'efpérant plus de revoir Télémaque.

Cependant le fils d'Ulyffe, l'épée à la main, s'enfonce dans ces ténebres horribles. Bientôt il apperçoit une foible & fombre lueur, telle qu'on la voit pendant la nuit fur la terre: il remarque les ombres légeres qui voltigent autour de lui; il les écarte avec fon épée: enfuite il voit les triftes bords du fleuve marécageux, dont les eaux bourbeufes & dormantes ne font que tournoyer. Il découvre fur ce rivage une foule innombrable de morts privés de la fépulture, qui fe préfentent en vain à l'impitoyable Caron. Ce dieu, dont la vieilleffe éternelle eft toujours trifte & chagrine, mais pleine de vigueur, les menace, les repouffe, & admet d'abord dans fa barque le jeune Grec. En entrant, Télémaque entend les gémiffemens d'une ombre qui ne pouvoit fe confoler.

Quel eft donc, lui dit-il, votre malheur ? qui étiez-vous fur la terre ? J'étois, lui répondit cette ombre, Nabopharzan, roi de la fuperbe Babylone : tous les peuples de l'orient trembloient au feul bruit de mon nom : je me faifois adorer par les Babyloniens dans un temple de marbre où j'étois repréfenté par une ftatue d'or, devant laquelle on brûloit nuit & jour les plus précieux parfums de l'Ethiopie : jamais perfonne n'ofa me contredire fans être au-ffitôt puni : on inventoit chaque jour de nouveaux plaifirs pour me rendre la vie plus délicieufe. J'étois encore jeune & robufte ; hélas ! que de profpérités ne me reftoit-il pas encore à goûter fur le trône ! mais une femme que j'aimois, & qui ne m'aimoit pas, m'a bien fait fentir que je n'étois pas dieu ; elle m'a empoifonné : je ne fuis plus rien. On mit hier avec pompe mes cendres dans une urne d'or ; on pleura ; on s'arracha les cheveux ; on fit semblant de vouloir se jetter dans les flammes de mon bûcher pour mourir avec moi ; on va encore gémir au pied du superbe tombeau où l'on a mis mes cendres : mais personne ne me regrette, ma mémoire est en horreur même dans ma famille ; & ici-bas je souffre déja d'horribles traitemens.

Télémaque touché de ce spectacle ; lui dit : Etiez-vous véritablement heureux pendant votre regne ? sentiez-vous cette douce paix sans laquelle le cœur demeure toujours serré & flétri au milieu des délices ? Non, répondit le Babylonien ; je ne sais même ce que vous voulez dire. Les sages vantent cette paix comme l'unique bien : pour moi, je ne l'ai jamais sentie ; mon cœur étoit sans cesse agité de desirs nouveaux, de crainte & d'espérance. Je tâchois de m'étourdir moi-même par l'ébranlement de mes passions ; j'avois soin d'entretenir cette ivresse pour la rendre continuelle : le moindre intervalle de raison

tranquille m'eût été trop amer. Voilà la
paix dont j'ai joui ; toute autre me paroît
une fable & un songe : voilà les biens
que je regrette.

En parlant ainsi, le Babylonien pleu-
roit comme un homme lâche qui a été
amolli par les prospérités, & qui n'est
point accoutumé à supporter constam-
ment un malheur. Il avoit auprès de lui
quelques esclaves qu'on avoit fait mou-
rir pour honorer ses funérailles : Mer-
cure les avoit livrés à Caron avec leur
roi, & leur avoit donné une puissance
absolue sur ce roi qu'ils avoient servi sur
la terre. Ces ombres d'esclaves ne crai-
gnoient plus l'ombre de Nabophar-
zan ; elles la tenoient enchaînée, & lui
faisoient les plus cruelles indignités.
L'une lui disoit : N'étions-nous pas hom-
mes aussi-bien que toi ? comment étois-
tu assez insensé pour te croire un dieu ?
& ne falloit-il pas te souvenir que tu
étois de la race des autres hommes ?
Un autre, pour lui insulter, disoit : Tu
avois raison de ne vouloir pas qu'on te

prît pour un homme ; car tu étois un monstre sans humanité. Un autre lui disoit : Hé bien ! où font maintenant tes flatteurs ? tu n'as plus rien à donner, malheureux ! tu ne peux plus faire aucun mal ; te voilà devenu esclave de tes esclaves mêmes ; les dieux font lents à faire justice, mais enfin ils la font.

A ces dures paroles, Nabopharzan se jettoit le visage contre terre, arrachant ses cheveux dans un excès de rage & de désespoir. Mais Caron disoit aux esclaves : Tirez-le par sa chaîne ; relevez-le malgré lui : il n'aura pas même la consolation de cacher sa honte ; il faut que toutes les ombres du Styx en soient témoins, pour justifier les dieux qui ont souffert si long-temps que cet impie régnât sur la terre. Ce n'est encore là, ô Babylonien ! que le commencement de tes douleurs ; prépare-toi à être jugé par l'inflexible Minos, juge des enfers.

Pendant ce discours du terrible Caron, la barque touchoit déjà le rivage de l'empire de Pluton : toutes les om-

bres accouroient pour confidérer cet
homme vivant qui paroiſſoit au milieu
de ces morts dans la barque ; mais dans
le moment où Télémaque mit pied à
terre, elles s'enfuirent, ſemblables aux
ombres de la nuit que la moindre clarté
du jour diſſipe. Caron montrant au
jeune Grec un front moins ridé & des
yeux moins farouches qu'à l'ordinaire,
lui dit : Mortel chéri des dieux, puiſ-
qu'il t'eſt donné d'entrer dans le royaume
de la nuit, inacceſſible aux autres vi-
vans, hâte-toi d'aller où les deſtins t'ap-
pellent ; va par ce chemin ſombre au
palais de Pluton, que tu trouveras ſur
ſon trône ; il te permettra d'entrer dans
les lieux dont il m'eſt défendu de te dé-
couvrir le ſecret.

Auſſi-tôt Télémaque s'avance à grands
pas : il voit de tous côtés voltiger les
ombres, plus nombreuſes que les grains
de ſable qui couvrent les rivages de la
mer ; & ; dans l'agitation de cette mul-
titude infinie, il eſt ſaiſi d'une horreur
divine, obſervant le profond ſilence de

ces vaftes lieux. Ses cheveux fe dreffent fur fa tête quand il aborde le noir féjour de l'impitoyable Pluton ; il fent fes genoux chancelans ; la voix lui manque ; & c'eft avec peine qu'il peut prononcer au dieu ces paroles : Vous voyez, ô terrible divinité, le fils du malheureux Ulyffe ; je viens vous demander fi mon pere eft defcendu dans votre empire, ou s'il eft encore errant fur la terre.

Pluton étoit fur un trône d'ébene ; fon vifage étoit pâle & févere, fes yeux creux & étincelans, fon front ridé & menaçant. La vue d'un homme vivant lui étoit odieufe ; comme la lumiere offenfe les yeux des animaux qui ont accoutumé de ne fortir de leurs retraites que pendant la nuit. A fon côté paroiffoit Proferpine, qui attiroit feule fes regards, & qui fembloit un peu adoucir fon cœur : elle jouiffoit d'une beauté toujours nouvelle ; mais elle paroiffoit avoir joint à fes graces divines je ne fais quoi de dur & de cruel de fon époux.

Au pied du trône étoit la mort, pâle & dévorante, avec sa faux tranchante, qu'elle aiguisoit sans cesse. Autour d'elle voloient les noirs soucis; les cruels défiances; les vengeances toutes dégoutantes de sang & couvertes de plaies; les haines injustes; l'avarice qui se ronge elle-même; le désespoir qui se déchire de ses propres mains; l'ambition forcenée qui renverse tout; la trahison qui veut se repaître de sang, & qui ne peut jouir des maux qu'elle a faits; l'envie qui verse son venin mortel autour d'elle, & qui se tourne en rage, dans l'impuissance où elle est de nuire; l'impiété qui se creuse elle-même un abîme sans fond, où elle se précipite sans espérance; les spectres hideux, les fantômes qui représentent les morts pour épouvanter les vivans; les songes affreux; les insomnies aussi cruelles que les tristes songes. Toutes ces images funestes environnoient le fier Pluton, & remplissoient le palais où il habite.

Il répondit à Télémaque d'une voix

baſſe qui fit gémir le fond de l'Erebe :
Jeune mortel, les deſtins t'ont fait violer
cet aſyle ſacré des ombres ; ſuis ta haute
deſtinée : je ne te dirai point où eſt ton
pere ; il ſuffit que tu ſois libre de le cher-
cher. Puiſqu'il a été roi ſur la terre, tu
n'as qu'à parcourir d'un côté l'endroit du
noir Tartare où les mauvais rois ſont pu-
nis, de l'autre les champs Elyſées où les
bons rois ſont récompenſés. Mais tu ne
peux aller d'ici dans les champs Elyſées
qu'après avoir paſſé par le Tartare : hâte-toi
d'y aller, & de ſortir de mon empire.

A l'inſtant Télémaque ſemble voler
dans ces eſpaces vuides & immenſes, tant
il lui tarde de ſavoir s'il verra ſon pere,
& de s'éloigner de la préſence horrible
du tyran qui tient en crainte les vivans
& les morts. Il apperçoit bientôt aſſez
près de lui le noir Tartare ; il en ſortoit
une fumée noire & épaiſſe, dont l'odeur
empeſtée donneroit la mort, ſi elle ſe
répandoit dans la demeure des vivans.
Cette fumée couvroit un fleuve de feu &
des tourbillons de flamme, dont le bruit

femblable à celui des torrens les plus impétueux quand ils s'élancent des plus hauts rochers dans le fond des abîmes, faifoit qu'on ne pouvoit rien entendre diftinctement dans ces triftes lieux.

Télémaque, fecrètement animé par Minerve, entre fans crainte dans ce gouffre. D'abord il apperçut un grand nombre d'hommes qui avoient vécu dans les plus baffes conditions, & qui étoient punis pour avoir cherché les richeffes par des fraudes, des trahifons & des cruautés. Il y remarqua beaucoup d'impies hypocrites, qui, faifant femblant d'aimer la religion, s'en étoient fervis comme d'un beau prétexte pour contenter leur ambition, & pour fe jouer des hommes crédules : ces hommes, qui avoient abufé de la vertu même, quoiqu'elle foit le plus grand don des dieux, étoient punis comme les plus fcélérats de tous les hommes. Les enfans qui avoient égorgé leurs peres & leurs meres, les époufes qui avoient trempé leurs mains dans le fang de leurs époux, les traîtres qui avoient livré leur patrie après avoir violé tous les fermens, fouffroient des peines moins cruelles que ces hypocrites. Les trois juges des enfers l'avoient ainfi voulu; & voici leur raifon: c'eft que les hypocrites ne fe contentent pas d'être méchans comme le refte des impies; ils veülent encore paffer pour bons, & font, par leur fauffe vertu, que les hommes n'ofent plus fe fier à la véritable. Les dieux, dont ils fe font joués, & qu'ils ont rendus méprifables aux hommes, prennent plaifir à employer toute leur puiffance pour fe venger de leur infulte.

Auprès de ceux-ci paroiffoient d'autres hommes que le vulgaire ne croit guere coupables, & que la vengeance divine pourfuit impitoyablement; ce font les ingrats, les menteurs, les flatteurs qui ont loué le vice, les critiques malins qui ont tâché de flétrir la plus pure vertu, enfin ceux qui ont jugé té-

mérairement des chofes fans les connoî-
tre à fond, & qui par-là ont nui à la
réputation des innocens.

Mais parmi toutes les ingratitudes,
celle qui étoit punie comme la plus noi-
re, c'eft celle qui fe commet envers les
dieux. Quoi donc ! difoit Minos, on
paffe pour un monftre quand on manque
de reconnoiffance pour fon pere, ou
pour un ami de qui on a reçu quelque
fecours, & on fait gloire d'être ingrat
envers les dieux, de qui on tient la vie
& tous les biens qu'elle renferme ! Ne
leur doit-on pas fa naiffance plus qu'au
pere & à la mere de qui on eft né ? Plus
tous ces crimes font impunis & excufés
fur la terre, plus ils font, dans les en-
fers, l'objet d'une vengeance implaca-
ble à qui rien n'échappe.

Télémaque, voyant les trois juges qui
étoient affis & qui condamnoient un
homme, ofa leur demander quels étoient
fes crimes. Auffi-tôt le condamné pre-
nant la parole, s'écria : Je n'ai jamais
fait aucun mal ; j'ai mis tout mon plai-

fir à faire du bien ; j'ai été magnifique, libéral, jufte, compatiffant : que peut-on donc me reprocher ? Alors Minos lui dit : On ne te reproche rien à l'égard des hommes ; mais ne devois-tu pas moins aux hommes qu'aux dieux ? Quelle eft donc cette juftice dont tu te vantes ? Tu n'as manqué à aucun devoir envers les hommes, qui ne font rien ; tu as été vertueux : mais tu as rapporté toute ta vertu à toi-même, & non aux dieux, qui te l'avoient donnée ; car tu voulois jouir du fruit de ta propre vertu, & te renfermer en toi-même : tu as été ta divinité. Mais les dieux, qui ont tout fait & qui n'ont rien fait que pour eux-mêmes, ne peuvent renoncer à leurs droits : tu les as oubliés ; ils t'oublieront ; ils te livreront à toi-même, puifque tu as voulu être à toi & non pas à eux. Cherche donc maintenant, fi tu le peux, ta confolation dans ton propre cœur. Te voilà à jamais féparé des hommes auxquels tu as voulu plaire ; te voilà feul avec toi-même qui étois ton idole : apprends qu'il n'y a point de véritable vertu fans le refpect & l'amour des dieux, à qui tout eft dû. Ta fauffe vertu, qui a long-tems ébloui les hommes faciles à tromper, va être confondue. Les hommes, ne jugeant des vices & des vertus que par ce qui les choque ou les accommode, font aveugles & fur le bien & fur le mal: ici une lumiere divine renverfe tous leurs jugemens fuperficiels; elle condamne fouvent ce qu'ils admirent, & juftifie ce qu'ils condamnent.

A ces mots ce philofophe, comme frappé d'un coup de foudre, ne pouvoit fe fupporter foi-même. La complaifance qu'il avoit eue autrefois à contempler fa modération, fon courage, & fes inclinations généreufes, fe change en défefpoir. La vue de fon propre cœur, ennemi des dieux, devient fon fupplice: il fe voit, & ne peut ceffer de fe voir: il voit la vanité des jugemens des hommes, auxquels il a voulu plaire dans toutes fes actions. Il fe fait une révolution

universelle de tout ce qui est au-dedans
de lui, comme si on bouleversoit toutes
ses entrailles : il ne se trouve plus le
même ; tout appui lui manque dans
son cœur ; sa conscience, dont le té-
moignage lui avoit été si doux ,s'éleve
contre lui , & lui reproche amèrement
l'égarement & l'illusion de toutes ses
vertus, qui n'ont point eu le culte de la
divinité pour principe & pour fin : il est
troublé, consterné, plein de honte, de
remords & de désespoir. Les furies ne le
tourmentent point, parce qu'il leur suf-
fit de l'avoir livré à lui-même, & que
son propre cœur venge assez les dieux
méprisés. Il cherche les lieux les plus
sombres pour se cacher aux autres
morts, ne pouvant se cacher à lui-mê-
me : il cherche les ténèbres, & ne peut
les trouver ; une lumiere importune le
suit par-tout ; par-tout les rayons per-
çans de la vérité vont venger la vérité
qu'il a négligé de suivre. Tout ce qu'il a
aimé lui devient odieux, comme étant la
source de ses maux qui ne peuvent ja-

mais finir. Il dit en lui-même : O infen-
fé ! je n'ai donc connu, ni les dieux, ni
les hommes, ni moi-même ! non, je
n'ai rien connu, puifque je n'ai jamais
aimé l'unique & véritable bien : tous mes
pas ont été des égaremens; ma fageffe
n'étoit que folie ; ma vertu n'étoit qu'un
orgueil impie & aveugle : j'étois moi-
même mon idole.

Enfin Télémaque apperçut les rois
qui étoient condamnés pour avoir abufé
de leur puiffance. D'un côté une furie
vengereffe leur préfentoit un miroir qui
leur montroit toute la difformité de leurs
vices : là ils voyoient & ne pouvoient
s'empêcher de voir leur vanité groffiere
& avide des plus ridicules loüanges, leur
dureté pour les hommes dont ils auroient
dû faire la félicité, leur infenfibilité pour
la vertu, leur crainte d'entendre la véri-
té, leur inclination pour les hommes
lâches & flatteurs, leur inapplication,
leur molleffe, leur indolence, leur dé-
fiance déplacée, leur fafte & leur excef-
five magnificence fondée fur la ruine

des peuples, leur ambition pour acheter un peu de vaine gloire par le sang de leurs citoyens, enfin leur cruauté qui cherche chaque jour de nouvelles délices parmi les larmes & le désespoir de tant de malheureux. Ils se voyoient sans cesse dans ce miroir; ils se trouvoient plus horribles & plus monstrueux que n'est la chimere vaincue par Bellérophon, ni l'hydre de Lerne abattu par Hercule, ni Cerbere même, quoiqu'il vomisse de ses trois gueules béantes un sang noir & venimeux qui est capable d'empester toute la race des mortels vivans sur la terre.

En même tems, d'un autre côté, une autre furie leur répétoit avec insulte toutes les louanges que leurs flatteurs leur avoient données pendant leur vie, & leur présentoit un autre miroir, où ils se voyoient tels que la flatterie les avoit dépeints : l'opposition de ces deux peintures si contraires étoit le supplice de leur vanité. On remarquoit que les plus méchans d'entre ces rois étoient

ceux

ceux à qui on avoit donné les plus ma-
gnifiques louanges pendant leur vie,
parce que les méchans sont plus craints
que les bons, & qu'ils éxigent sans pu-
deur les lâches flatteries des poëtes &
des orateurs de leur tems.

On les entend gémir dans ces profon-
des ténebres, où ils ne peuvent voir que
les insultes & les dérisions qu'ils ont à
souffrir : ils n'ont rien autour d'eux qui
ne les repousse, qui ne les contredise,
qui ne les confonde. Au lieu que sur la
terre ils se jouoient de la vie des hom-
mes, & prétendoient que tout étoit fait
pour les servir ; dans le tartare il sont
livrés à tous les caprices de certains escla-
ves qui leur font sentir à leur tour une
cruelle servitude : ils servent avec dou-
leur, & ils ne leur reste aucune espérance
de pouvoir jamais adoucir leur capti-
vité ; il sont sous les coups de ces escla-
ves, devenus leurs tyrans impitoyables,
comme une enclume est sous les coups
des marteaux des Cyclopes quand Vul-

cain les preſſe de travailler dans les fournaiſes ardentes du mont Etna.

Là Télémaque apperçut des viſages pâles, hideux & conſternés. C'eſt une triſteſſe noire qui ronge ces criminels : ils ont horreur d'eux-mêmes, & ils ne peuvent non plus ſe délivrer de cette horreur que de leur propre nature : ils n'ont point beſoin d'autres châtimens de leurs fautes, que leurs fautes mêmes : ils les voient ſans ceſſe dans toute leur énormité ; elles ſe préſentent à eux comme des ſpectres horribles ; elles les pourſuivent. Pour s'en garantir, ils cherchent une mort plus puiſſante que celle qui les a ſéparés de leurs corps. Dans le déſeſpoir où ils ſont, ils appellent à leur ſecours une mort qui puiſſe éteindre tout ſentiment & toute connoiſſance en eux; ils demandent aux abîmes de les engloutir pour ſe dérober aux rayons vengeurs de la vérité qui les perſécute : mais ils ſont réſervés à la vengeance qui diſtille ſur eux goutte à goutte & qui ne tarira

jamais. La vérité, qu'ils ont craint de
voir, fait leur supplice; ils la voient,
& n'ont des yeux que pour la voir s'éle-
ver contre eux : sa vue les perce, les dé-
chire, les arrache à eux-mêmes; elle est
comme la foudre; sans rien détruire au-
dehors, elle pénetre jusqu'au fond des
entrailles. Semblable à un métal dans
une fournaise ardente, l'ame est comme
fondue par ce feu vengeur : il ne laisse
aucune consistance, & il ne consume
rien : il dissout jusqu'aux premiers princi-
pes de la vie, & on ne peut mourir. On
est arraché à soi-même; on n'y peut plus
trouver ni appui ni repos pour un seul
instant : on ne vit plus que par la rage
qu'on a contre soi-même, & par une
perte de toute espérance, qui rend forcené.

Parmi ces objets qui faisoient dresser
les cheveux de Télémaque sur sa tête;
il vit plusieurs des anciens rois de Lydie
qui étoient punis pour avoir préféré les
délices d'une vie molle au travail, qui
doit être inséparable de la royauté pour
le soulagement des peuples.

Ces rois fe reprochoient les uns aux autres leur aveuglement. L'un difoit à l'autre qui avoit été fon fils : Ne vous avois-je pas recommandé fouvent, pendant ma vieilleffe & avant ma mort, de réparer les maux que j'avois faits par ma négligence ? Le fils répondoit : O malheureux pere! c'eft vous qui m'avez perdu ! c'eft votre exemple qui m'a infpiré le fafte, l'orgueil, la volupté, & la dureté pour les hommes! en vous voyant régner avec tant de molleffe, & entouré de lâches flatteurs, je me fuis accoutumé à aimer la flatterie & les plaifirs. J'ai cru que le refte des hommes étoit à l'égard des rois ce que les chevaux & les autres bêtes de charge font à l'égard des hommes, c'eft-à-dire, des animaux dont on ne fait cas qu'autant qu'ils rendent de fervices & qu'ils donnent de commodités. Je l'ai cru, c'eft vous qui me l'avez fait croire ; & maintenant je fouffre tant de maux pour vous avoir imité. A ces reproches ils ajoutoient les plus affreufes malédictions, & paroiffoient animés de rage pour s'entre-déchirer.

Autour de ces rois voltigeoient encore, comme des hibous dans la nuit, les cruels foupçons, les vaines alarmes, les défiances qui vengent les peuples de la dureté de leurs rois, la faim infatiable des richeffes, la fauffe gloire toujours tyranique, & la molleffe lâche qui redouble tous les maux qu'on fouffre, fans pouvoir jamais donner de folides plaifirs.

On voyoit plufieurs de ces rois févèrement punis, non pour les maux qu'ils avoient faits, mais pour les biens qu'ils auroient dû faire. Tous les, crimes des peuples, qui viennent de la négligence avec laquelle on fait obferver les loix, étoient imputés aux rois, qui ne doivent régner qu'afin que les loix regnent par leur miniftere. On leur imputoit auffi tous les défordres qui viennent du fafte, du luxe, & de tous les autres excès qui jettent les hommes dans un état violent & dans la tentation de méprifer les loix pour acquérir du bien. Sur-tout on traitoit rigoureusement les rois qui, au lieu d'être bons & vigilans pasteurs des peuples, n'avoient songé qu'à ravager le troupeau comme des loups dévorans.

Mais ce qui consterna davantage Télémaque, ce fut de voir dans cet abîme de ténebres & de maux, un grand nombre de rois qui avoient passé sur la terre pour des rois assez bons : ils avoient été condamnés aux peines du Tartare pour s'être laissé gouverner par des hommes méchans & artificieux. Ils étoient punis pour les maux qu'ils avoient laissé faire par leur autorité. La plupart de ces rois n'avoient été ni bons ni méchans, tant leur foiblesse avoit été grande ; ils n'avoient jamais craint de ne connoître point la vérité ; ils n'avoient point eu le goût de la vertu, & n'avoient point mis leur plaisir à faire du bien.

Fin du Livre dix-huitieme.

Télémaque entre dans les Champs Elisées, où il est
reconnu par Acrise son grand-pere.

LIVRE DIX-NEUVIEME.

SOMMAIRE.

Télémaque entre dans les champs. Ely-
sées, où il est reconnu par Arcésius
son bisaïeul, qui l'assure qu'Ulysse
est vivant, qu'il le reverra à Ithaque,
& qu'il y régnera après lui. Arcésius
lui dépeint la félicité dont jouissent
les hommes justes, sur-tout les bons
rois qui, pendant leur vie, ont servi
les dieux & fait le bonheur des peu-
ples qu'ils ont gouvernés. Il lui fait
remarquer que les héros qui ont seu-
lement excellé dans l'art de faire la
guerre sont beaucoup moins heureux
dans un lieu séparé. Il donne des ins-
tructions à Télémaque : puis celui-ci
s'en va pour rejoindre en diligence le
camp des alliés.

Lorsque Télémaque sortit de ces lieux
il se sentit soulagé, comme si on avoit
ôté une montagne de dessus sa poitrine ;

il comprit, par ce soulagement, les malheurs de ceux qui y étoient renfermés sans espérance d'en sortir jamais. Il étoit effrayé de voir combien les rois étoient plus rigourensement tourmentés que les autres coupables. Quoi ! disoit-il, tant de devoirs, tant de périls, tant depiéges, tant de difficultés de connoître la vérité pour se défendre contre les autres & contre soi-même ! enfin tant de tourmens horribles dans les enfers, après avoir été si agité, si envié, si traversé dans une vie courte ! O insensé celui qui cherche à régner ! Heureux celui qui se borne à une condition privée & paisible où la vertu lui est moins difficile !

En faisant ces réflexions, il se troubloit au dedans de lui même : il frémit, & tomba dans une consternation qui lui fit sentir quelque chose du désespoir de ces malheureux qu'il venoit de considérer. Mais à mesure qu'il s'éloigna de ce triste séjour des ténebres, de l'horreur & du désespoir, son courage commença peu-à-peu à renaître : il respiroit, &

entrevoyoit déja de loin la douce & pure lumiere du féjour des héros.

C'eſt dans ce lieu qu'habitoient tous les bons rois qui avoient juſqu'alors gouverné ſagement les hommes : ils étoient ſéparés du reſte des juſtes. Comme les méchans princes ſouffroient dans le tartare des ſupplices infiniment plus rigoureux que les autres coupables d'une condition privée ; auſſi les bons rois jouiſſoient dans les champs élyſées d'un bonheur infiniment plus grand que celui du reſte des hommes qui avoient aimé la vertu ſur la terre.

Télémaque s'avança vers ces rois, qui étoient dans des bocages odoriférans, ſur des gazons toujours renaiſſans & fleuris : mille petits ruiſſeaux d'une onde pure arroſoient ces beaux lieux & y faiſoient ſentir une délicieuſe fraîcheur : un nombre infini d'oiſeaux faiſoient réſonner ces bocages de leurs doux chants. On voyoit tout enſemble les fleurs du printems qui naiſſoient ſous les pas, avec les plus riches fruits de l'automne qui pendoient des arbres. Là jamais on ne reffentit les ardeurs de la furieufe canicule : là jamais les noirs aquilons n'oferent touffler, ni faire fentir les rigueurs de l'hiver. Ni la guerre altérée de fang, ni la cruelle envie qui mord d'une dent venimeufe & qui porte des viperes entortillées dans fon fein & autour de fes bras, ni les jaloufies, ni les défiances, ni la crainte, ni les vains defirs, n'approchent jamais de cet heureux féjour de la paix. Le jour n'y finit point ; & la nuit, avec fes fombres voiles, y eft inconnue : une lumiere pure & douce fe répand autour des corps de ces hommes juftes, & les environne de fes rayons comme d'un vêtement. Cette lumiere n'eft point femblable à la lumiere fombre qui éclaire les yeux des miférables mortels, & qui n'eft que ténebres ; c'eft plutôt une gloire célefte qu'une lumiere : elle pénetre plus fubtilement les corps les plus épais, que les rayons du foleil ne pénetrent le plus pur cryftal : elle n'éblouit jamais ; au

contraire, elle fortifie les yeux & porte
dans le fond de l'ame je ne fais quelle
férénité : c'eft d'elle feule que les hom-
mes bienheureux font nourris ; elle fort
d'eux & elle y entre ; elle les pénetre
& s'incorpore à eux comme les ali-
mens s'incorporent à nous. Ils la voient,
ils la fentent, ils la refpirent ; elle fait
naître en eux une fource intariffable de
paix & de joie : ils font plongés dans
cet abîme de délices comme les poiffons
dans la mer ; ils ne veulent plus rien ;
ils ont tout fans rien avoir, car ce goût
de lumiere pure appaife la faim de leur
cœur ; tous leurs defirs font raffafiés,
& leur plénitude les éleve au-deffus de
tout ce que les hommes vuides & affa-
més cherchent fur la terre : toutes les
délices qui les environnent ne leur font
rien, parce que le comble de leur fé-
licité, qui vient du dedans, ne leur
laiffe aucun fentiment pour tout ce qu'ils
voient de délicieux au-dehors ; ils font
tels que les dieux, qui raffafiés de nec-
tar & d'ambrofie, ne daigneroient pas

I vj

fe nourrir des viandes groffieres qu'on leur préfenteroit à la table la plus exquife des hommes mortels. Tous les maux s'enfuient loin de ces lieux tranquilles : la mort, la maladie, la pauvreté, la douleur, les regrets, les remords, les craintes, les efpérances même qui coûtent fouvent autant de peines que les craintes, les divifions, les dégoûts, les dépits, ne peuvent y avoir aucune entrée.

Les hautes montagnes de Thrace, qui de leurs fronts couverts de neige & de glace depuis l'origine du monde fendent les nues, feroient renverfées de leurs fondemens pofés au centre de la terre, que les cœurs de ces hommes juftes ne pourroient pas même être émus : feulement ils ont pitié des miferes qui accablent les hommes vivant dans le monde ; mais c'eft une pitié douce & paifible qui n'altere en rien leur immuable félicité. Une jeuneffe éternelle, une félicité fans fin, une gloire toute divine eft peinte fur leur vifage : mais leur joie n'a rien de folâtre ni d'indé-

cent ; c'eſt une joie douce, noble, pleine
de majeſté ; c'eſt un goût ſublime de la
vérité & de la vertu qui les tranſporte :
ils ſont, ſans interruption, à chaque
moment., dans le meme ſaiſiſſement de
cœur où eſt une mere qui revoit ſon
cher fils qu'elle avoit cru mort ; & cette
joie, qui échappe bientôt à la mere, ne
s'enfuit jamais du cœur de ces hommes ;
jamais elle ne languit un inſtant, elle
eſt toujours nouvelle pour eux : ils ont
le tranſport de l'ivreſſe ſans en avoir le
trouble & l'aveuglement.

Ils s'entretiennent enſemble de ce
qu'ils voient & de ce qu'ils goûtent : ils
foulent à leurs pieds les molles délices
& les vaines grandeurs de leur ancienne
condition qu'ils déplorent ; ils repaſſent
avec plaiſir ces triſtes mais courtes an-
nées où ils ont eu beſoin de combattre
contre eux-mêmes & contre le torrent
des hommes corrompus, pour devenir
bons ; ils admirent le ſecours des dieux
qui les ont conduits , comme par la
main, à la vertu, au milieu de tant de

périls. Je ne fais quoi de divin coulé fans
ceffe au travers de leurs cœurs comme
un torrent de la divinité même qui s'u-
nit à eux ; ils voient, ils goûtent qu'ils
font heureux, & fentent qu'ils le feront
toujours. Ils chantent les louanges des
dieux, & ils ne font tous enfemble
qu'une feule voix, une feule penfée,
un feul cœur : une même félicité fait
comme un flux & reflux dans ces ames
unies.

Dans ce raviffement divin, les fiecles
coulent plus rapidement que les heures
parmi les mortels, & cependant mille
& mille fiecles écoulés n'ôtent rien à
leur félicité toujours nouvelle & toujours
entiere. Ils regnent tous enfemble, non
fur des trônes que la main des hommes
peut renverfer, mais en eux-mêmes,
avec une puiffance immuable ; car ils
n'ont plus befoin d'être redoutables par
une puiffance empruntée d'un peuple
vil & miférable. Ils ne portent plus ces
vains diadèmes dont l'éclat cache tant
de craintes & de noirs foucis ; les dieux

même les ont couronnés de leuts pro-
pres mains avec des couronnes que rien
ne peut flétrir.

Télémaque, qui cherchoit son pere,
& qui avoit craint de le trouver dans ces
beaux lieux, fut si saisi de ce goût de
paix & de félicité, qu'il eût voulu y trou-
ver Ulysse, & qu'il s'affligeoit d'être
contraint lui-même de retourner ensuite
dans la société des mortels. C'est ici,
disoit-il, que la véritable vie se trouve;
& la nôtre n'est qu'une mort. Mais ce
qui l'étonnoit, c'étoit d'avoir vu tant
de rois punis dans le tartare, & d'en
voir si peu dans les champs Élysées; il
comprit qu'il y a peu de rois assez fer-
mes & assez courageux pour résister à
leur propre puissance, & pour rejetter
la flatterie de tant de gens qui excitent
toutes leurs passions. Ainsi les bons rois
sont très-rares; & la plupart sont si mé-
chans, que les dieux ne seroient pas
justes si, après avoir souffert qu'ils aient
abusé de leur puissance pendant la vie,
ils ne les punissoient après leur mort. . . .

Télémaque, ne voyant point son pere Ulyſſe parmi tous ces rois, chercha du moins des yeux le divin Laërte, ſon grand-pere. Pendant qu'il le cherchoit inutilement, un vieillard vénérable & plein de majeſté s'avança vers lui. Sa vieilleſſe ne reſſembloit point à celle des hommes que le poids des années accable ſur la terre ; on voyoit ſeulement qu'il avoit été vieux avant ſa mort : c'étoit un mélange de tout ce que la vieilleſſe a de grave, avec toutes les graces de la jeuneſſe ; car les graces renaiſſent même dans les vieillards les plus caducs, au moment où ils ſont introduits dans les champs élyſées. Cet homme s'avançoit avec empreſſement, & regardoit Télémaque avec complaiſance, comme une perſonne qui lui étoit fort chere. Télémaque, qui né le reconnoiſſoit point, étoit en peine & en ſuſpens.

Je te pardonne, ô mon cher fils, lui dit ce vieillard, de ne me point reconnoître ; je ſuis Arcéſius, pere de Laërte. J'avois fini mes jours avant qu'Ulyſſe,

mon petit-fils, partît pour aller au fiége
de Troie ; alors tu étois encore un petit
enfant entre les bras de ta nourrice. Dès-
lors j'avois conçu de toi de grandes es-
pérances ; elles n'ont point été trom-
peufes, puifque je te vois defcendu
dans le royaume de Pluton pour cher-
cher ton pere, & que les dieux te fou-
tiennent dans cette entreprife. O heu-
reux enfant ! les dieux t'aiment & te
préparent une gloire égale à celle de ton
pere ! O heureux moi-même de te re-
voir ! Ceffe de chercher Ulyffe en ces
lieux, il vit encore ; il eft réfervé pour
relever notre maifon dans l'ifle d'Itha-
que. Laërte même, quoique le poids
des années l'ait abattu, jouit encore de la
lumiere, & attend que fon fils revienne
pour lui fermer les yeux. Ainfi les hom-
mes paffent comme les fleurs qui s'épa-
nouiffent le matin, & qui le foir font
flétries & foulées aux pieds. Les généra-
tions des hommes s'écoulent comme les
ondes d'un fleuve rapide ; rien ne peut
arrêter le tems, qui entraîne après lui

tout ce qui paroît le plus immobile. Toi-
même, ô mon fils ! mon cher fils ! toi-
même, qui jouis maintenant d'une jeu-
neffe fi vive & fi féconde en plaifirs,
fouviens-toi que ce bel âge n'eft qu'une
fleur qui fera prefque auffitôt féchée
qu'éclofe ; tu te verras changé infenfi-
blement : les graces riantes, les doux
plaifirs qui t'accompagnent, la force,
la fanté, la joie, s'évanouiront comme
un beau fonge ; il ne t'en reftera qu'un
trifte fouvenir : la vieilleffe languiffante
& ennemie des plaifirs viendra rider
ton vifage, courber ton corps, affoiblir
tes membres, faire tarir dans ton cœur
la fource de la joie, te dégoûter du pré-
fent, te faire craindre l'avenir, te ren-
dre infenfible à tout, excepté à la dou-
leur.

Ce tems te paroît éloigné : hélas ! tu
te trompes, mon fils ; il fe hâte, le
voilà qui arrive : ce qui vient avec tant
de rapidité n'eft pas loin de toi ; & le
préfent qui s'enfuit eft déja bien loin,
puifqu'il s'anéantit dans le moment que

nous parlons, & ne peut plus se rap-
procher. Ne compte donc jamais, mon
fils, sur le présent ; mais soutiens-toi
dans le sentier rude & âpre de la vertu
par la vue de l'avenir. Prépare-toi, par
des mœurs pures & par l'amour de la
justice, une place dans l'heureux séjour
de la paix.

Tu reverras enfin bientôt ton pere re-
prendre l'autorité dans Ithaque. Tu es
né pour régner après lui. Mais, hélas !
ô mon fils, que la royauté est trompeu-
se ! quand on la regarde de loin, on ne
voit que grandeur, éclat & délices ;
mais de près, tout est épineux. Un par-
ticulier peut, sans déshonneur, mener
une vie douce & obscure : un roi ne
peut, sans se déshonorer, préférer une
vie douce & oisive aux fonctions péni-
bles du gouvernement. Il se doit à tous
les hommes qu'il gouverne, & il ne lui
est jamais permis d'être à lui-même ;
ses moindres fautes sont d'une consé-
quence infinie, parce qu'elles causent le
malheur des peuples, & quelquefois

pendant plufieurs fiecles : il doit réprimer l'audace des méchans , foutenir l'innocence , diffiper la calomnie. Ce n'eft pas affez pour lui de ne faire aucun mal : il faut qu'il faffe tous les biens poffibles dont l'état a befoin : ce n'eft pas affez de faire le bien par foi-même ; il faut encore empêcher tous les maux que les autres feroient s'ils n'étoient retenus. Crains donc , mon fils , crains une condition fi périlleufe : arme-toi de courage contre toi-même , contre tes paffions , & contre les flatteurs.

En difant ces paroles , Arcéfius paroiffoit animé d'un feu divin , & montroit à Télémaque un vifage plein de compaffion pour les maux qui accompagnent la royauté. Quand elle eft prife , difoit-il , pour fe contenter foi-même , c'eft une monftrueufe tyrannie : quand elle eft prife pour remplir fes devoirs & pour conduire un peuple innombrable comme un pere conduit fes enfans , c'eft une fervitude accablante qui demande un courage & une patience héroïques. Auffi eft-il certain que ceux qui ont régné avec une fincere vertu, poffedent ici tout ce que la puiffance des dieux peut donner pour rendre une félicité complete.

Pendant qu'Arcéfius parloit de la forte, fes paroles entroient jufqu'au fond du cœur de Télémaque; elles s'y gravoient comme un habile ouvrier avec fon burin grave fur l'airain les figures ineffaçables qu'il veut montrer aux yeux de la plus reculée poftérité: Ces fages paroles étoient comme une flamme fubtile qui pénétroit dans les entrailles du jeune Télémaque; il fe fentoit ému & embrafé; je ne fais quoi de divin fembloit fondre fon cœur au-dedans de lui: Ce qu'il portoit dans la partie la plus intime de lui-même le confumoit fecrètement; il ne pouvoit, ni le contenir, ni le fupporter, ni réfifter à une fi violente impreffion: c'étoit un fentiment vif & délicieux, qui étoit mêlé d'un tourment capable d'arracher la vie,

Enfuite Télémaque commença à ref-

pirer plus librement. Il reconnut dans
le visage d'Arcésius une grande ressem-
blance avec Laërte : il croyoit même se
ressouvenir confusément d'avoir vu en
Ulysse , son pere , des traits de cette
même ressemblance lorsqu'Ulysse partit
pour le siége de Troie.

Ce ressouvenir attendrit son cœur ;
des larmes douces & mêlées de joie cou-
lerent de ses yeux. Il voulut embrasser
une personne si chere ; plusieurs fois il
l'essaya inutilement : cette ombre vaine
échappa à ses embrassemens comme un
songe trompeur se dérobe à l'homme qui
croit en jouir ; tantôt la bouche altérée
de cet homme dormant poursuit une eau
fugitive ; tantôt ses levres s'agitent pour
former des paroles que sa langue engour-
die ne peut proférer ; ses mains s'éten-
dent avec effort & ne prennent rien ;
ainsi Télémaque ne peut contenter sa
tendresse ; il voit Arcésius, il l'entend ,
il lui parle ; il ne peut le toucher. Enfin
il lui demande qui sont ces hommes
qu'il voit autour de lui.

Tu vois, mon fils, lui répondit le
fage vieillard, les hommes qui ont été
l'ornement de leur fiecle, la gloire &
le bonheur du genre humain. Tu vois le
petit nombre de rois qui ont été dignes
de l'être, & qui ont fait avec fidélité la
fonction des dieux fur la terre. Ces au-
tres que tu vois affez près d'eux, mais
féparés par ce petit nuage, ont une gloire
beaucoup moindre : ce font des héros,
à la vérité ; mais la récompenfe de leur
valeur & de leurs expéditions militaires
ne peut être comparée avec celle des
rois fages, juftes & bienfaifans.

Parmi ces héros, tu vois Théfée,
qui a le vifage un peu trifte : il a ref-
fenti le malheur d'être trop crédule pour
une femme artificieufe, & il eft encore
affligé d'avoir fi injuftement demandé à
Neptune la mort cruelle de fon fils Hip-
polyte : heureux s'il n'eût point été fi
prompt & fi facile à irriter ! Tu vois auffi
Achille appuyé fur fa lance à caufe de
cette bleffure qu'il reçut au talon, de la
main du lâche Pâris, & qui finit fa vie.

S'il eût été auſſi ſage, juſte & modéré
qu'il étoit intrépide, les dieux lui au-
roient accordé un long regne ; mais ils
ont eu pitié des Phthiotes & des Do-
lopes, ſur leſquels il devoit naturelle-
ment régner après Pélée : ils n'ont pas
voulu livrer tant de peuples à la merci
d'un homme fougueux, plus facile à
irriter que la mer la plus orageuſe. Les
Parques ont accourci le fil de ſes jours,
& il a été comme une fleur à peine
écloſe, que le tranchant de la charrue
coupe, & qui tombe avant la fin du
jour où on l'avoit vue naître. Les dieux
n'ont voulu s'en ſervir que comme des
torrens & des tempêtes pour punir les
hommes de leurs crimes ; ils ont fait
ſervir Achille à abattre les murs de Troie
pour venger le parjure de Laomédon &
les injuſtes amours de Pâris. Après avoir
employé ainſi cet inſtrument de leurs
vengeances, ils ſe ſont appaiſés, & ils
ont refuſé aux larmes de Thétis de laiſ-
ſer plus long-temps ſur la terre ce jeune
héros qui n'y étoit propre qu'à troubler

les

les hommes, qu'à renverſer les villes & les royaumes.

Mais vois-tu cet autre avec ce viſa-ge farouche ? c'eſt Ajax, fils de Téla-mon & couſin d'Achílle : tu n'ignores pas ſans doute quelle fut ſa gloire dans les combats. Après la mort d'Achille il prétendit qu'on ne pouvoit donner ſes armes à nul autre qu'à lui ; ton pere ne crut pas les lui devoir céder : les Grecs jugerent en faveur d'Ulyſſe. Ajax ſe tua de déſeſpoir ; l'indignation & la fureur ſont encore peintes ſur ſon vi-ſage. N'approche pas de lui, mon fils, car il croiroit que tu voudrois lui inſul-ter dans ſon malheur ; & il eſt juſte de le plaindre : ne remarques-tu pas qu'il nous regarde avec peine, & qu'il entre bruſquement dans ce ſombre bocage, parce que nous lui ſommes odieux ? Tu vois de cet autre côté Hector, qui eût été invincible ſi le fils de Thétis n'eût point été au monde dans le même tems. Mais voilà Agamemnon qui paſſe ; & qui porte encore ſur lui les marques de la

perfidie de Clytemneftre. O mon fils ;
je frémis en penfant aux malheurs de
cette famille de l'impie Tantale. La di-
vifion des deux freres Atrée & Thyefte
a templi cette maifon d'horreur & de
fang. Hélas ! combien un crime en attire
d'autres ! Agamemnon , revenant à la
tête des Grecs du fiege de Troie , n'a
pas eu le tems de jouir en paix de la
gloire qu'il avoit acquife : telle eft la
deftinée de prefque tous les conquérans.
Tous ces hommes que tu vois ont été re-
doutables dans la guerre ; mais ils n'ont
point été aimables & vertueux : auffi ne
font-ils que dans la feconde demeure
des champs Elyfées.

Pour ceux-ci , ils ont régné avec juf-
tice , & ont aimé leurs peuples : ils font
les amis des dieux. Pendant qu'Achille
& Agamemnon , pleins de leurs querel-
les & de leurs combats , confervent en-
core ici leurs peines & leurs défauts na-
turels ; pendant qu'ils regrettent en vain
la vie qu'ils ont perdue , & qu'ils s'affli-
gent de n'être plus que des ombres im-

puiſſantes & vaines : ces rois juſtes, étant
purifiés par la lumiere divine dont ils
ſont nourris, n'ont plus rien à deſirer
pour leur bonheur. Ils regardent avec
compaſſion les inquiétudes des mortels ;
& les plus grandes affaires qui agitent
les hommes ambitieux leur paroiſſent
comme des jeux d'enfans : leurs cœurs
ſont raſſaſiés de la vérité & de la ver-
tu, qu'ils puiſent dans la ſource. Ils
n'ont plus rien à ſouffrir ni d'autrui ni
d'eux-mêmes ; plus de deſirs, plus de
beſoins, plus de crainte : tout eſt fini
pour eux, excepté leur joie qui ne peut
finir.

Conſidere, mon fils, cet ancien roi
Inachus qui fonda le royaume d'Argos.
Tu le vois avec cette vieilleſſe ſi douce
& ſi majeſtueuſe : les fleurs naiſſent ſous
ſes pas : ſa démarche légere reſſemble
au vol d'un oiſeau : il tient dans ſa main
une lyre d'ivoire, & dans un tranſport
éternel il chante les merveilles des dieux.
Il ſort de ſon cœur & de ſa bouche un
parfum exquis ; l'harmonie de ſa lyre &

de sa voix raviroit les hommes & les dieux. Il est ainsi récompensé pour avoir aimé le peuple qu'il assembla dans l'enceinte de ses nouveaux murs, & auquel il donna des loix.

De l'autre côté tu peux voir, entre ces myrtes, Cécrops, égyptien, qui le premier régna dans Athenes, ville consacrée à la sage déesse dont elle porte le nom. Cécrops apportant des loix utiles de l'Egypte, qui a été pour la Grece la source des lettres & des bonnes mœurs, adoucit les naturels farouches des bourgs de l'Attique, & les unit par les liens de la société. Il fut juste, humain, compatissant : il laissa les peuples dans l'abondance, & sa famille dans la médiocrité, ne voulant point que ses enfans eussent l'autorité après lui, parce qu'il jugeoit que d'autres en étoient plus dignes.

Il faut que je te montre aussi dans cette petite vallée Ericthon, qui inventa l'usage de l'argent pour la monnoie : il le fit en vue de faciliter le commerce en-

tre les ifles de la Grece ; mais il prévit
l'inconvénient attaché à cette invention.
Appliquez-vous, difoit-il à tous les peu-
ples, à multiplier chez vous les richef-
fes naturelles, qui font les véritables :
cultivez la terre pour avoir une grande
abondance de blé, de vin, d'huile & de
fruits ; ayez des troupeaux innombra-
bles qui vous nourriffent de leur lait &
qui vous couvrent de leur laine : par-là
vous vous mettrez en état de ne crain-
dre jamais la pauvreté. Plus vous aurez
d'enfans, plus vous ferez riches, pour-
vu que vous les rendiez laborieux ; car la
terre eft inépuifable, & elle augmente
fa fécondité à proportion du nombre
de fes habitans qui ont foin de la cul-
tiver ; elle les paie tous libéralement de
leur peine, au lieu qu'elle fe rend avare
& ingrate pour ceux qui la cultivent né-
gligemment. Attachez-vous donc prin-
cipalement aux véritables richeffes qui
fatisfont aux vrais befoins de l'homme.
Pour l'argent monnoyé, il ne faut en
faire aucun cas qu'autant qu'il eft nécef-

faire ou pour les guerres inévitables qu'on a à soutenir au-dehors, ou pour le commerce des marchandises nécessaires qui manquent dans votre pays ; encore seroit-il à souhaiter qu'on laissât tomber le commerce à l'égard de toutes les choses qui ne servent qu'à entretenir le luxe, la vanité & la mollesse.

Le sage Eriéthon disoit souvent : Je crains bien, mes enfans, de vous avoir fait un présent funeste en vous donnant l'invention de la monnoie. Je prévois qu'elle excitera l'avarice, l'ambition, le faste ; qu'elle entretiendra une infinité d'arts pernicieux qui ne vont qu'à amollir & qu'à corrompre les mœurs ; qu'elle vous dégoûtera de l'heureuse simplicité qui fait tout le repos & toute la sûreté de la vie ; qu'enfin elle vous fera mépriser l'agriculture, qui est le fondement de la vie humaine, & la source de tous les vrais biens : mais les dieux me sont témoins que j'ai eu le cœur pur en vous donnant cette invention utile en elle-même. Enfin quand Eriéthon apperçut

que l'argent corrompoit les peuples ;
comme il l'avoit prévu, il se retira de
douleur sur une montagne sauvage,
où il vécut pauvre & éloigné des hom-
mes jusqu'à une extrême vieilleffe, sans
vouloir se mêler du gouvernement des
villes.

Peu de temps après lui, on vit paroî-
tre dans la Grece le fameux Triptoleme,
à qui Cérès avoit enseigné l'art de cul-
tiver les terres, & de lés couvrir tous
les ans d'une moiffon dorée. Ce n'eft pas
que les hommes ne connuffent déja le
blé & la maniere de lé multiplier en le
semant : mais ils ignoroient la perfec-
tion du labourage ; & Triptoleme, en-
voyé par Cérès, vint, la charrue en
main, offrir les dons de la déeffe à tous
les peuples qui auroient affez de cou-
rage pour vaincre leur pareffe naturelle
& pour s'adonner à un travail affidu.
Bientôt Triptoleme apprit aux Grecs à
fendre la terre & à la fertilifer en déchi-
rant son sein : bientôt les moiffonneurs
ardens & infatigables firent tomber fous

leurs faucilles tranchantes tous les jaunes épis qui couvroient les campagnes. Les peuples même sauvages & farouches qui couroient épars çà & là dans les forêts d'Epire & d'Etolie pour se nourrir de glands , adoucirent leurs mœurs & se soumirent à des loix, quand ils eurent appris à faire croître des moissons & à se nourrir de pain.

Triptoleme fit sentir aux Grecs le plaisir qu'il y a à ne devoir ses richesses qu'à son travail, & à trouver dans son champ tout ce qu'il faut pour rendre la vie commode & heureuse. Cette abondance si simple & si innocente qui est attachée à l'agriculture , les fit souvenir des sages conseils d'Ericthon ; ils méprisèrent l'argent & toutes les richesses artificielles, qui ne sont richesses que par l'imagination des hommes, qui les tentent de chercher des plaisirs dangereux, & qui les détournent du travail, où ils trouveroient tous les biens réels avec des mœurs pures dans une pleine liberté. On comprit donc qu'un champ fertile &

bien cultivé eft le vrai tréfor d'une fa-
mille affez fage pour vouloir vivre fru-
galement comme fes peres ont vécu.
Heureux les Grecs, s'ils étoient demeu-
rés fermes dans ces maximes fi propres
à les rendres puiffans, libres, heureux,
& dignes de l'être par une folide vertu !
Mais, hélas! ils commencent à admirer
les fauffes richeffes, ils négligent peu-à-
peu les vraies, & ils dégénerent de cette
merveilleufe fimplicité.

O mon fils! tu régneras un jour : alors
fouviens-toi de ramener les hommes à
l'agriculture, d'honorer cet art, de fou-
lager ceux qui s'y appliquent, & de ne
fouffrir point que les hommes vivent ni
oififs ni occupés à des arts qui entretien-
nent le luxe & la molleffe. Ces deux
hommes, qui ont été fi fages fur la ter-
re, font ici chéris des dieux. Remar-
que, mon fils, que leur gloire furpaffe
autant celle d'Achille & des autres hé-
ros qui n'ont excellé que dans les com-
bats, qu'un doux printems eft au-deffus
de l'hiver glacé, & que la lumiere du

foleil eft plus éclatante qu'e celle de la
lune.

Pendant qu'Arcéfius parloit de la for-
te, il apperçut que Télémaque avoit
toujours les yeux arrêtés du côté d'un
petit bois de lauriers, & d'un ruiffeat
bordé de violettes, de rofes, de lis & de
plufieurs autres fleurs odoriférantes, dont
les vives couleurs reffembloient à celles
d'Iris, quand elle defcend du ciel fur la
terre pour annoncer à quelque mortel
les ordres des dieux. C'étoit le grand roi
Séfoftris que Télémaque reconnut dans
ce beau lieu ; il étoit mille fois plus ma-
jeftueux qu'il ne l'avoit jamais été fur
fon trône d'Egypte. Des rayons d'une
lumiere douce fortoient de fes yeux,
& ceux de Télémaque en étoient éblouis.
A le voir, on eût cru qu'il étoit enivré
de nectar, tant l'efprit divin l'avoit mis
dans un tranfport au-deffus de la raifon
humaine, pour récompenfer fes ver-
tus.

Télémaque dit à Arcéfius : Je recon-
nois, ô mon pere ! Séfoftris, ce fage roi

d'Egypte, que j'y ai vu il n'y a pas long-
tems.

Le voilà, répondit Arcéfius ; & tu
vois par fon exemple, combien les dieux
font magnifiques à récompenfer les bons
rois : mais il faut que tu faches que toute
cette félicité n'eft rien en comparaifon
de celle qui lui étoit deftinée, fi une
trop grande profpérité ne lui eût fait ou-
blier les regles de la modération & de
la juftice. La paffion de rabaiffer l'or-
gueil & l'infolence des Tyriens l'en-
gagea à prendre leur ville. Cette con-
quête lui donna le defir d'en faire d'au-
tres ; il fe laiffa féduire par la vaine
gloire des conquérans ; il fubjugua, ou,
pour mieux dire, il ravagea toute l'Afie.
A fon retour en Egypte, il trouva que
fon frere s'étoit emparé de la royauté,
& avoit altéré, par un gouvernement
injufte, les meilleures loix du pays. Ainfi
fes grandes conquêtes ne fervirent qu'à
troubler fon royaume. Mais ce qui le
rendit plus inexcufable, c'eft qu'il fut
enivré de fa propre gloire : il fit atteler

à un char les plus superbes d'entre les rois qu'il avoit vaincus. Dans la suite, il reconnut sa faute, & eut honte d'avoir été si inhumain. Tel fut le fruit de ses victoires. Voilà ce que les conquérans font contre leurs états & contre eux-mêmes, en voulant usurper ceux de leurs voisins. Voilà ce qui fit déchoir un roi d'ailleurs si juste & si bienfaisant; & c'est ce qui diminue la gloire que les dieux lui avoient préparée.

Ne vois-tu pas cet autre, ô mon fils! dont la blessure paroît si éclatante? C'est un roi de Carie, nommé Dioclides, qui se dévoua pour son peuple dans une bataille, parce que l'oracle avoit dit que, dans la guerre des Cariens & des Lyciens, la nation dont le roi périroit seroit victorieuse.

Considere cet autre; c'est un sage législateur, qui, ayant donné à sa nation des loix propres à les rendre bons & heureux, leur fit jurer qu'ils ne violeroient jamais aucune de ces loix pendant son absence: après quoi il partit, s'exila lui-même de fa patrie, & mourut paîtître dans une terre étrangere, pour obliger fon peuple, par fon ferment, à garder à jamais des loix fi utiles.

Cet autre que tu vois eft Eunéfyme, roi des Pyliens, & un de ancêtres du fage Neftor. Dans une pefte qui ravagea la terre, & qui couvroit de nouvelles ombres les bords de l'Achéron, il demanda au dieux d'appaifer-leur colere, en payant par fa mort pour tant de milliers d'hommes innocens. Les dieux l'exaucerent, & lui firent trouver ici la vraie royauté, dont toutes celles de la terre ne font que de vaines ombres.

Ce vieillard que tu vois couronné de fleurs eft le fameux Bélus : il régna en Egypte; & il époufa Anchinoé, fille du dieu Nilus qui cache la fource de fes eaux, & qui enrichit les terres qu'il arrofe par fes inondations. Il eut deux fils; Danaüs, dont tu fais l'hiftoire; & Egyptus, qui donna fon nom à ce beau royaume. Bélus fe croyoit plus ri-

che par l'abondance où il mettoit son
peuple, & par l'amour de ses sujets
pour lui, que par tous les tributs qu'il
auroit pu leur imposer.

Ces hommes, que tu crois morts,
vivent, mon fils; & c'est la vie qu'on
traîne misérablement sur la terre, qui
n'est qu'une mort: les noms seulement
sont changés. Plaise aux dieux de te ren-
dre assez bon pour mériter cette vie heu-
reuse que rien ne peut plus finir ni trou-
bler! Hâte-toi, il en est tems, d'aller
chercher ton père. Avant que de le trou-
ver, hélas! que tu verras répandre de
sang! mais quelle gloire t'attend dans
les campagnes de l'Hespérie! Souviens-
toi des conseils du sage Mentor: pour-
vu que tu les suives, ton nom sera grand
parmi tous les peuples & dans tous les
siecles.

Il dit; & aussi-tôt il conduisit Télé-
maque vers la porte d'ivoire par où l'on
peut sortir du ténébreux empire de Plu-
ton. Télémaque, les larmes aux yeux,
le quitta sans pouvoir l'embrasser; &,

fortant de ces fombres lieux, il retourna en diligence vers le camp des alliés, après avoir rejoint fur le chemin les deux jeunes Crétois qui l'avoient accompagné jufqu'auprès de la caverne, & qui n'efpéroient plus de le revoir.

Fin du Livre dix-neuvieme.

LIVRE VINGTIEME.

SOMMAIRE.

Dans une assemblée des chefs, Télémaque fait prévaloir son avis pour ne pas surprendre Venuse, laissée par les deux partis en dépôt aux Lucaniens. Il fait voir sa sagesse à l'occasion de deux transfuges, dont l'un, nommé Acante, avoit entrepris de l'empoisonner : l'autre, nommé Dioscore, offroit aux alliés la tête d'Adraste. Dans le combat qui s'engage ensuite, Télémaque porte la mort par-tout où il va pour trouver Adraste ; & ce roi, qui le cherche aussi, rencontre & tue Pisistrate, fils de Nestor. Philoctete survient ; & dans le tems où il va percer Adraste, il est blessé lui-même, & obligé de se retirer du combat. Telémaque court aux cris de ses alliés, dont Adraste fait un carnage horrible. Il combat cet ennemi, & lui donne la vie à des conditions qu'il lui impose. Adraste, re-

Télémaque, après avoir donné la vie à Adraste,
est obligé de le tuer pour sauver la sienne.

levé, veut surprendre Télémaque; ce-
lui-ci le saisit une seconde fois, & lui
ôte la vie.

Cependant les chefs de l'armée s'as-
semblerent pour délibérer s'il falloit s'em-
parer de Venuse. C'étoit une ville forte
qu'Adraste avoit autrefois usurpée sur
ses voisins, les Apuliens Peucetes. Ceux-
ci étoient entrés contre lui dans la ligue
pour demander justice sur cette invasion.
Adraste, pour les appaiser, avoit mis
cette ville en dépôt entre les mains des
Lucaniens; mais il avoit corrompu par
argent, & la garnison Lucanienne, &
celui qui la commandoit: de maniere
que les Lucaniens avoient moins d'au-
torité effective que lui dans Venuse; &
les Apuliens, qui avoient consenti que
la garnison Lucanienne gardât Venuse,
avoient été trompés dans cette négocia-
tion.

Un citoyen de Venuse, nommé Démo-
phante, avoit offert secrètement aux al-
liés de leur livrer la nuit une des portes

de la ville. Cet avantage étoit d'autant plus grand, qu'Adraste avoit mis toutes ses provisions de guerre & de bouche dans un château voisin de Venuse, qui ne pouvoit se défendre si Venuse étoit prise. Philoctete & Nestor avoient déja opiné qu il falloit profiter d'une si heureuse occasion. Tous les chefs, entraînés par leur autorité, & éblouis par l'utilité d'une si facile entreprise, applaudissoient à ce sentiment : mais Télémaque, à son tour, fit les derniers efforts pour les en détourner.

Je n'ignore pas, leur dit-il, que si jamais un homme a mérité d'être surpris & trompé, c'est Adraste, lui qui a si souvent trompé tout le monde. Je vois bien qu'en surprenant Venuse vous ne feriez que vous mettre en possession d'une ville qui vous appartient, puisqu'elle est aux Apuliens, qui sont un des peuples de votre ligue. J'avoue que vous le pourriez faire avec d'autant plus d'apparence de raison, qu'Adraste, qui a mis cette ville en dépôt, a cor-

rompu le commandant & la garnison,
pour y entrer quand il le jugera.à pro-
pos. Enfin je comprends, comme vous,
que, si vous preniez Venuse, vous se-
riez dès le lendemain maîtres du châ-
teau où sont tous les préparatifs de
guerre qu'Adraste y a assemblés, &
qu'ainsi vous finiriez en deux jours cette
guerre si formidable. Mais ne vaut-il
pas mieux périr, que vaincre par de tels
moyens ? Faut-il repousser la fraude par
la fraude ? Sera-t-il dit que tant de rois
ligués pour punir l'impie Adraste de
ses tromperies, seront trompeurs comme
lui ? S'il nous est permis de faire comme
Adraste, il n'est pas coupable, & nous
avons tort de vouloir le punir. Quoi !
l'Hespérie entiere, soutenue de tant de
colonies grecques & des héros revenus
du siége de Troie, n'a-t-elle point d'au-
tres armes contre la perfidie & les par-
jures d'Adraste, que la perfidie & le
parjure ?

Vous avez juré, par les choses les
plus sacrées, que vous laisseriez Ve-

nuſe en dépôt dans les mains des Luca-
niens. La garniſon lucanienne, dites-
vous, eſt corrompue par l'argent d'A-
draſte ; je le crois comme vous : mais
cette garniſon eſt toujours à la ſolde des
Lucaniens; elle n'a point refuſé de leur
obéir ; elle a gardé, du moins en ap-
parence, la neutralité. Adraſte ni les
ſiens ne ſont jamais entrés dans Ve-
nuſe : le traité ſubſiſte ; votre ſerment n'eſt
pas oublié des dieux. Ne gardera-t-on
les paroles données, que quand on
manquera de prétextes plauſibles pour
les violer ? Ne ſera-t-on fidele & reli-
gieux pour les ſermens, que quand on
n'aura rien à gagner en violant ſa foi ?
Si l'amour de la vertu & la crainte des
dieux ne vous touchent plus, au moins
ſoyez touchés de votre réputation & de
votre intérêt. Si vous montrez aux hom-
me cet exemple pernicieux de manquer
de parole, & de violer votre ſerment
pour terminer une guerre, quelles guer-
res n'exciterez-vous point par cette con-
duite impie ! quel voiſin ne ſera pas

contraint de craindre tout de vous, &
de vous détester? qui pourra déformais,
dans les nécessités les plus preffantes,
se fier à vous? Quelle sûreté pourrez-
vous donner quand vous voudrez être
sinceres, & qu'il vous importera de per-
suader à vos voisins votre sincérité? Se-
ra-ce un traité solemnel? vous en aurez
foulé un aux pieds. Sera-ce un serment?
eh! ne saura-t-on pas que vous comptez
les dieux pour rien quand vous espérez
tirer du parjure quelque avantage? La
paix n'aura donc pas plus de sûreté que
la guerre à votre égard. Tout ce qui
viendra de vous sera reçu comme une
guerre, ou feinte, ou déclarée: vous
ferez les ennemis perpétuels de tous ceux
qui auront le malheur d'être vos voisins:
toutes les affaires qui demandent de la
réputation, de la probité & de la confiance,
vous deviendront impossibles: vous n'au-
rez plus de reffource pour faire croire ce
que vous promettrez.

Voici, ajouta Télémaque, un motif
encore plus preffant qui doit vous frap-

per, s'il vous reste quelque sentiment de probité & quelque prévoyance sur vos intérêts : c'est qu'une conduite si trompeuse attaque par le dedans toute votre ligue, & va la ruiner ; votre parjure va faire triompher Adraste.

A ces paroles toute l'assemblée émue lui demanda, comment il osoit dire qu'une action qui donneroit une victoire certaine à la ligue, pouvoit la ruiner.

Comment, leur répondit-il, pourrez-vous vous confier les uns aux autres, si une fois vous rompez l'unique lien de la société & de la confiance, qui est la bonne-foi ? Après que vous aurez posé pour maxime qu'on peut violer les regles de la probité & de la fidélité pour un grand intérêt, qui d'entre vous pourra se fier à un autre, quand cet autre pourra trouver un grand avantage à lui manquer de parole & à le tromper ? Où en serez-vous ? quel est celui d'entre vous qui ne voudra point prévenir les artifices de son voisin par

les fiens ? Que devient une ligue de
tant de peuples, lorſqu'ils ſont con-
venus entre eux, par une délibération
commune, qu'il eſt permis de ſurpren-
dre ſon voiſin, & de violer la foi don-
née ? Quelle ſera votre défiance mu-
tuelle, votre diviſion, votre ardeur à
vous détruire les uns aux autres ! Adraſte
n'aura plus beſoin de vous attaquer ;
vous vous déchirerez aſſez vous-mêmes ;
vous juſtifierez ſes perfidies.

O rois ſages & magnanimes ! ô vous
qui commandez avec tant d'expérience
ſur des peuples innombrables, ne dé-
daignez pas d'écouter les conſeils d'un
jeune homme. Si vous tombiez dans les
plus affreuſes extrémités où la guerre
précipite quelquefois les hommes, il
faudroit vous relever par votre vigilance
& par les efforts de votre vertu ; car
le vrai courage ne ſe laiſſe jamais abat-
tre. Mais ſi vous aviez une fois rompu
la barriere de l'honneur & de la bonne-
foi, cette perte eſt irréparable ; vous
ne pourriez plus ni rétablir la confiance

néceffaire au fuccès de toutes les affaires importantes, ni ramener les hommes aux principes de la vertu, après que vous leur auriez appris à les méprifer. Que craignez-vous? N'avez-vous pas affez de courage pour vaincre fans tromper? Votre vertu, jointe aux forces de tant de peuples, ne vous fuffit-elle pas? Combattons, mourons s'il le faut, plutôt que de vaincre fi indignement. Adrafte, l'impie Adrafte, eft dans nos mains; pourvu que nous ayons horreur d'imiter fa lâcheté & fa mauvaife foi.

Lorfque Télémaque acheva ce difcours, il fentit que la douce perfuafion avoit coulé de fes levres & avoit paffé jufqu'au fond des cœurs. Il remarqua un profond filence dans l'affemblée; chacun penfoit, non à lui ni aux graces de fes paroles, mais à la force de la vérité qui fe faifoit fentir dans la fuite de fon raifonnement: l'étonnement étoit peint fur les vifages. Enfin on entendit un murmure fourd qui fe répandoit peu-à-peu dans l'affemblée:

les

les uns regardoient les autres, & n'o-
foient parler les premiers ; on attendoit
que les chefs de l'armée fe déclaraffent,
& chacun avoit de la peine à retenir fes
fentimens. Enfin le grave Neftor pronon-
ça ces paroles :

Digne fils d'Ulyffe, les dieux vous
ont fait parler ; & Minerve, qui a tant
de fois infpiré votre pere, a mis dans
votre cœur le confeil fage & généreux
que vous avez donné. Je ne regarde point
votre jeuneffe ; je ne confidere que Mi-
nerve dans tout ce que vous venez de dire.
Vous avez parlé pour la vertu : fans elle
les plus grands avantages font de vraies
pertes ; fans elle on s'attire bientôt la
vengeance de fes ennemis, la défiance
de fes alliés, l'horreur de tous les gens
de bien, & la jufte coleré des dieux.
Laiffons donc Venufe entre les mains
des Lucaniens, & ne fongeons plus
qu'à vaincre Adrafte par notre courage.

Il dit : & toute l'affemblée applaudit à
fes fages paroles ; mais, en applaudiffant,
chacun étonné, tournoit les yeux vers le

fils d'Ulysse, & on croyoit voir reluire en lui la sagesse de Minerve qui l'inspiroit.

Il s'éleva bientôt une autre question dans le conseil des rois, où il n'acquit pas moins de gloire. Adraste, toujours cruel & perfide, envoya dans le camp un transfuge nommé Acante, qui devoit empoisonner les plus illustres chefs de l'armée : sur-tout il avoit ordre de ne rien épargner pour faire mourir le jeune Télémaque, qui étoit déja la terreur des Dauniens. Télémaque, qui avoit trop de courage & de candeur pour être enclin à la défiance, reçut sans peine avec amitié ce malheureux, qui avoit vu Ulysse en Sicile, & qui lui racontoit les aventures de ce héros. Il le nourrissoit, & tâchoit de le consoler dans son malheur; car Acante se plaignoit d'avoir été trompé & traité indignement par Adraste. Mais c'étoit nourrir & réchauffer dans son sein une vipere venimeuse toute prête à faire une blessure mortelle.

On surprit un autre transfuge, nom-

mé Arion, qu'Acante envoyoit vers
Adraſte pour lui apprendre l'état du camp
des alliés, & pour lui aſſurer qu'il em-
poiſonneroit le lendemain les princi-
paux rois avec Télémaque dans un feſ-
tin que celui-ci leur devoit donner.
Arion, pris, avoua ſa trahiſon. On
ſoupçonna qu'il étoit d'intelligence avec
Acante, parce qu'ils étoient bons amis :
mais Acante, profondément diſſimulé
& intrépide, ſe défendoit avec tant
d'art, qu'on ne pouvoit le convaincre
ni découvrir le fond de la conjuration.

Pluſieurs des rois furent d'avis qu'il
falloit, dans le doute, ſacrifier Acante
à la ſûreté publique. Il faut, diſoient-
ils, le faire mourir : la vie d'un ſeul
homme n'eſt rien quand il s'agit d'aſſu-
rer celle de tant de rois. Qu'importe
qu'un innocent périſſe, quand il s'agit
de conſerver ceux qui repréſentent les
dieux au milieu des hommes ?

Quelle maxime inhumaine ! quelle
politique barbare ! répondit Téléma-
que. Quoi ! vous êtes ſi prodigues du

L ij

fang humain, ô vous qui êtes établis les pafteurs des hommes, & qui ne commandez fur eux que pour les conferver comme un pafteur conferve fon troupeau ! vous êtes donc des loups cruels, & non pas des pafteurs; du moins vous n'êtes pafteurs que pour tondre & pour égorger le troupeau, au lieu de le conduire dans les pâturages. Selon vous, on eft coupable dès qu'on eft accufé; un foupçon mérite la mort: les innocens font à la merci des envieux & des calomniateurs; & à mefure que la défiance tyrannique croîtra dans vos cœurs, il faudra auffi vous égorger plus de victimes.

Télémaque difoit ces paroles avec une autorité & une véhémence qui entraînoient les cœurs, & qui couvroient de honte les auteurs d'un fi lâche confeil. Enfuite fe radouciffant, il leur dit: Pour moi, je n'aime pas affez la vie pour vouloir vivre à ce prix; j'aime mieux qu'Acante foit méchant que fi je l'étois, & qu'il m'arrache la vie par une

trahifon , que fi , dans le doute , je le
faifois moi - même périr injuftemenţ.
Mais écoutez , ô vous qui , étant éta-
blis rois , c'eft-à-dire juges des peuples ,
devez favoir juger les hommes avec juf-
tice , prudence & modération ; laiffez-
moi interroger Acante en votre pré-
fence.

Auffi-tôt il interroge cet homme fur
fon commerce avec Arion ; il le preffe
fur une infinité de circonftances. Il fait
femblant plufieurs fois, de le renvoyer à
Adrafte comme un transfuge digne d'ê-
tre puni , pour obferver s'il auroit peur
d'être ainfi renvoyé , ou non : mais le
vifage & la voix d'Acante demeurerent
tranquilles. Enfin , ne pouvant tirer la
vérité du fond de fon cœur , il lui dit :
Donnez-moi votre anneau, je veux l'en-
voyer à Adrafte. A cette demande de
fon anneau , Acante pâlit , il fut em-
barraffé. Télémaque , dont les yeux
étoient toujours attachés fur lui , s'en
apperçut : il prit cet anneau. Je m'en
vais , lui dit-il , l'envoyer à Adrafte

par les mains d'un Lucanien, nommé Polytrope, que vous connoiſſez, & qui paroîtra y aller ſecrètement de votre part. Si nous pouvons découvrir par cette voie votre intelligence avec Adraſte, on vous fera périr impitoyablement par les tourmens les plus cruels : ſi au contraire vous avouez dès-à-préſent votre faute, on vous la pardonnera, & on ſe contentera de vous envoyer dans une iſle de la mer où vous ne manquerez de rien. Alors Acante avoua tout ; & Télémaque obtint des rois qu'on lui donneroit la vie, parce qu'il la lui avoit promiſe. On l'envoya dans une des iſles Echinades, où il vécut en paix.

Peu de tems après, un Daunien d'une naiſſance obſcure, mais d'un eſprit violent & hardi, nommé Dioſcore, vint la nuit dans le camp des alliés leur offrir d'égorger dans ſa tente le roi Adraſte. Il le pouvoit ; car on eſt maître de la vie des autres quand on ne compte plus pour rien la ſienne. Cet homme ne reſpiroit que la vengeance, parce

qu'Adraſte lui avoit enlevé ſa femme
qu'il aimoit éperdument, & qui étoit
égale en beauté à Vénus même. Il étoit
réſolu ou de faire périr Adraſte & de
reprendre ſa femme, ou de périr lui-
même. Il avoit des intelligences ſe-
cretes pour entrer la nuit dans la
tente du roi, & pour être favoriſé
dans ſon entrepriſe par pluſieurs capi-
taines Dauniens : mais il croyoit avoir
beſoin que les rois alliés attaquaſſent en
même tems le camp d'Adraſte, afin
que dans ce trouble il pût plus facile-
ment ſe ſauver & enlever ſa femme. Il
étoit content de périr s'il ne pouvoit
l'enlever après avoir tué le roi.

Auſſi-tôt que Dioſcore eut expliqué
aux rois ſon deſſein, tout le monde ſe
tourna vers Télémaque, comme pour
lui demander une déciſion.

Les dieux, répondit-il, qui nous ont
préſervés des traîtres, nous défendent
de nous en ſervir. Quand même nous
n'aurions pas aſſez de vertu pour déteſ-
ter la trahiſon, notre ſeul intérêt ſuffi-

roit pour la rejetter : dès que nous l'au-
rons autorifée par notre exemple, nous
mériterons qu'elle fe tourne contre nous;
dès ce moment, qui d'entre nous fera
en sûreté ? Adrafte pourra bien éviter le
coup qui le menace, & le faire retomber
fur les rois alliés : la guerre ne fera plus
une guerre; la fageffe-& la vertu ne fe-
ront plus d'aucun ufage ; on ne verra
plus que perfidie, trahifon & affaffinats.
Nous en reffentirons nous - mêmes les
funeftes fuites; & nous le mériterons,
puifque nous aurons autorifé le plus
grand des maux. Je conclus donc qu'il
faut renvoyer le traître à Adrafte. J'a-
voue que ce roi ne le mérite pas; mais
toute l'Hefpérie & toute la Grece, qui
ont les yeux fur nous, méritent que nous
tenions cette conduite pour en être efti-
més. Nous nous devons à nous-mêmes,
enfin nous devons aux dieux juftes, cette
horreur de la perfidie.

Auffi-tôt on envoya Diofcore à Adraf-
te, qui frémit du péril où il avoit été,
& qui ne pouvoit affez s'étonner de la

générosité de ses ennemis ; car les mé-
chans ne peuvent comprendre la pure
vertu. Adraste admiroit malgré lui ce
qu'il venoit de voir, & n'osoit le louer.
Cette action noble des alliés rappelloit
un honteux souvenir de toutes ses trom-
peries & de toutes ses cruautés. Il cher-
choit à rabaisser la générosité de ses en-
nemis, & étoit honteux de paroître in-
grat, pendant qu'il leur devoit la vie :
mais les hommes corrompus s'endur-
cissent bientôt contre tout ce qui pour-
roit les toucher. Adraste, qui vit que
la réputation des alliés augmentoit tous
les jours, crut qu'il étoit pressé de faire
contre eux quelque action éclatante ?
comme il n'en pouvoit faire aucune de
vertu, il voulut du moins tâcher de
remporter quelque grand avantage sur
eux par les armes, & il se hâta de
combattre.

Le jour du combat étant venu, à
peine l'Aurore ouvroit au Soleil les por-
tes de l'orient, dans un chemin semé
de roses, que le jeune Télémaque pré-

venant par ſes ſoins la vigilance des plus vieux capitaines, s'arracha d'entre les bras du doux ſommeil, & mit en mouvement tous les officiers. Son caſque, couvert de crins flottans, brilloit déja ſur ſa tête, & ſa cuiraſſe ſur ſon dos éblouiſſoit les yeux de toute l'armée : l'ouvrage de Vulcain avoit, outre ſa beauté naturelle, l'éclat de l'égide qui y étoit cachée. Il tenoit ſa lance d'une main, de l'autre il montroit les divers poſtes qu'il falloit occuper.

Minerve avoit mis dans ſes yeux un feu divin, & ſur ſon viſage une majeſté fiere qui promettoit déja la victoire. Il marchoit ; & tous les rois, oubliant leur âge & leur dignité, ſe ſentoient entraînés par une force ſupérieure qui leur faiſoit ſuivre ſes pas. La foible jalouſie ne peut plus entrer dans les cœurs : tout cede à celui que Minerve conduit inviſiblement par la main. Son action n'avoit rien d'impétueux ni de précipité : il étoit doux, tranquille, patient ; toujours prêt à écouter les autres & à profiter de leurs conseils, mais actif, prévoyant, attentif aux besoins les plus éloignés, arrangeant toutes choses à propos, ne s'embarrassant de rien, & n'embarrassant point les autres, excusant les fautes, réparant les mécomptes, prévenant les difficultés, ne demandant jamais rien de trop à personne, inspirant par-tout la liberté & la confiance.

Donnoit-il un ordre; c'étoit dans les termes les plus simples & les plus clairs : il le répétoit pour mieux instruire celui qui devoit l'exécuter. Il voyoit dans ses yeux s'il l'avoit bien compris : il lui faisoit ensuite expliquer familièrement comment il avoit compris ses paroles & le principal but de son entreprise. Quand il avoit ainsi éprouvé le bon sens de celui qu'il envoyoit, & qu'il l'avoit fait entrer dans ses vues, il ne le faisoit partir qu'après lui avoir donné quelques marques d'estime & de confiance pour l'encourager. Ainsi tous ceux qu'il envoyoit étoient pleins d'ardeur pour lui plaire & pour réussir : mais ils n'étoient point gênés par la crainte qu'il leur imputeroit les mauvais fuccès; car il excufoit toutes les fautes qui ne venoient point de mauvaife, volonté.

L'horifon paroiffoit rouge & enflammé par les premiers rayons du foleil, & la mer, étoit pleine des feux du jour naiffant : toute la côte étoit couverte d'hommes, d'armes, de chevaux & de chariots en mouvement; c'étoit un bruit confus, femblable à celui des flots en courroux quand Neptune excite au fond de fes abîmes les noires tempêtes. Ainfi Mars commençoit, par le bruit des armes & par l'appareil frémiffant de la guerre, à femer la rage dans tous les cœurs. La campagne étoit pleine de piques hériffées, femblables aux épis qui couvrent les fillons fertiles dans le tems des moiffons. Déja s'élevoit un nuage de pouffiere qui déroboit peu-à-peu aux yeux des hommes la terre & le ciel. La confufion, l'horreur, le carnage, l'impitoyable mort s'avançoient.

A peine les premiers traits étoient

jettés, que Télémaque, levant les yeux
& les mains vers le ciel, prononça ces
paroles :

O Jupiter, pere des dieux & des
hommes, vous voyez de notre côté la
juſtice & la paix que nous n'avons point
eu honte de rechercher. C'eſt à regret
que nous combattons ; nous voudrions
épargner le ſang des hommes : nous ne
haïſſons point cet ennemi même, quoi-
qu'il ſoit cruel, perfide & ſacrilege.
Voyez, & décidez entre lui & nous :
s'il faut mourir, nos vies ſont dans vos
mains : s'il faut délivrer l'Heſpérie &
abattre le tyran, ce ſera votre puiſſance
& la ſageſſe de Minerve votre fille qui
nous donneront la victoire ; la gloire
vous en ſera due. C'eſt vous qui, la ba-
lance en main, réglez le ſort des com-
bats : nous combattons pour vous ; & ,
puiſque vous êtes juſte, Adraſte eſt plus
votre ennemi que le nôtre. Si votre cauſe
eſt victorieuſe, avant la fin du jour le
ſang d'une hécatombe entiere ruiſſelera
ſur vos autels.

Il dit, & à l'instant il pousse ses coursiers fougueux & écumans dans les rangs les plus pressés des ennemis. Il rencontra d'abord Périandre, locrien, couvert d'une peau de lion qu'il avoit tué dans la Sicile pendant qu'il y avoit voyagé : il étoit armé, comme Hercule, d'une massue énorme ; sa taille & sa force le rendoient semblable aux géans. Dès qu'il vit Télémaque, il méprisa sa jeunesse & la beauté de son visage. C'est bien à toi, dit-il, jeune efféminé, à nous disputer la gloire des combats ! va, enfant, va parmi les ombres chercher ton pere. En disant ces paroles, il leve sa massue noueuse, pesante, armée de pointes de fer ; elle paroît comme un mât de navire : chacun craint le coup de sa chûte. Elle menace la tête du fils d'Ulysse : mais il se détourne du coup, & se lance sur Périandre avec la rapidité d'un aigle qui fend les airs. La massue, en tombant, brise une roue d'un char auprès de celui de Télémaque. Cependant le jeune Grec perce

d'un trait Périandre à la gorge; le fang
qui coule à gros bouillons de fa large
plaie étouffe fa voix : fes chevaux fou-
gueux, ne fentant plus fa main défail-
lante, & les rênes flottant fur leur cou,
l'emportent çà & là : il tombe de def-
fus fon char, les yeux fermés à la lu-
miere, & la pâle mort étant déja peinte
fur fon vifage défiguré. Télémaque eut
pitié de lui ; il donna auffi-tôt fon corps
à fes domeftiques, & garda comme une
marque de fa victoire la peau du lion
avec la maffue.

Enfuite il cherche Adrafte dans la
mêlée, mais en le cherchant il précipite
dans les enfers une foule de combattans :
Hilée, qui avoit attelé à fon char deux
courfiers femblables à ceux du Soleil, &
nourris dans les vaftes prairies qu'arrofe
l'Aufide : Démoléon, qui dans la Sicile
avoit autrefois prefque égalé Eryx dans
les combats du cefte : Crantor, qui avoit
été hôte & ami d'Hercule lorfque ce fils
de Jupiter, paffant par l'Hefpérie, y ôta
la vie à l'infâme Cacus : Ménécrate,

qui reffembloit, difoit-on, à Pollux
dans la lutte : Hippocoon, falapien, qui
imitoit l'adreffe & la bonne grace de
Caftor pour mener un cheval : le fa-
meux chaffeur Eurymede, toujours teint
du fang des ours & des fangliers qu'il
tuoit dans les fommets couverts de neige
du froid Apennin, qui avoit été, di-
foit-on, fi cher à Diane, qu'elle lui avoit
appris elle-même à tirer des fleches :
Nicoftrate, vainqueur d'un géant qui
vomiffoit du feu dans les rochers du
mont Gargant :. Cléanthe, qui devoit
époufer la jeune Pholoé, fille du fleuve
Liris. Elle avoit été promife par fon
pere à celui qui la délivreroit d'un fer-
pent aîlé qui étoit né fur les bords du
fleuve, & qui devoit la dévorer dans
peu de jours, fuivant la prédiction d'un
oracle. Ce jeune homme, par un ex-
cès d'amour, fe dévoua pour tuer le
monftre ; il réuffit : mais il ne put goû-
ter le fruit de fa victoire ; & pendant
que Pholoé, fe préparant à un doux hy-
ménée, attendoit impatiemment Cléan-

h e , elle apprit qu'il avoit fuivi Adrafte
dans les combats , & que la Parque
avoit tranché cruellement fes jours. Elle
remplit de fes gémiffemens les bois &
les montagnes qui font auprès du fleu-
ve , elle noya fes yeux de larmes, ar-
racha fes beaux cheveux blonds ; elle
oublia les guirlandes de fleurs qu'elle
avoit accoutumé de cueillir , & accufa
le ciel d'injuftice. Comme elle ne cef-
foit de pleurer nuit & jour , les dieux,
touchés de fes regrets , & preffés par
les prieres du fleuve , mirent fin à fa
douleur. A force de verfer des larmes ,
elle fut tout-à-coup changée en fontaine ,
qui , coulant dans le fein du fleuve , va
joindre fes eaux à celles du dieu fon
pere : mais l'eau de cette fontaine eft
encore amere ; l'herbe du rivage ne fleu-
rit jamais , & fur fes triftes bords on ne
trouve d'autre ombrage que celui des
cyprès.

Cependant Adrafte , qui apprit que
Télémaque répandoit de tous côtés la

terreur, le cherchoit avec empreſſement.
Il eſpéroit de vaincre facilement le fils
d'Ulyſſe dans un âge encore ſi tendre,
& menoit autour de lui trente Dauniens
d'une force, d'une adreſſe & d'une au-
dace extraordinaires, auxquels il avoit
promis de grandes récompenſes s'ils pou-
voient, dans le combat, faire périr Té-
lémaque de quelque maniere que ce pût
être. S'il l'eût rencontré dans ce com-
mencement du combat, ſans doute ces
trente hommes, environnant le char de
Télémaque pendant qu'Adraſte l'auroit
attaqué de front, n'auroient eu aucune pei-
ne à le tuer ; mais Minerve les fit égarer.

Adraſte crut voir & entendre Télé-
maque dans un endroit de la plaine en-
foncé, au pied d'une colline, où il y
avoit une foule de combattans; il court,
il vole, il veut ſe raſſaſier de ſang:
mais, au lieu de Télémaque, il apper-
çoit le vieux Neſtor, qui, d'une main
tremblante, jettoit au haſard quelques
traits inutiles. Adraſte, dans ſa fureur,

veut le percer ; mais une troupe de Pyliens se jetta autour de Nestor.

Alors une nuée de traits obscurcit l'air & couvrit tous les combattans ; on n'entendoit que les cris plaintifs des mourans , & le bruit des armes de ceux qui tomboient dans la mêlée : la terre gémissoit sous un monceau de morts ; des ruisseaux de sang couloient de toutes parts. Bellone & Mars , avec les Furies infernales , vêtues de robes toutes dégouttantes de sang , repaissoient leurs yeux cruels de ce spectacle, & renouvelloient sans cesse la rage dans les cœurs. Ces divinités ennemies des hommes repoussoient loin des deux partis la pitié généreuse, la valeur modérée, la douce humanité. Ce n'étoit plus , dans cet amas confus d'hommes acharnés les uns sur les autres, que massacre , vengeance, désespoir & fureur brutale : la sage & invincible Pallas elle-même, l'ayant vu, frémit & recula d'horreur.

Cependant Philoctete , marchant à pas lents , & tenant dans ses mains les

fleches d'Hercule , s'avançoit au fe-
cours de Neftor. Adrafte, n'ayant pu
atteindre le divin vieillard , avoit fancé
fes traits fur plufieurs Pyliens, auxquels
il avoit fait mordre la pouffiere. Déjà
il avoit abattu Ctéfilas , fi léger à la
courfe , qu'à peine il imprimoit la trace
de fes pas dans le fable , & qui devan-
çoit en fon pays les plus rapides flots
de l'Eurotas & de l'Alphée. A fes pieds
étoient tombés Eutyphron , plus beau
qu'Hylas , auffi ardent chaffeur qu'Hip-
polyte ; Ptérélas, qui avoit fuivi Neftor
au fiege de Troie , & qu'Achille même
avoit aimé à caufe de fon courage & de
fa force ; Ariftogiton , qui , s'étant bai-
gné dans les ondes du fleuve Achélöus ,
avoit reçu fecrètement de ce dieu la
vertu de prendre toutes fortes de for-
mes. En effet , il étoit fi fouple & fi
prompt dans tous fes mouvemens, qu'il
échappoit aux mains les plus fortes :
mais Adrafte, d'un coup de lance , le
rendit immobile ; & fon ame s'enfuit
d'abord avec fon fang.

Neftor, qui voyoit tomber fes plus vaillans capitaines fous la main du cruel Adrafte, comme les épis dorés tombent, pendant la moiffon, fous la faulx tranchante d'un infatigable moiffonneur, oublioit le danger où il expofoit inutilement fa vieilleffe. Sa fageffe l'avoit quitté : il ne fongeoit plus qu'à fuivre des yeux Pififtrate, fon fils, qui, de fon côté, foutenoit avec ardeur le combat pour éloigner le péril de fon pere. Mais le moment fatal étoit venu où Pififtrate devoit faire fentir à Neftor combien on eft fouvent malheureux d'avoir trop vécu.

Pififtrate porta un coup de lance fi violent contre Adrafte, que le Daunien devoit fuccomber ; mais il l'évita : & pendant que Pififtrate, ébranlé du faux coup qu'il avoit donné, ramenoit fa lance, Adrafte le perça d'un javelot au milieu du ventre. Ses entrailles commencerent à fortir avec un ruiffeau de fang : fon teint fe flétrit comme une fleur que la main d'une nymphe a cueil-

lie dans les prés : ſes yeux étoient déja
preſque éteints & ſa voix défaillante.
Alcée, ſon gouverneur, qui étoit auprès
de lui, le ſoutint comme il alloit tom-
ber, & n'eut le tems que de le mener
entre les bras de ſon pere. Là, il voulut
parler & donner les dernieres marques
de ſa tendreſſe : mais en ouvrant la bou-
che il expira.

Pendant que Philoctete répandoit au-
tour de lui le carnage & l'horreur pour
repouſſer les efforts d'Adraſte, Neſtor
tenoit ſerré entre ſes bras le corps de ſon
fils : il rempliſſoit l'air de ſes cris, &
ne pouvoit ſouffrir la lumiere. Malheu-
reux, diſoit-il, d'avoir été pere & d'a-
voir vécu ſi long-tems ! Hélas ! cruelles
deſtinées, pourquoi n'avez-vous pas fini
ma vie, ou à la chaſſe du ſanglier de
Calydon, ou au voyage de Colchos,
ou au premier ſiege de Troie ? je ſerois
mort avec gloire & ſans amertume :
maintenant je traîne une vieilleſſe dou-
loureuſe, mépriſée & impuiſſante ; je
ne vis plus que pour les maux, & je

n'ai plus de fentiment que pour la trif-
teffe. O mon fils ! ô cher Pififtrate !
quand je perdis ton frere Antiloque, je
t'avois pour me confoler ; je ne t'ai
plus, je n'ai plus rien, & rien ne me
confolera : tout eft fini pour moi. L'ef-
pérance, feul adouciffement des peines
des hommes, n'eft plus un bien qui me
regarde. Antiloque, Pififtrate, ô chers
enfans ! je crois que c'eft aujourd'hui
que je vous perds tous deux ; la mort
de l'un rouvre la plaie que l'autre avoit
faite au fond de mon cœur. Je ne vous
verrai plus ! Qui fermera mes yeux ? qui
recueillera mes cendres ? O Pififtrate ! tu
es mort, comme ton frere, en homme
courageux ; il n'y a que moi qui ne puis
mourir.

En difant ces paroles il voulut fe per-
cer lui-même d'un dard qu'il tenoit ;
mais on arrêta fa main, on lui arracha
le corps de fon fils : & comme cet in-
fortuné vieillard tomboit en défaillance,
on le porta dans fa tente, où ayant un
peu repris fes forces, il voulut retour-

ner au combat ; mais on le retint mal-
gré lui.

Cependant Adraste & Philoctete se
cherchoient ; leurs yeux étoient étince-
lans comme ceux d'un lion & d'un léo-
pard qui cherchent à se déchirer l'un
l'autre dans les campagnes qu'arrose le
Caïstre. Les menaces, la fureur guer-
riere & la cruelle vengeance éclatent
dans leurs yeux farouches ; ils portent
une mort certaine par-tout où ils lan-
cent leurs traits : tous les combattans
les regardent avec effroi. Déja ils se
voient l'un l'autre, & Philoctete tient
en main une de ces fleches terribles qui
n'ont jamais manqué leur coup dans ses
mains, & dont les blessures sont irré-
médiables : mais Mars, qui favorisoit
le cruel & intrépide Adraste, ne put
souffrir qu'il périt si-tôt ; il vouloit, par
lui, prolonger les horreurs de la guerre
& multiplier les carnages. Adraste étoit
encore dû à la justice des dieux pour punir
les hommes & pour verser leur sang.

Dans le moment où Philoctete veut

l'attaquer ;

l'attaquer, il eſt bleſſé lui-même par un
coup de lance que lui donne Amphima-
que, jeune Lucanien, plus beau que le
fameux Nirée, dont la beauté ne cé-
doit qu'à celle d'Achille parmi tous les
Grecs qui combattirent au ſiege de Troie.
A peine Philoctete eut reçu le coup,
qu'il tira ſa fleche contre Amphimaque;
elle lui perça le cœur. Auſſi-tôt ſes beaux
yeux noirs s'éteignirent & furent cou-
verts des ténebres de la mort : ſa bou-
che, plus vermeille que les roſes dont
l'aurore naiſſante ſeme l'horiſon, ſe flé-
trit; une pâleur affreuſe ternit ſes joues;
ce viſage ſi tendre & ſi gracieux, tout-
à-coup ſe défigura. Philoctete lui-même
en eut pitié. Tous les combattans gé-
mirent en voyant ce jeune homme tom-
ber dans ſon ſang où il ſe rouloit, &
ſes cheveux, auſſi beaux que ceux d'A-
pollon, traînés dans la pouſſiere.

Philoctete, ayant vaincu Amphima-
que, fut contraint de ſe retirer du com-
bat; il perdoit ſon ſang & ſes forces :

fon ancienne bleffure même, dans l'effort du combat, fembloit prête à fe rouvrir & à renouveller fes douleurs ; car les enfans d'Efculape, avec leur fcience divine, n'avoient pu le guérir entiérement. Le voilà prêt à tomber fur un monceau de corps fanglans qui l'environnent. Archidamas, le plus fier & le plus adroit de tous les Œbaliens qu'il avoit menés avec lui pour fonder Pétilie, l'enleve du combat dans le moment où Adrafte l'auroit abattu fans peine à fes pieds. Adrafte ne trouve plus rien qui ofe lui réfifter ni retarder la victoire. Tout tombe, tout s'enfuit ; c'eft un torrent qui, ayant furmonté fes bords, entraîne par fes vagues furieufes les moiffons, les troupeaux, les bergers & les villages.

Télémaque entendit de loin les cris des vainqueurs ; il vit le défordre des fiens qui fuyoient devant Adrafte, comme une troupe de cerfs timides traverfe les vaftes campagnes, les bois, les mon-

tagnes & les fleuves même les plus ra-
pides, quand ils font pourfuivis par des
chaffeurs.

Télémaque gémit ; l'indignation pa-
roît dans fes yeux : il quitte les lieux où
il a combattu long-tems avec tant de
dangers & de gloire. Il court pour fou-
tenir les fiens ; il s'avance tout couvert
du fang d'une multitude d'ennemis qu'il
a étendus fur la poufiere. De loin il
pouffe un cri qui fe fait entendre aux
deux armées.

Minerve avoit mis je ne fais quoi de
terrible dans fa voix, dont les mon-
tagnes voifines retentirent. Jamais Mars
dans la Thrace n'a fait entendre plus
fortement fa cruelle voix quand il ap-
pelle les furies infernales, la guerre &
la mort. Ce cri de Télémaque porte le
courage & l'audace dans le cœur des
fiens : il glace d'épouvante les ennemis ;
Adrafte même a honte de fe fentir
troublé. Je ne fais combien de funeftes
préfages le font frémir, & ce qui l'a-
nime eft plutôt un défefpoir qu'une va-

léur tranquille. Trois fois ſes genoux tremblans commencerent à ſe dérober ſous lui ; trois fois il recula ſans ſonger à ce qu'il faiſoit : une pâleur de défaillance , une ſueur froide ſe répand dans tous ſes membres ; ſa voix enrouée & héſitante ne pouvoit achever aucune parole ; ſes yeux , pleins d'un feu ſombre & étincelant , paroiſſoient ſortir de ſa tête : on le voyoit , comme Oreſte , agité par les furies ; tous ſes mouvemens étoient convulſifs. Alors il commença à croire qu'il y a des dieux ; il s'imagina les voir irrités , & entendre une voix ſourde qui ſortoit du fond de l'abîme pour l'appeller dans le noir Tartare : tout lui faiſoit ſentir une main céleſte & inviſible ſuſpendue ſur ſa tête , qui alloit s'appeſantir pour le frapper ; l'eſpérance étoit éteinte au fond de ſon cœur : ſon audace ſe diſſipoit comme la lumiere du jour diſparoît quand le ſoleil ſe couche dans le ſein des ondes , & que la terre s'enveloppe des ombres de la nuit.

L'impié Adraste, trop long-tems souffert sur la terre, trop long-tems si les hommes n'eussent eu besoin d'un tel châtiment, l'impie Adraste touchoit enfin à sa derniere heure. Il court forcené au-devant de son inévitable destin ; l'horreur, les cuisans remords, la consternation, la fureur, la rage, le désespoir, marchent avec lui. A peine voit-il Télémaque, qu'il croit voir l'Averne qui s'ouvre, & les tourbillons de flammes qui sortent du noir Phlégéton, prêtes à le dévorer. Il s'écrie ; & sa bouche demeure ouverte, sans qu'il puisse prononcer aucune parole : tel qu'un homme dormant qui, dans un songe affreux, ouvre la bouche & fait des efforts pour parler ; mais la parole lui manque toujours, & il la cherche en vain. D'une main tremblante & précipitée Adraste lance son dard contre Télémaque. Celui-ci, intrépide, comme l'ami des dieux, se couvre de son bouclier ; il semble que la Victoire, le couvrant de ses aîles, tient déja une

couronne fufpendue au-deffus de fa tête ;
le courage doux & paifible reluit dans
fes yeux ; on le prendroit pour Minerve
même , tant il paroît fage & mefuré au
milieu des plus grands périls. Le dard
lancé par Adrafte eft repouffé par le bou-
clier. Alors Adrafte fe hâte de tirer fon
épée pour ôter au fils d'Ulyffe l'avan-
tage de lancer fon dard à fon tour. Té-
lémaque , voyant Adrafte l'épée à la
main , fe hâte de la mettre auffi , &
laiffe fon dard inutile.

Quand on les vit ainfi tous deux com-
battre de près , tous les autres combat-
tans , en filence , mirent bas les armes
pour les regarder attentivement ; & on
attendit de leur combat la deftinée de
toute la guerre. Les deux glaives , bril-
lans comme les éclairs d'où partent les
foudres , fe croifent plufieurs fois , &
portent des coups inutiles fur les armes
polies qui en retentiffent. Les deux com-
battans s'allongent , fe replient , s'abaif-
fent , fe relevent tout-à-coup , & enfin
fe faififfent. Le lierre , en naiffant au

pied d'un ormeau, n'en ferre pas plus étroitement le tronc dur & noueux par fes rameaux entrelacés jufqu'aux plus hautes branches de l'arbre, que ces deux combattans fe ferrent l'un l'autre. Adrafte n'avoit encore rien perdu de fa force : Télémaque n'avoit pas encore toute la fienne. Adrafte fait plufieurs efforts pour furprendre fon ennemi & pour l'ébranler. Il tâche de faifir l'épée du jeune Grec ; mais en vain : dans le moment où il la cherche, Télémaque l'enleve de terre & le renverfe fur le fable. Alors cet impie, qui avoit toujours méprifé les dieux, montre une lâche crainte de la mort : il a honte de demander la vie, & il ne peut s'empêcher de témoigner qu'il la defire. Il tâche d'émouvoir la compaffion de Télémaque : Fils d'Ulyffe, dit-il, enfin c'eft maintenant que je connois les juftes dieux ; ils me puniffent comme je l'ai mérité : il n'y a que le malheur qui ouvre les yeux des hommes pour voir la vérité ; je la vois, elle me condamne. Mais qu'un roi malheureux vous fasse souvenir de votre pere qui est loin d'Ithaque, & qu'il touche votre cœur.

Télémaque, qui, le tenant sous ses genoux, avoit le glaive déja levé pour lui percer la gorge, répondit aussi-tôt : Je n'ai voulu que la victoire & la paix des nations que je suis venu secourir ; je n'aime point à répandre le sang. Vivez donc, ô Adraste ; mais vivez pour réparer vos-fautes : rendez tout ce que vous avez usurpé ; rétablissez le calme & la justice sur la côte de la grande Hespérie que vous avez souillée par tant de massacres & de trahisons : vivez, & devenez un autre homme. Apprenez par votre chûte, que les dieux sont justes : que les méchans sont malheureux, qu'ils se trompent en cherchant la félicité dans la violence, dans l'inhumanité & dans le mensonge ; qu'enfin rien n'est si doux ni si heureux que la simple & constante vertu. Donnez-nous pour ôtages votre fils Métrodore,

avec douze des principaux de votre na-
tion.

A ces paroles, Télémaque laiffe re-
lever Adrafte, & lui tend la main, fans
fe défier de fa mauvaife foi. Mais auffi-
tôt Adrafte lui lance un fecond dard fort
court qu'il tenoit caché : le dard étoit
fi aigu & lancé avec tant d'adreffe, qu'il
eût percé les armes de Télémaque fi elles
n'euffent été divines. En même tems
Adrafte fe jette derriere un arbre pour
éviter la pourfuite du jeune Grec. Alors
celui-ci s'écrie : Dauniens, vous le voyez,
la victoire eft à nous ; l'impie ne fe fauve
que par la trahifon. Celui qui ne craint
point les dieux, craint la mort : au con-
traire, celui qui les craint, ne craint
qu'eux.

En difant ces paroles, il s'avance vers
les Dauniens, & fait figne aux fiens,
qui étoient de l'autre côté de l'arbre,
de couper le chemin au perfide Adraf-
te. Adrafte craint d'être furpris, fait
femblant de retourner fur fes pas, &
veut renverfer les Crétois qui fe préfen-

tent à fon paffage : mais tout-à-coup Télémaque , prompt comme la foudre que la main du pere des dieux lance du haut Olympe fur les têtes coupables, vient fondre fur fon ennemi ; il le faifit d'une main victorieufe ; il le renverfe, comme le cruel aquilon abat les tendres moiffons qui dorent la campagne. Il ne l'écoute plus , quoique l'impie ofe encore une fois effayer d'abufer de la bonté de fon cœur ; il enfonce fon glaive , & le précipite dans les flammes du noir Tartare , digne châtiment de fes crimes.

Fin du Livre vingtieme.

Polydamas est choisi pour Roi des Dauni...
par l'avis de Télémaque.

LIVRE VINGT-UNIEME.
SOMMAIRE.

Adraſte étant mort, les Dauniens ten-
dent les mains aux alliés en ſigne
de paix, & leur demandent un roi de
leur nation. Neſtor, inconſolable d'a-
voir perdu ſon fils, s'abſente de l'aſ-
ſemblée des chefs, où pluſieurs opi-
nent qu'il faut partager le pays des
vaincus, & céder à Télémaque le
terroir d'Arpi. Bien loin d'accepter
cette offre, Télémaque fait voir que
l'intérêt commun des alliés eſt de choi-
ſir Polydamas pour roi des Dauniens,
& de leur laiſſer leurs terres. Il per-
ſuade enſuite à ces peuples de donner
la contrée d'Arpi à Diomede, ſurvenu
fortuitement. Les troubles étant ainſi
finis, tous ſe ſéparent pour s'en re-
tourner chacun dans ſon pays.

APEINE Adraſte fut mort, que tous
les Dauniens, loin de déplorer leur

M vj

défaite & la perte de leur chef, se ré-
jouirent de leur délivrance : ils tendirent
les mains aux alliés en signe de paix &
de réconciliation. Métrodore, fils d'A-
draste, que son pere avoit nourri dans
des maximes de dissimulation, d'injus-
tice & d'inhumanité, s'enfuit lâche-
ment. Mais un esclave, complice de
ses infamies & de ses cruautés, qu'il
avoit affranchi & comblé de biens, &
auquel seul il se confia dans sa fuite,
ne songea qu'à le trahir pour son pro-
pre intérêt : il le tua par derriere pen-
dant qu'il fuyoit, lui coupa la tête, &
la porta dans le camp des alliés, espé-
rant une grande récompense d'un crime
qui finissoit la guerre. Mais on eut hor-
reur de ce scélérat, & on le fit mourir.
Télémaque ayant vu la tête de Métro-
dore, qui étoit un jeune homme d'une
merveilleuse beauté, & d'un naturel
excellent, que les plaisirs & les mau-
vais exemples avoient corrompu, ne
put retenir ses larmes. Hélas ! s'écria-
t-il, voilà ce que fait le poison de la

profpérité pour un jeune prince : plus il
a d'élévation & de vivacité, plus il s'é-
gare & s'éloigne de tous fentimens de
vertu. Et maintenant je ferois peut-être
de même, fi les malheurs où je fuis né,
grace aux dieux, & les inftructions de
Mentor, ne m'avoient appris à me mo-
dérer.

Les Dauniens affemblés demande-
rent, comme l'unique condition de paix,
qu'on leur permît de faire un roi de leur
nation, qui pût effacer par fes vertus
l'opprobre dont l'impie Adrafte avoit
couvert la royauté. Ils remercioient les
dieux d'avoir frappé le tyran : ils ve-
noient en foule baifer la main de Té-
lémaque, qui avoit été trempée dans
le fang de ce monftre ; & leur défaite
étoit pour eux comme un triomphe. Ainfi
tomba en un moment, fans aucune ref-
fource, cette puiffance qui menaçoit
toutes les autres dans l'Héfpérie, & qui
faifoit trembler tant de peuples. Sem-
blable à ces terreins qui paroiffent fer-
mes & immobiles, mais que l'on fappe,

peu-à-peu pardeſſous : long-tems on ſe
moque du foible travail qui en attaque
les fondemens ; rien ne paroît affoibli,
tout eſt uni , rien ne s'ébranle ; cepen-
dant tous les ſoutiens ſont détruits peu-
à-peu , juſqu'au moment où tout-à-coup
le terrein s'affaiſſe & ouvre un abîme.
Ainſi une puiſſance injuſte & trompeuſe,
quelque proſpérité qu'elle ſe procure par
ſes violences, creuſe elle-même un pré-
cipice ſous ſes pieds. La fraude & l'in-
humanité ſappent peu-à-peu tous les
plus ſolides fondemens de l'autorité lé-
gitime : on l'admire , on la craint, on
tremble devant elle, juſqu'au moment
où elle n'eſt déja plus ; elle tombe de
ſon propre poids , & rien ne peut la
relever , parce qu'elle a détruit de ſes
propres mains les vrais ſoutiens de la
bonne-foi & de la juſtice , qui attirent
l'amour & la confiance.

Les chefs de l'armée s'aſſemblerent
dès le lendemain pour accorder un roi
aux Dauniens. On prenoit plaiſir à voir
les deux camps confondus par une ami-

tié ſi ineſpérée, & les deux armées qui
n'en faiſoient plus qu'une. Le ſage Neſ-
tor ne put ſe trouver dans ce conſeil,
parce que la douleur, jointe à la vieil-
leſſe, avoit flétri ſon cœur, comme la
pluie abat & fait languir le ſoir une fleur
qui étoit le matin, pendant la naiſſance
de l'aurore, la gloire & l'ornement des
vertes campagnes. Ses yeux étoient de-
venus deux fontaines de larmes qui ne
pouvoient tarir ; loin d'eux s'enfuyoit le
doux ſommeil, qui charme les plus cui-
ſantes peines : l'eſpérance, qui eſt la vie
du cœur de l'homme, étoit éteinte en
lui ; toute nourriture étoit amere à cet
infortuné vieillard ; la lumiere même lui
étoit odieuſe : ſon ame ne demandoit
plus qu'à quitter ſon corps, & qu'à ſe
plonger dans l'éternelle nuit de l'empire
de Pluton. Tous ſes amis lui parloient en
vain ; ſon cœur en défaillance étoit dé-
goûté de toute amitié, comme un ma-
lade eſt dégoûté des meilleurs alimens.
A tout ce qu'on pouvoit lui dire de plus
touchant, il ne répondoit que par des

gémiſſemens & des ſanglots. De tems en
tems on l'entendoit dire : O Piſiſtrate,
Piſiſtrate ! Piſiſtrate , mon fils , tu m'ap-
pelles ! Je te ſuis, Piſiſtrate ; tu me ren-
dras la mort douce. O mon cher fils !
je ne deſire plus pour tout bien que de
te revoir ſur les rives du Styx. Il paſſoit
des heures entieres ſans prononcer au-
cune parole , mais gémiſſant , levant
vers le ciel les mains & les yeux noyés
de larmes.

Cependant les princes aſſemblés at-
tendoient Télémaque qui étoit auprès
du corps de Piſiſtrate : il répandoit ſur
ſon corps des fleurs à pleines mains ; il
y ajoutoit des parfums exquis , & ver-
ſoit des larmes ameres. O mon cher
compagnon , lui diſoit-il , je n'oublie-
rai jamais de t'avoir vu à Pylos , de t'a-
voir ſuivi à Sparte , de t'avoir retrouvé
ſur les bords de la grande Heſpérie : je
te dois mille & mille ſoins : je t'aimois;
tu m'aimois auſſi. J'ai connu ta valeur ;
elle auroit ſurpaſſé celle de pluſieurs
Grecs fameux. Hélas ! elle t'a fait périr

avec gloire , mais elle a dérobé au
monde une vertu naiſſante qui eût égalé
celle de ton pere : oui , ta ſageſſe & ton
éloquence , dans un âge mûr , auroient
été ſemblables à celles de ce vieillard ,
l'admiration de toute la Grece. Tu avois
déja cette douce inſinuation à laquelle
on ne peut réſiſter quand il parle ; ces
manieres naïves de raconter , cette ſage
modération qui eſt un charme pour ap-
paiſer les eſprits irrités , cette autorité
qui vient de la prudence & de la force
des bons conſeils. Quand tu parlois ,
tous prêtoient l'oreille , tous étoient pré-
venus , tous avoient envie de trouver
que tu avois raiſon ; ta parole ſimple &
ſans faſte couloit doucement dans les
cœurs comme la roſée ſur l'herbe naiſ-
ſante. Hélas ! tant de biens que nous
poſſédions il y a quelques heures , nous
ſont enlevés à jamais. Piſiſtrate , que
j'ai embraſſé ce matin , n'eſt plus ; il
ne nous en reſte qu'un douloureux ſou-
venir. Au moins ſi tu avois fermé les
yeux de Neſtor avant que nous euſſions

fermé les tiens, il ne verroit pas ce qu'il voit, il ne feroit pas le plus malheureux de tous les peres.

Après ces paroles, Télémaque fit laver la plaie fanglante qui étoit dans le côté de Pififtrate; il le fit étendre fur un lit de pourpre, où, la tête penchée avec la pâleur de la mort, il reffembloit à un jeune arbre qui, ayant couvert la terre de fon ombre, & pouffé vers le ciel fes rameaux fleuris, a été entamé par le tranchant de la cognée d'un bûcheron : il ne tient plus à fa racine ni à la terre, mere féconde qui nourrit fes tiges dans fon fein; il languit; fa verdure s'efface; il ne peut plus fe foutenir, il tombe : fes rameaux, qui cachoient le ciel, traînent fur la pouffiere, flétris & defféchés; il n'eft plus qu'un tronc abattu & dépouillé de toutes fes graces. Ainfi Pififtrate, en proie à la mort, étoit déja emporté par ceux qui devoient le mettre dans le bûcher fatal. Déja la flamme montoit vers le ciel. Une troupe de Pyliens, les yeux baiffés & pleins de

larmes, leurs armes renverſées, le con-
duiſoient lentement. Le corps eſt bien-
tôt brûlé : les cendres ſont miſes dans
une urne d'or ; & Télémaque, qui prend
ſoin de tout, confie cette urne comme
un grand tréſor à Callimaque, qui avoit
été le gouverneur de Piſiſtrate. Gardez,
lui dit-il, ces cendres, triſtes mais pré-
cieux reſtes de celui que vous avez ai-
mé ; gardez-les pour ſon pere. Mais at-
tendez à les lui donner quand il aura
aſſez de force pour les demander : ce
qui irrite la douleur en un tems, l'adou-
cit en un autre.

Enſuite Télémaque entra dans l'aſ-
ſemblée des rois ligués, où chacun garda
le ſilence pour l'écouter dès qu'on l'ap-
perçut : il en rougit, & on ne pouvoit
le faire parler. Les louanges qu'on lui
donna, par des acclamations publiques,
ſur tout ce qu'il venoit de faire, aug-
menterent ſa honte ; il auroit voulu ſe
pouvoir cacher : ce fut la premiere fois
qu'il parut embarraſſé & incertain. En-
fin il demanda comme une grace qu'on

ne lui donnât plus aucune louange : Ce n'eſt pas, dit-il, que je ne les aime, ſur.-tout quand elles ſont données par de ſi bons juges de la vertu ; mais c'eſt que je crains de les aimer trop : elles corrompent les hommes, elles les rempliſſent d'eux-mêmes, elles les rendent vains & préſomptueux. Il faut les mériter, & les fuir : les meilleures louanges reſſemblent aux fauſſes. Les plus méchans de tous les hommes, qui ſont les tyrans, ſont ceux qui ſe ſont fait le plus loüer par des flatteurs. Quel plaiſir y a-t-il à être loué comme eux ? Les bonnes louanges ſont celles que vous me donnerez en mon abſence, ſi je ſuis aſſez heureux pour en mériter. Si vous me croyez véritablement bon, vous devez croire auſſi que je veux être modeſte & craindre la vanité : épargnez-moi donc, ſi vous m'eſtimez, & ne me louez pas comme un homme amoureux des louanges.

Après avoir parlé ainſi, Télémaque ne répondit plus rien à ceux qui conti-

nuoient de l'élever jufques au ciel ; & ,
par un air d'indifférence , il arrêta bien-
tôt les éloges qu'on lui donnoit. On
commença à craindre de le fâcher en le
louant : ainfi les louanges finirent : mais
l'admiration augmenta. Tout le monde
fut la tendreffe qu'il avoit témoignée à
Pififtrate , & les foins qu'il avoit pris
de lui rendre les derniers devoirs: toute
l'armée fut plus touchée de ces marques
de la bonté de fon cœur , que de tous
les prodiges de fageffe & de valeur qui
venoient d'éclater en lui. Il eft fage , il
eft vaillant , fe difoient-ils en fecret
les uns aux autres ; il eft l'ami des dieux ,
& le vrai héros de notre âge ; il eft au-
deffus de l'humanité : mais tout cela
n'eft que merveilleux , tout cela ne fait
que nous étonner. Il eft humain , il eft
bon , il eft ami fidele & tendre, il eft
compatiffant , libéral , bienfaifant , &
tout entier à ceux qu'il doit aimer ; il
eft les délices de ceux qui vivent avec
lui ; il s'eft défait de fa hauteur , de fon
indifférence & de fa fierté : voilà ce qui

eſt d'uſage ; voilà ce qui touche les cœurs ; voilà ce qui nous attendrit pour lui , & qui nous rend ſenſibles à toutes ſes vertus ; voilà ce qui fait que nous donnerions tous nos vies pour lui.

A peine ces diſcours furent-ils finis, qu'on ſe hâta de parler de la néceſſité de donner un roi aux Dauniens. La plûpart des princes qui étoient dans le conſeil, opinoient qu'il falloit partager entre eux ce pays comme une terre conquiſe. On offrit à Télémaque , pour ſa part, la fertile contrée d'Arpi , qui porte deux fois l'an les riches dons de Cérès , les doux préſens de Bacchus , & les fruits toujours verds de l'olivier conſacré à Minerve. Cette terre , lui diſoit-on , doit vous faire oublier la pauvre Ithaque avec ſes cabanes , les rochers affreux de Dulichie , & les bois ſauvages de Zacinthe. Ne cherchez plus ni votre pere , qui doit être péri dans les flots au promontoire de Capharée par la vengeance de Nauplius & par la colere de Neptune ; ni votre mere, que ſes amans poſſedent depuis votre départ ; ni votre patrie, dont la terre n'eſt point favoriſée du ciel comme celle que nous vous offrons.

Il écoutoit patiemment ces diſcours : mais les rochers de Thrace & de Theſſalie ne ſont pas plus ſourds ni plus inſenſibles aux plaintes des amans déſeſpérés, que Télémaque l'étoit à ces offres. Pour moi, répondit-il, je ne ſuis touché ni des richeſſes, ni des délices : qu'importe de poſſéder une plus grande étendue de terre, & de commander à un plus grand nombre d'hommes ? on n'en a que plus d'embarras & moins de liberté : la vie eſt aſſez pleine de malheurs pour les hommes les plus ſages & les plus modérés, ſans y ajouter encore la peine de gouverner les autres hommes, indociles, inquiets, injuſtes, trompeurs & ingrats. Quand on veut être le maître des hommes pour l'amour de ſoi-même, n'y regardant que ſa propre autorité, ſes plaiſirs & ſa gloire, on eſt impie, on eſt tyran, on eſt le fléau du genre humain. Quand au contraire on ne veut gouverner les hommes que, felon les vraies regles, pour leur propre bien, on eft moins leur maître que leur tuteur; on n'en a que la peine, qui eft infinie; & on eft bien éloigné de vouloir étendre plus loin fon autorité. Le berger qui ne mange point le troupeau, qui le défend des loups en expofant fa vie, qui veille nuit & jour pour le conduire dans les bons pâturages, n'a point d'envie d'augmenter le nombre de fes moutons, & d'enlever ceux du voifin; ce feroit augmenter fa peine. Quoique je n'aie jamais gouverné, ajoutoit Télémaque, j'ai appris par les loix, & par les hommes fages qui les ont faites, combien il eft pénible de conduire les villes & les royaumes. Je fuis donc content de ma pauvre Ithaque, quoiqu'elle foit petite & pauvre: j'aurai affez de gloire, pourvu que j'y regne avec juftice, piété & courage; encore même n'y régnerai-je que trop tôt. Plaife aux dieux que mon

pere,

pere, échappé à la fureur des vagues,
y puiffe régner jufqu'à la plus extrême
vieilleffe ; & que je puiffe apprendre
long-tems fous lui comment il faut vain-
cre fes paffions pour favoir modérer cel-
les de tout un peuple !

Enfuite Télémaque dit : Ecoutez, ô
princes affemblés ici, ce que je crois
vous devoir dire pour votre intérêt. Si
vous donnez aux Dauniens un roi jufte,
il les conduira avec juftice, il leur ap-
prendra combien il eft utile de confer-
ver la bonne-foi, & de n'ufurper ja-
mais le bien de fes voifins : c'eft ce
qu'ils n'ont jamais pu comprendre fous
l'impie Adrafte. Tandis qu'ils feront
conduits par un roi fage & modéré,
vous n'aurez rien à craindre d'eux ; ils
vous devront ce bon roi que vous leur
aurez donné ; ils vous devront la paix
& la profpérité dont ils jouiront : ces
peuples, loin de vous attaquer, vous
béniront fans ceffe ; & le roi & le peu-
ple, tout fera l'ouvrage de vos mains.
Si, au contraire, vous voulez partager

leur pays entre vous, voici les malheurs
que je vous prédis : ce peuple, poussé
au désespoir, recommencera la guerre,
il combattra justement pour sa liberté ;
& les dieux ennemis de la tyrannie,
combattront avec lui. Si les dieux s'en
mêlent, tôt ou tard vous serez con-
fondus, & vos prospérités se dissipe-
ront comme la fumée ; le conseil & la
sagesse seront ôtés à vos chefs, le cou-
rage à vos armées, & l'abondance à
vos terres. Vous vous flatterez ; vous se-
rez téméraires dans vos entreprises ; vous
ferez taire les gens de bien qui vou-
dront dire la vérité ; vous tomberez tout-
à-coup ; & l'on dira de vous : Sont-ce
donc là ces peuples florissans qui devoient
faire la loi à toute la terre ? & mainte-
nant ils fuient devant leurs ennemis ; ils
font le jouet des nations, qui les foulent
aux pieds : voilà ce que les dieux ont
fait ; voilà ce que méritent les peuples
injustes, superbes & inhumains. De
plus, considérez que, si vous entre-
prenez de partager entre vous cette cou-

quête , vous réunissez contre vous tous les peuples voisins : votre ligue , formée pour défendre la liberté commune de l'Hespérie contre l'usurpateur Adraste , deviendra odieuse ; & c'est vous-mêmes que tous les peuples accuseront avec raison de vouloir usurper la tyrannie universelle.

Mais je suppose que vous soyez victorieux & des Dauniens & de tous les autres peuples , cette victoire vous détruira : voici comment. Considérez que cette entreprise vous désunira tous : comme elle n'est point fondée sur la justice , vous n'aurez point de regle pour borner entre vous les prétentions de chacun ; chacun voudra que sa part de la conquête soit proportionnée à sa puissance ; nul d'entre vous n'aura assez d'autorité sur les autres pour faire paisiblement ce partage : voilà la source d'une guerre dont vos petits-enfans ne verront pas la fin. Ne vaut-il pas mieux être juste & modéré, que de suivre son ambition avec tant de périls , & au tra-

vers de tant de malheurs inévitables ?
La paix profonde , les plaisirs doux &
innocens qui l'accompagnent , l'heureuse
abondance , l'amitié de ses voisins , la
gloire qui est inséparable de la justice,
l'autorité qu'on acquiert en se rendant
par la bonne-foi l'arbitre de tous les
peuples étrangers , ne sont-ce pas des
biens plus désirables que la folle vanité
d'une conquête injuste ? O princes ! ô
rois ! vous voyez que je vous parle sans
intérêt : écoutez donc celui qui vous
aime assez pour vous contredire & pour
vous déplaire en vous représentant la
vérité.

Pendant que Télémaque parloit ainsi,
avec une autorité qu'on n'avoit jamais
vue en nul autre , & que tous les prin-
ces étonnés & en suspens admiroient la
sagesse de ses conseils , on entendit un
bruit confus qui se répandit dans tout le
camp , & qui vint jusqu'au lieu où se
tenoit l'assemblée. Un étranger , dit-on ,
est venu aborder sur ces côtes avec une
troupe d'hommes armés. Cet inconnu

est d'une haute mine , tout paroît héroïque en lui : on voit aisément qu'il a long-tems souffert , & que son grand courage l'a mis au-deffus de toutes fes fouffrances. D'abord les peuples du pays qui gardent la côte ont voulu le repouffer comme un ennemi qui vient faire une irruption : mais, après avoir tiré fon épée avec un air intrépide , il a déclaré qu'il fauroit fe défendre fi on l'attaquoit ; mais qu'il ne demandoit que la paix & l'hofpitalité. Auffi-tôt il a préfenté un rameau d'olivier comme fuppliant. On l'a écouté : il a demandé à être conduit vers ceux qui gouvernent cette côte de l'Hefpérie ; & on l'amene ici pour le faire parler aux rois affemblés.

A peine ce difcours fut-il achevé , qu'on vit entrer cet inconnu avec une majefté qui furprit toute l'affemblée. On auroit cru facilement que c'étoit le dieu Mars , quand il affemble fur les montagnes de la Thrace fes troupes fanguinaires. Il commença à parler ainfi :

N iij

O vous, pasteurs des peuples, qui êtes sans douté assemblés ici ou pour défendre la patrie contre ses ennemis, ou pour faire fleurir les plus justes loix, écoutez un homme que la fortune a persécuté. Fassent les dieux que vous n'éprouviez jamais de semblables malheurs ! Je suis Diomede, roi d'Etolie, qui blessai Vénus au siége de Troie. La vengeance de cette déesse me poursuit dans tout l'univers. Neptune, qui ne peut rien refuser à la divine fille de la mer, m'a livré à la rage des vents & des flots, qui ont brisé plusieurs fois mes vaisseaux contre les écueils. L'inexorable Vénus m'a ôté toute espérance de revoir mon royaume, ma famille, & cette douce lumiere d'un pays où j'ai commencé de voir le jour en naissant. Non, je ne reverrai jamais tout ce qui m'a été le plus cher au monde. Je viens, après tant de naufrages, chercher sur ces rives inconnues un peu de repos & une retraite assurée. Si vous craignez les dieux, & sur-tout Jupiter, qui a

foin des étrangers ; fi vous êtes fenfi-
bles à la compaffion, ne me refufez pas,
dans ces vaftes pays , quelque coin de
terre infertile , quelques déferts , quel-
ques fables , cu quelques rochers efcar-
pés , pour y fonder, avec mes compa-
gnons, une ville qui foit du moins une
trifte image de notre patrie perdue. Nous
ne demandons qu'un peu d'efpace qui
vous foit inutile. Nous vivrons en paix
avec vous dans une étroite alliance ; vos
ennemis feront les nôtres ; nous entre-
rons dans tous vos intérêts : nous ne de-
mandons que la liberté de vivre felon
nos loix.

Pendant que Diomede parloit ainfi,
Télémaque , ayant les yeux attachés fur
lui , montra fur fon vifage toutes les
différentes paffions. Quand Diomede
commença à parler de fes longs mal-
heurs , il efpéra que cet homme fi ma-
jeftueux feroit fon pere. Auffi-tôt qu'il
eût déclaré qu'il étoit Diomede, le vi-
fage de Télémaque fe flétrit comme une
belle fleur que les noirs aquilons vien-

nent de ternir de leur souffle cruel. En-
suite les paroles de Diomede, qui se
plaignoit de la longue colere d'une
divinité, l'attendrirent par le souvenir
des mêmes disgraces souffertes par son
pere & par lui ; des larmes mêlées &
de douleur & de joie coulerent sur ses
joues, & il se jetta tout-à-coup sur Dio-
mede pour l'embrasser.

Je suis, dit-il, le fils d'Ulysse que
vous avez connu, & qui ne vous fut
pas inutile quand vous prîtes les che-
vaux fameux de Rhésus. Les dieux l'ont
traité sans pitié comme vous. Si les ora-
cles de l'Erebe ne sont pas trompeurs,
il vit encore ; mais, hélas ! il ne vit
point pour moi. J'ai abandonné Ithaque
pour le chercher ; je ne puis revoir
maintenant ni Ithaque ni lui : jugez par
mes malheurs de la compassion que j'ai
pour les vôtres. C'est l'avantage qu'il
y a à être malheureux, qu'on sait com-
patir aux peines d'autrui. Quoique je
ne sois ici qu'étranger, je puis, grand
Diomedé (car, malgré les miseres qui

ont accablé ma patrie dans mon enfance,
je n'ai pas été affez mal élevé pour igno-
rer quelle eft votre gloire dans les com-
bats) , je puis , ô le plus invincible de
tous les Grecs après Achille , vous pro-
curer quelques fecours. Ces princes que
vous voyez font humains ; ils favent qu'il
n'y a ni vertu, ni vrai courage , ni gloire
folide , fans l'humanité. Le malheur
ajoute un nouveau luftre à la gloire des
grands hommes : il leur manque quel-
que chofe , quand ils n'ont jamais été
malheureux ; il manque dans leur vie
des exemples de patience & de ferme-
té : la vertu fouffrante attendrit tous les
cœurs qui ont quelque goût pour la
vertu. Laiffez-nous donc le foin de vous
confoler : puifque les dieux vous menent
à nous , c'eft un préfent qu'ils nous font ;
& nous devons nous croire heureux de
pouvoir adoucir vos peines.

Pendant qu'il parloit , Diomede ,
étonné, le regardoit fixement , & fen-
toit fon cœur tout ému. Ils s'embraf-
foient , comme s'ils avoient été long-

tems liés d'une amitié étroite. O digne
fils du fage Ulyffe ! difoit Diomede, je
reconnois en vous la douceur de fon vi-
fage, la grace de fes difcours, la force
de fon éloquence, la nobleffe de fes fen-
timens, la fageffe de fes penfées.

Cependant Philoctete embraffe auffi
le grand fils de Tydée ; ils fe racontent
leurs triftes aventures. Enfuite Philocte-
te lui dit : Sans doute vous ferez bien-
aife de revoir le fage Neftor : il vient de
perdre Pififtrate, le dernier de fes en-
fans ; il ne lui refte plus dans la vie qu'un
chemin de larmes qui le mene vers le
tombeau. Venez le confoler : un ami
malheureux eft plus propre qu'un autre
à foulager fon cœur. Ils allerent auffi-tôt
dans la tente de Neftor, qui reconnut à
peine Diomede, tant la trifteffe abat-
toit fon efprit & fes fens. D'abord Dio-
mede pleura avec lui, & leur entrevue
fut pour le vieillard un redoublement de
douleur : mais peu-à-peu la préfence de
cet ami appaifa fon cœur. On recon-
nut aifément que fes maux étoient un

peu fufpendus par le plaifir de raconter
ce qu'il avoit fouffert, & d'entendre à
fon tour ce qui étoit arrivé à Diomede.

Pendant qu'ils s'entretenoient, les rois
affemblés avec Télémaque examinoient
ce qu'ils devoient faire. Télémaque leur
confeilloit de donner à Diomede le pays
d'Arpi, & de choifir pour roi des Dau-
niens Polydamas, qui étoit de leur na-
tion. Ce Polydamas étoit un fameux ca-
pitaine, qu'Adrafte, par jaloufie, n'a-
voit jamais voulu employer, de peur
qu'on n'attribuât à cet homme habile
les fuccès dont il efpéroit d'avoir feul
toute la gloire. Polydamas l'avoit fou-
vent averti en particulier qu'il expofoit
trop fa vie & le falut de fon état dans
cette guerre contre tant de nations con-
jurées ; il l'avoit voulu engager à tenir
une conduite plus droite & plus modé-
rée avec fes voifins. Mais les hommes
qui haïffent la vérité, haïffent auffi les
gens qui ont la hardieffe de la dire : ils
ne font touchés ni de leur fincérité, ni
de leur zele, ni de leur défintéreffe-

N vj

ment: Une profpérité trompeufe endur-
ciffoit le cœur d'Adrafte contre les plus
falutaires confeils ; en ne les fuivant pas,
il triomphoit tous les jours de fes enne-
mis : la hauteur , la mauvaife foi , la
violence , mettoient toujours la victoire
dans fon parti. Tous les malheurs dont
Polydamas l'avoit fi long-tems menacé
n'arrivolent point : Adrafte fe moquoit
d'une fageffe timide qui prévoit toujours
des inconvéniens ; Polydamas lui étoit
infupportable ; il l'éloigna de toutes les
charges ; il le laiffa languir dans la foli-
tude & dans la pauvreté.

D'abord Polydamas fut accablé de
cette difgrace ; mais elle lui donna ce
qui lui manquoit , en lui ouvrant les
yeux fur la vanité des grandes fortunes :
il devint fage à fes dépens ; il fe réjouit
d'avoir été malheureux ; il apprit peu-à-
peu à fe taire , à vivre de peu , à fe nourrir
tranquillement de la vérité , à cultiver
en lui les vertus fecretes qui font encore
plus eftimables que les éclatantes , enfin
à fe paffer des hommes. Il demeura au

pied du mont Gargan, dans un défert
où un rocher en demi-voûte lui fervoit
de toît. Un ruiffeau, qui tomboit de
la montagne, appaifoit fa foif ; quel-
ques arbres lui donnoient leurs fruits :
il avoit deux efclaves qui cultivoient
un petit champ ; il travailloit lui-même
avec eux de fes propres mains : la terre
le payoit de fes peines avec ufure ; &
ne le laiffoit manquer de rien. Il avoit
non-feulement des fruits & des légumes
en abondance, mais encore toutes fortes
de fleurs odoriférantes. Là il déploroit le
malheur des peuples que l'ambition in-
fenfée d'un roi entraîne à leur perte. Là
il attendoit chaque jour que les dieux,
juftes quoique patients, fiffent tomber
Adrafte. Plus fa profpérité croiffoit,
plus il croyoit voir de près fa chûte ir-
rémédiable : car l'imprudence heureufe
dans fes fautes, & la puiffance montée
jufqu'au dernier excès d'autorité abfo-
lue, font les avant-coureurs du renver-
fement des rois & des royaumes. Quand
il apprit la défaite & la mort d'Adrafte,

il ne témoigna aucune joie, ni de l'avoir prévue, ni d'être délivré de ce tyran ; il gémit seulement, par la crainte de voir les Dauniens dans la servitude.

Voilà l'homme que Télémaque proposa pour le faire régner. Il y avoit déja quelque tems qu'il connoissoit son courage & sa vertu ; car Télémaque, selon les conseils de Mentor, ne cessoit de s'informer par-tout des qualités bonnes & mauvaises de toutes les personnes qui étoient dans quelque emploi considérable, non-seulement dans les nations alliées qui servoient en cette guerre, mais encore chez les ennemis. Son principal soin étoit de découvrir & d'examiner partout les hommes qui avoient quelque talent, ou une vertu particuliere.

Les princes alliés eurent d'abord quelque répugnance à mettre Polydamas dans la royauté. Nous avons éprouvé, disoient-ils, combien un roi des Dauniens, quand il aime la guerre, & qu'il la fait faire, est redoutable à ses voisins. Polydamas est un grand capitaine, & il

peut nous jetter dans de grânds périls.
Mais Télémaque leur répondit : Poly-
damas , il eſt vrai, fait la guerre ; mais
il aime la paix : & voilà les deux cho-
ſes qu'il faut ſouhaiter. Un homme qui
connoît les malheurs , les dangers & les
difficultés de la guerre , eſt bien plus
capable de l'éviter , qu'un autre qui n'en
a aucune expérience. Il a appris à goû-
ter le bonheur d'une vie tranquille ; il
a condamné les entrepriſes d'Adraſte ;
il en a prévu les ſuites funeſtes. Un prin-
ce foible , ignorant & ſans expérience ,
eſt plus à craindre pour vous , qu'un hom-
me qui connoîtra & qui décidera tout
par lui-même. Le prince foible & igno-
rant ne verra que par les yeux d'un fa-
vori paſſionné , ou d'un miniſtre flat-
teur , inquiet & ambitieux : ainſi ce prin-
ce aveugle s'engagera à la guerre ſans la
vouloir faire. Vous ne pourrez jamais
vous aſſurer de lui , car il ne pourra être
ſûr de lui-même : il vous manquera de
parole ; il vous réduira bientôt à cette
extrémité , qu'il faudra , ou que vous

le faſſiez péìir, ou qu'il vous accable. N'eſt-il pas plus utile, plus sûr, & en même tems plus juſte & plus noble, de répondre fidèlement à la confiance des Dauniens, & de leur donner un roi digne de commander?

Toute l'aſſemblée fut perſuadée par ces diſcours. On alla propoſer Polydamas aux Dauniens, qui attendoient une réponſe avec impatience. Quand ils entendirent le nom de Polydamas, ils répondirent : Nous reconnoiſſons bien maintenant que les princes alliés veulent agir de bonne-foi avec nous, & faire une paix éternelle, puiſqu'ils nous veulent donner pour roi un homme ſi vertueux, & ſi capable de nous gouverner. Si on nous eût propoſé un homme lâche, efféminé, & mal inſtruit, nous aurions cru qu'on ne cherchoit qu'à nous abattre & qu'à corrompre la forme de notre gouvernement ; nous aurions conſervé en ſecret un vif reſſentiment d'une ìduite ſi dure & ſi artificieuſe : mais ìoix de Polydamas nous montre une

véritable candeur. Les alliés fans doute
n'attendent de nous rien que de jufte &
de noble, puifqu'ils nous accordent un
roi qui eft incapable de faire rien contre
la liberté & contre la gloire de notre
nation : auffi pouvons-nous protefter, à
la face des juftes dieux, que les fleu-
ves remonteront vers leurs fources avant
que nous ceffions d'aimer des rois fi
bienfaifans. Puiffent nos derniers ne-
veux fe reffouvenir du bienfait que nous
recevons aujourd'hui, & renouveler
de génération en génération la paix de
l'âge d'or dans toute la côte de l'Hef-
périe !

Télémaque leur propofa enfuite de
donner à Diomede les campagnes d'Arpi
pour y fonder une colonie. Ce nouveau
peuple, leur difoit-il, vous devra fon
établiffement dans un pays que vous n'oc-
cupez point. Souvenez-vous que tous les
hommes doivent s'entr'aimer ; que la
terre eft trop vafte pour eux ; qu'il faut
bien avoir des voifins, & qu'il vaut
mieux en avoir qui vous foient obligés

de leur établiſſement. Soyez touchés du malheur d'un roi qui ne peut retourner dans ſon pays. Polydamas & Diomede étant unis par les liens de la juſtice & de la vertu, qui ſont les ſeuls durables, vous entretiendront dans une paix profonde & vous rendront redoutables à tous les peuples voiſins qui penſeroient à s'agrandir. Vous voyez, ô Dauniens, que nous avons donné à votre terre & à votre nation un roi capable d'en élever la gloire juſqu'au ciel : donnez auſſi, puiſque nous vous le demandons, une terre qui vous eſt inutile, à un roi qui eſt digne de toutes ſortes de ſecours.

Les Dauniens répondirent qu'ils ne pouvoient rien refuſer à Télémaque, puiſque c'étoit lui qui leur avoit procuré Polydamas pour roi. Auſſi-tôt ils partirent pour l'aller chercher dans ſon déſert, & pour le faire régner ſur eux. Avant que de partir, ils donnerent les fertiles plaines d'Arpi à Diomede pour y fonder un nouveau royaume. Les alliés en furent ravis, parce que cette colonie des Grecs

pourroit fecourir puiffamment le parti
des alliés, fi jamais les Dauniens vou-
loient renouveller les ufurpations dont
Adrafte avoit donné le mauvais exem-
ple.

Tous les princes ne fongerent plus
qu'à fe féparer. Télémaque, les larmes
aux yeux, partit avec fa troupe après
avoir embraffé tendrement le vaillant
Diomede, le fage & inconfolable Nef-
tor, & le fameux Philoctete, digne hé-
ritier des fleches d'Hercule.

Fin du Livre vingt-unieme.

LIV. VINGT-DEUXIEME.

SOMMAIRE.

Télémaque, arrivant à Salente, est surpris de voir la campagne si bien cultivée, & de retrouver si peu de magnificence dans la ville. Mentor lui explique les raisons de ce changement, lui fait remarquer les défauts qui empêchent d'ordinaire un Etat de fleurir, & lui propose pour modele la conduite & le gouvernement d'Idoménée. Télémaque ouvre ensuite son cœur à Mentor sur son inclination pour Antiope, fille de ce roi, & sur son dessein de l'épouser. Mentor en loue avec lui les bonnes qualités, l'assure que les dieux la lui destinent ; mais que présentement il ne doit songer qu'à partir pour Ithaque, & qu'à délivrer Pénélope des poursuites de ses prétendans.

LE jeune fils d'Ulysse brûloit d'impatience de retrouver Mentor à Salente, & de s'embarquer avec lui pour revoir Itha-

imaque arrivant'à Salente trouve le luxe de la
réformé et la campagne bien cultivée ,

que , où il efpéroit que fon pere feroit
arrivé. Quand il s'approcha de Salente ,
il fut bien étonné de voir toute la cam-
pagne des environs , qu'il avoit laiffée
prefquè inculte & déferte, cultivée com-
me un jardin , & pleine d'ouvriers dili-
gens : il reconnut l'ouvrage de la fageffe
de Mentor. Enfuite , entrant dans la vil-
le , il remarqua qu'il y avoit beaucoup
moins d'artifans pour les délices de la
vie , & beaucoup moins de magnificence.
Télémaque en fut choqué ; car il aimoit
naturellement toutes les chofes qui ont
de l'éclat & de la politeffe : mais d'au-
tres penfées occuperent alors fon efprit.
Il vit de loin venir à lui Idoménée avec
Mentor : auffi-tôt fon cœur fut ému de
joie & de tendreffe. Malgré tous les fuc-
cès qu'il avoit eus dans la guerre contre
Adrafte , il craignoit que Mentor ne fût
pas content de lui ; & à mefure qu'il s'a-
vançoit , il cherchoit dans les yeux de
Mentor pour voir s'il n'avoit rien à fe
reprocher,

D'abord Idoménée embraffa Télénia-

Télémaque ; j'ai vu par-tout le labourage en honneur , & les champs défrichés. Lequel vaux mieux , ajouta Mentor , ou une ville superbe en marbre, en or & en argent , avec une campagne négligée & stérile ; ou une campagne cultivée & fertile , avec une ville médiocre & modeste dans ses mœurs ? Une grande ville fort peuplée d'artisans occupés à amollir les mœurs par les délices de la vie , quand elle est entourée d'un royaume pauvre & mal cultivé , ressemble à un monstre dont la tête est d'une grosseur énorme , & dont tout le corps exténué & privé de nourriture , n'a aucune proportion avec cette tête. C'est le nombre du peuple , & l'abondance des alimens , qui font la vraie force & la vraie richesse d'un royaume. Idoménée a maintenant un peuple innombrable & infatigable dans le travail , qui remplit toute l'étendue de son pays : tout son pays n'est plus qu'une seule ville , Salente n'en est que le centre. Nous avons transporté de la ville dans la campagne les

hommes

hommes qui manquoient à la campagne, & qui étoient superflus dans la ville. De plus, nous avons attiré dans ce pays beaucoup de peuples étrangers. Plus ces peuples se multiplient, plus ils multiplient les fruits de la terre par leur travail ; cette multiplication si douce & si paisible augmente plus son royaume qu'une conquête. On n'a rejetté de cette ville que les arts superflus qui détournent les pauvres de la culture de la terre pour les vrais besoins, & qui corrompent les riches en les jettant dans le faste & dans la mollesse : mais nous n'avons fait aucun tort aux beaux-arts ni aux hommes qui ont un vrai génie pour les cultiver. Ainsi Idoménée est beaucoup plus puissant qu'il ne l'étoit, quand vous admiriez sa magnificence. Cet éclat éblouissant cachoit une foiblesse & une misere qui eussent bientôt renversé son empire : maintenant il a un plus grand nombre d'hommes, & il les nourrit plus facilement. Ces hommes, accoutumés au travail, à la peine, & au mépris de la vie, par l'amour des bonnes loix, font tous prêts à combattre pour défendre les terres cultivées de leurs propres mains. Bientôt cet état, que vous croyez déchu, fera la merveille de l'Hefpérie.

Souvenez-vous, ô Télémaque, qu'il y a dans le gouvernement des peuples, deux chofes pernicieufes auxquelles on n'apporte prefque jamais aucun remède : la premiere eft une autorité injufte & trop violente dans les rois ; la feconde eft le luxe, qui corrompt les mœurs.

Quand les rois s'accoutument à ne connoître plus d'autres loix que leurs volontés abfolues, & qu'ils ne mettent plus de frein à leurs paffions, ils peuvent tout : mais à force de tout pouvoir, ils fapent les fondemens de leur puiffance ; ils n'ont plus de regle certaine ni de maxime de gouvernement ; chacun à l'envi les flatte ; ils n'ont plus de peuples ; il ne leur refte que des efclaves, dont le nombre diminue chaque jour. Qui leur dira la vérité ? qui donnera des bornes à ce torrent ? Tout

cede ; les fages s'enfuient, fe cachent &
gémiffent. Il n'y a qu'une révolution fou-
daine & violente qui puiffe ramener dans
fon cours naturel cette puiffance débor-
dée : fouvent même le coup qui pourroit
la modérer l'abat fans reffource. Rien
ne menace tant d'une chûte funefte ,
qu'une autorité qu'on pouffe ·trop loin.
Elle eft femblable à un arc trop tendu ,
qui fe rompt enfin tout-à-coup fi on ne
le relâche : mais qui eft-ce qui ofera le
relâcher ? Idoménée étoit gâté jufqu'au
fond du cœur par cette autorité fi flat-
teufe : il avoit été renverfé de fon trô-
ne ; mais il n'avoit pas été détrompé.
Il a fallu que les dieux nous aient en-
voyés ici, pour le défabufer de cette puif-
fance aveugle & outrée qui ne convient
point à des hommes ; encore a-t-il fallu
des efpeces de miracles pour lui ouvrir
les yeux.

L'autre mal, prefque incurable, eft
le luxe. Comme la trop grande autorité
empoifonne les rois , le luxe empoi-
fonne toute une nation. On dit que ce

luxe fert à nourrir les pauvres aux dépens des riches; comme fi les pauvres ne pouvoient pas gagner leur vie plus utilement, en multipliant les fruits de la terre, fans amollir les riches par des raffinemens de volupté. Toute une nation s'accoutume à regarder comme les néceffités de la vie, les chofes fuperflues: ce font tous les jours de nouvelles néceffités qu'on invente, & on ne peut plus fe paffer des chofes qu'on ne connoiffoit point trente ans auparavant. Ce luxe s'appelle bon goût, perfection des arts, & politeffe de la nation. Ce vice, qui en attire une infinité d'autres, eft loué comme une vertu; il répand fa contagion depuis le roi jufqu'aux derniers de la lie du peuple. Les proches parens du roi veulent imiter fa magnificence; les grands, celle des parens du roi; les gens médiocres veulent égaler les grands: car qui eft-ce qui fe fait juftice? les petits veulent paffer pour médiocres: tout le monde fait plus qu'il ne peut; les uns par fafte, & pour fe prévaloir de leurs richeffes ; les autres par mauvaife honte , & pour cacher leur pauvreté. Ceux même qui font affez fages pour condamner un fi grand défordre , ne le font pas affez pour ofer lever la tête les premiers , & pour donner des exemples contraires. Toute une nation fe ruine ; toutes les conditions fe confondent. La paffion d'acquérir du bien pour foutenir une vaine dépenfe , corrompt les ames les plus pures : il n'eft plus queftion que d'être riche; la pauvreté eft une infamie. Soyez favant , habile , vertueux , inftruifez les hommes , gagnez des batailles , fauvez la patrie , facrifiez tous vos intérêts ; vous êtes méprifé fi vos talens ne font relevés par le fafte. Ceux même qui n'ont pas de bien veulent paroître en avoir ; ils en dépenfent comme s'ils en avoient : on emprunte , on trompe , on ufe de mille artifices indignes pour parvenir. Mais qui remédiera à ces maux ? Il faut changer le goût & les habitudes de toute une nation ; il faut lui donner de nouvelles loix. Qui le pourra entre prendre, fi ce n'eft un roi philofophe qui fache, par l'exemple de fa propre modération, faire honte à tous ceux qui aiment une dépenfe faftueufe, & encourager les fages, qui feront bien-aifes d'être autorifés dans une honnête frugalité ?

Télémaque, écoutant ce difcours, étoit comme un homme qui revient d'un profond fommeil : il fentoit la vérité de ces paroles, & elles fe gravoient dans fon cœur, comme un favant fculpteur imprime les traits qu'il veut fur le marbre, en forte qu'il lui donne de la tendreffe, de la vie & du mouvement. Télémaque ne répondoit rien : mais, repaffant tout ce qu'il venoit d'entendre, il parcouroit des yeux les chofes qu'on avoit changées dans la ville. Enfuite il difoit à Mentor :

Vous avez fait d'Idoménée le plus fage de tous les rois ; je ne le connois plus, ni lui ni fon peuple. J'avoue même que ce que vous avez fait ici eft infiniment plus grand que les victoires que

nous venons de remporter. Le hafard &
la force ont beaucoup de part aux fuccès
de la guerre ; il faut que nous partagions
la gloire des combats avec nos foldats :
mais tout votre ouvrage vient d'une
feule tête ; il a fallu que vous ayez tra-
vaillé feul contre un roi & contre tout
fon peuple, pour les corriger. Les fuc-
cès de la guerre font toujours funeftes
& odieux : ici tout eft l'ouvrage d'une
fageffe célefte, tout eft doux, tout eft
pur, tout eft aimable, tout marque une
autorité qui eft au-deffus de l'homme. —
Quand les hommes veulent de la gloire,
que ne la cherchent-ils dans cette appli-
cation à faire du bien ? Oh ! qu'ils s'en-
tendent mal en gloire, d'en efpérer une
folide en ravageant la terre & en ré-
pandant le fang humain !

Mentor montra fur fon vifage une
joie fenfible de voir Télémaque fi dé-
fabufé des victoires & des conquêtes,
dans un âge où il étoit fi naturel qu'il
fût enivré de la gloire qu'il avoit ac-
quife.

Enſuite Mentor ajouta : Il eſt vrai que tout ce que vous voyez ici eſt bon & louable : mais ſachez qu'on pourroit faire des choſes encore meilleures. Idoménée modere ſes paſſions , & s'applique à gouverner ſon peuple avec juſtice : mais il ne laiſſe pas de faire encore bien des fautes , qui ſont des ſuites malheureuſes de ſes fautes anciennes. Quand les hommes veulent quitter le mal , le mal ſemble encore les pourſuivre long-temps ; il leur reſte de mauvaiſes habitudes , un naturel affoibli , des erreurs invétérées , & des préventions preſque incurables. Heureux ceux qui ne ſe ſont jamais égarés ! ils peuvent faire le bien plus parfaitement. Les dieux , ô Télémaque , vous demanderont plus qu'à Idoménée , parce que vous avez connu la vérité dès votre jeuneſſe ; & que vous n'avez jamais été livré aux ſéductions d'une trop grande proſpérité.

Idoménée , continuoit Mentor , eſt ſage & éclairé ; mais il s'applique trop au détail, & ne médite pas affez le gros de fes affaires pour former des plans. L'habileté d'un roi qui eft au-deffus des hommes ne confifte pas à faire tout par lui-même : c'eft une vanité groffiere que d'efpérer d'en venir à bout, ou de vouloir perfuader au monde qu'on en eft capable. Un roi doit gouverner en choififfant & en conduifant ceux qui gouvernent fous lui : il ne faut pas qu'il faffe le détail, car c'eft faire la fonction de ceux qui ont à travailler fous lui; il doit feulement s'en faire rendre compte, & en favoir affez pour entrer dans ce compte avec difcernement. C'eft merveilleufement gouverner, que de choifir & d'appliquer felon leurs talens les gens qui gouvernent. Le fuprême & le parfait gouvernement confifte à gouverner ceux qui gouvernent : il faut les obferver, les éprouver, les modérer, les corriger, les animer, les élever, les rabaiffer, les changer de place, & les tenir toujours dans la main. Vouloir examiner tout par foi-même, c'eft dé-

O v

fiance, c'est petitesse ; c'est se livrer à
une jalousie pour les détails , qui con-
sume le tems & la liberté d'esprit néces-
saires pour les grandes choses. Pour for-
mer de grands desseins ; il faut avoir
l'esprit libre & reposé ; il faut penser
à son aise dans un entier dégagement de
toutes les expéditions d'affaires épineuses.
Un esprit épuisé par le détail est comme
la lie du vin, qui n'a plus ni force ni
délicatesse. Ceux qui gouvernent par le
détail sont toujours déterminés par le
présent, sans étendre leurs vues sur un
avenir éloigné ; ils sont toujours entraî-
nés par l'affaire du jour où ils sont : &
cette affaire étant seule à les occuper,
elle les frappe trop, elle rétrécit leur es-
prit : car on ne juge sainement des affai-
res que quand on les compare toutes
ensemble, & qu'on les place toutes dans
un certain ordre, afin qu'elles aient de
la suite & de la proportion. Manquer à
suivre cette regle dans le gouvernement,
c'est ressembler à un musicien qui se
contenteroit de trouver des sons harmo-

nieux, & qui ne se mettroit point en
peine de les unir & de les accorder pour
en composer une musique douce & tou-
chante. C'est ressembler aussi à un archi-
tecte qui croit avoir tout fait, pourvu
qu'il assemble de grandes colonnes &
beaucoup de pierres bien taillées, sans
penser à l'ordre & à la proportion des
ornemens de son édifice : dans le tems
qu'il fait un sallon, il ne prévoit pas
qu'il faudra faire un escalier convena-
ble ; quand il travaille au corps du bâ-
timent, il ne songe ni à la cour ni au
portail. Son ouvrage n'est qu'un assem-
blage confus de parties magnifiques qui
ne sont point faites les unes pour les au-
tres : cet ouvrage, loin de lui faire hon-
neur, est un monument qui éternisera
sa honte ; car il fait voir que l'ouvrier n'a
pas su penser avec assez d'étendue pour
concevoir à la fois le dessin général de
tout son ouvrage ; c'est un caractere d'es-
prit court & subalterne. Quand on est
né avec ce génie borné au détail, on
n'est propre qu'à exécuter sous autrui

N'en doutez pas, ô mon cher Télémaque, le gouvernement d'un royaume demande une certaine harmonie comme la musique , & de justes proportions comme l'architecture.

Si vous voulez que je me serve encore de la comparaison de ces arts, je vous ferai entendre combien les hommes qui gouvernent par le détail sont médiocres. Celui qui, dans un concert, ne chante que certaines choses, quoiqu'il les chante parfaitement, n'est qu'un chanteur : celui qui conduit tout le concert, & qui en regle à la fois toutes les parties , est le seul maître de musique. Tout de même celui qui taille des colonnes , ou qui éleve un côté d'un bâtiment, n'est qu'un maçon : mais celui qui a pensé tout l'édifice , & qui en a toutes les proportions dans sa tête , est le seul architecte. Ainsi ceux qui travaillent, qui expédient, qui font le plus d'affaires , font ceux qui gouvernent le moins ; ils ne sont que les ouvriers subalternes. Le vrai génie qui conduit l'é-

tat est celui qui, ne faisant rien, fait
tout faire ; qui pense, qui invente, qui
pénetre dans l'avenir, qui retourne dans
le passé, qui arrange, qui proportion-
ne, qui prépare de loin, qui se roidit
sans cesse pour lutter contre la fortune ,
comme un nageur contre le torrent de
l'eau ; qui est attentif nuit & jour pour
ne laisser rien au hasard.

Croyez - vous , Télémaque , qu'un
grand peintre travaille assidument de-
puis le matin jusqu'au soir pour expé-
dier plus promptement ses ouvrages ?
non : cette gêne & ce travail servile
éteindroient tout le feu de son imagi-
nation ; il ne travailleroit plus de génie :
il faut que tout se fasse irrégulièrement
& par saillies , suivant que son goût le
mene & que son esprit l'excite. Croyez-
vous qu'il passe son temps à broyer des
couleurs & à préparer des pinceaux ?
non ; c'est l'occupation de ses éleves.
Il se réserve le soin de penser ; il ne
songe qu'à faire des traits hardis qui don-
nent de la noblesse , de la vie & de la

paſſion à ſes figures. Il a dans ſa tête les
penſées & les ſentimens des héros qu'il
veut repréſenter ; il ſe tranſporte dans
leurs ſiecles & dans toutes les circonſ-
tances où ils ont été : à cette eſpece d'en-
thouſiaſme il faut qu'il joigne une ſa-
geſſe qui le retienne ; que tout ſoit vrai,
correct, & proportionné l'un à l'autre.
Croyez-vous, Télémaque, qu'il faille
moins d'élévation de génie & d'efforts
de penſées pour faire un grand roi, que
pour faire un grand peintre ? Concluez
donc que l'occupation d'un roi doit être
de penſer, de former de grands projets,
& de choiſir les hommes propres à les
exécuter ſous lui.

Télémaque lui répondit : il me ſem-
ble que je comprends tout ce que vous
dites : mais, ſi les choſes alloient ainſi,
un roi ſeroit ſouvent trompé, n'entrant
point par lui-même dans le détail. C'eſt
vous-même qui vous trompez, repartit
Mentor : ce qui empêche qu'on ne ſoit
trompé, c'eſt la connoiſſance générale
du gouvernement. Les gens qui n'ont

point de principes dans les affaires, &
qui n'ont point de vrai discernement des
esprits, vont toujours comme à tâtons ;
c'est un hasard quand ils ne se trompent
pas : ils ne savent pas même précisément
ce qu'ils cherchent ni à quoi ils doivent
tendre ; il ne savent que se défier, &
se défient plutôt des honnêtes gens qui
les contredisent, que des trompeurs qui
les flattent. Au contraire, ceux qui ont
des principes pour le gouvernement, &
qui se connoissent en hommes, savent
ce qu'ils doivent chercher en eux, & les
moyens d'y parvenir : ils reconnoissent
assez, du moins en gros, si les gens
dont ils se servent sont des instrumens
propres à leurs desseins, & s'ils entrent
dans leurs vues pour tendre au but qu'ils
se proposent. D'ailleurs, comme ils ne
se jettent pas dans des détails accablans,
ils ont l'esprit plus libre pour envisager
d'une seule vue le gros de l'ouvrage, &
pour observer s'il s'avance vers la fin
principale. S'ils sont trompés, du moins
ils ne le font guere dans l'essentiel. Ils

font au-deſſus des petites jalouſies qui marquent un eſprit borné & une ame baſſe : ils comprennent qu'on ne peut éviter d'être trompé dans les grandes affaires, puiſqu'il faut s'y ſervir des hommes, qui ſont ſi ſouvent trompeurs. On perd plus dans l'irréſolution où jette la défiance, qu'on ne perdroit à ſe laiſſer un peu tromper. On eſt trop heureux quand on n'eſt trompé que dans les choſes médiocres ; les grandes ne laiſſent pas de s'acheminer , & c'eſt la ſeule choſe dont un grand homme doit être en peine. Il faut réprimer ſévérement la tromperie quand on la découvre : mais il faut compter ſur quelque tromperie , ſi on ne veut point être véritablement trompé. Un artiſan dans ſa boutique voit tout de ſes propres yeux , & fait tout de ſes propres mains : mais un roi , dans un grand état, ne peut tout faire ni tout voir. Il ne doit faire que les choſes que nul autre ne peut faire ſous lui : il ne doit voir que ce qui entre dans la déciſion des choſes importantes,

Enfin Mentor dit à Télémaque : Les dieux vous aiment & vous préparent un regne plein de fageffe. Tout ce que vous voyez ici, eft fait moins pour la gloire d'Idoménée que pour votre inftrúction. Tous ces fages établiffemens que vous admirez dans Salente ne font que l'ombre de ce que vous ferez un jour à Ithaque, fi vous répondez par vos vertus à votre haute deftinée. Il eft tems que nous fongions à partir d'ici ; Idoménée tient un vaiffeau prêt pour notre retour.

Auffi-tôt Télémaque ouvrit fon cœur à fon ami, mais avec quelque peine, fur un attachement qui lui faifoit regretter Salente. Vous me blâmerez peut-être, lui dit-il, de prendre trop facilement des inclinations dans les lieux où je paffe : mais mon cœur me feroit de continuels reproches, fi je vous cachois que j'aime Antiope, fille d'Idoménée. Non, mon cher Mentor, ce n'eft point une paffion aveugle comme celle dont vous m'avez guéri dans l'ifle de Calypfo : j'ai bien reconnu la profondeur de la plaie que

l'amour m'avoit faite auprès d'Eucharis ;
je ne puis encore prononcer fon nom
fans être troublé ; le tems & l'abfence
n'ont pu l'effacer. Cette expérience fu-
nefte m'apprend à me défier de moi-
même. Mais pour Antiope , ce que je
fens n'a rien de femblable : ce n'eft point
un amour paffionné ; c'eft goût , c'eft
eftime, c'eft perfuafion que je ferois heu-
reux fi je paffois ma vie avec elle. Si
jamais les dieux me rendent mon pere,
& qu'ils me permettent de choifir une
femme, Antiope fera mon époufe. Ce
qui me touche en elle , c'eft fon filence,
fa modeftie, fa retraite, fon travail affi-
du, fon induftrie pour les ouvrages de
laine & de broderie , fon application à
conduire toute la maifon. de fon pere
depuis que fa mere eft morte , fon mé-
pris des vaines parures , l'oubli ou l'i-
gnorance même qui paroît en elle de
fa beauté. Quand Idoménée lui or-
donne de mener les danfes des jeunes
Crétoifes au fon des flûtes, on la pren-
droit pour la riante Vénus qui eft ac-

compagnée des Graces. Quand il la mene
avec lui à la chaſſe dans les forêts, elle
paroît majeſtueuſe & adroite à tirer de
l'arc comme Diane au milieu de ſes
nymphes : elle ſeule ne le ſait pas, &
tout le monde l'admire. Quand elle en-
tre dans les temples des dieux, & qu'elle
porte ſur ſa tête les choſes ſacrées dans
des corbeilles, on croiroit qu'elle eſt elle-
même la divinité qui habite dans les tem-
ples. Avec quelle crainte & quelle reli-
gion la voyons-nous offrir des ſacrifices
& détourner la colere des dieux, quand
il faut expier quelque faute ou détourner
quelque funeſte préſage ! Enfin, quand
on la voit avec une troupe de femmes,
tenant en ſa main une aiguille d'or, on
croit que c'eſt Minerve même qui a pris
ſur la terre une forme humaine, & qui
inſpire aux hommes les beaux-arts : elle
anime les autres à travailler ; elle leur
adoucit le travail & l'ennui par le charme
de ſa voix, lorſqu'elle chante toutes les
merveilleuſes hiſtoires des dieux : elle
ſurpaſſe la plus exquiſe peinture par la

délicateſſe de ſes broderies. Heureux l'homme qu'un doux hymen unira avec elle ! il n'aura à craindre que de la perdre & de lui ſurvivre.

Je prends ici, mon cher Mentor, les dieux à témoin que je ſuis tout prêt à partir : j'aimerai Antiope tant que je vivrai ; mais elle ne retardera pas d'un moment mon retour à Ithaque. Si un autre la devoit poſſéder, je paſſerois le reſte de mes jours avec triſteſſe & amertume : mais enfin je la quitterai , quoique je ſache que l'abſence peut me la faire perdre. Je ne veux ni lui parler ni parler à ſon pere , de mon amour : car je ne dois en parler qu'à vous ſeul , juſqu'à ce qu'Ulyſſe , remonté ſur ſon trône , m'ait déclaré qu'il y conſent. Vous pouvez reconnoître par-là , mon cher Mentor , combien cet attachement eſt différent de la paſſion dont vous m'avez vu aveuglé pour Eucharis.

Mentor répondit : O Télémaque, je conviens de cette différence. Antiope eſt douce , ſimple , ſage ; ſes mains ne

méprifent point le travail; elle prévoit
de loin, elle pourvoit à tout ; elle fait
fe taire , & agit de fuite fans empreffe-
ment ; elle eft à toute heure occupée ;
elle ne s'embarraffe jamais, parce qu'elle
fait chaque chofe à propos : le bon or-
dre de la maifon de fon pere eft fa gloi-
re ; elle en eft plus ornée que de fa
beauté. Quoiqu'elle ait foin de tout, &
qu'elle foit chargée de corriger, de re-
fufer, d'épargner (chofes qui font haïr
prefque toutes les femmes), elle s'eft
rendue aimable à toute la maifon : c'eft
qu'on ne trouve en elle ni paffion, ni
entêtement, ni légèreté, ni humeur,
comme dans les autres femmes : d'un
feul regard elle fe fait entendre , & on
craint de lui déplaire : elle donne des
ordres précis , elle n'ordonne que ce
qu'on peut exécuter ; elle reprend avec
bonté, & en reprenant elle encourage.
Le cœur de fon pere fe repofe fur elle ,
comme un voyageur abattu par les ar-
deurs du foleil fe repofe à l'ombre fur
l'herbe tendre. Vous avez raifon, Télé-

maque, Antiope eſt un tréſor digne d'être recherché dans les terres les plus éloignées. Son eſprit, non plus que ſon corps, ne ſe pare jamais de vains ornemens : ſon imagination, quoique vive, eſt retenue par ſa diſcrétion : elle ne parle que pour la néceſſité ; & ſi elle ouvre la bouche, la douce perſuaſion & les graces naïves coulent de ſes lèvres. Dès qu'elle parle, tout le monde ſe tait, & elle en rougit : peu s'en faut qu'elle ne ſupprime ce qu'elle a voulu dire , quand elle apperçoit qu'on l'écoute ſi attentivement. A peine l'avons-nous entendue parler.

Vous ſouvenez-vous, ô Télémaque, d'un jour que ſon pere la fit venir ? elle parut les yeux baiſſés, couverte d'un grand voile ; & elle ne parla que pour modérer la colere d'Idoménée, qui vouloit faire punir rigoureuſement un de ſes eſclaves : d'abord elle entra dans ſa peine, puis elle le calma; enfin elle lui fit entendre ce qui pouvoit excuſer ce malheureux, & ſans faire ſentir au roi qu'il s'étoit trop emporté, elle lui inspira des sentimens de justice & de compassion. Thétis, quand elle flatte le vieux Nérée, n'appaise pas avec plus de douceur les flots irrités. Ainsi Antiope, sans prendre aucune autorité, & sans se prévaloir de ses charmes, maniera un jour le cœur de son époux, comme elle touche maintenant sa lyre ; quand elle veut en tirer les plus tendres accords. Encore une fois, Télémaque, votre amour pour elle est juste ; les dieux vous la destinent : vous l'aimez d'un amour raisonnable ; il faut attendre qu'Ulysse vous la donne. Je vous loue de n'avoir point voulu lui découvrir vos sentimens : mais sachez que si vous eussiez pris quelques détours pour lui apprendre vos desseins, elle les auroit rejettés, & auroit cessé de vous estimer. Elle ne se promettra jamais à personne ; elle se laissera donner par son pere : elle ne prendra jamais pour époux qu'un homme qui craigne les dieux, & qui remplisse toutes les bienséances. Avez-vous observé comme moi qu'elle se montre encore moins & qu'elle baiſſe plus les yeux depuis votre retour ? Elle ſait tout ce qui vous eſt arrivé d'heureux dans la guerre ; elle n'ignore ni votre naiſſance, ni vos aventures, ni tout ce que les dieux ont mis en vous ; c'eſt ce qui la rend ſi modeſte & ſi réſervée. Allons, Télémaque, allons vers Ithaque ; il ne me reſte plus qu'à vous faire trouver votre pere, & qu'à vous mettre en état d'obtenir une femme digne de l'âge d'or : fût-elle bergere dans la froide Algide, au lieu qu'elle eſt fille du roi de Salénte, vous ſerez trop heureux de la poſſéder,

Fin du Livre vingt-deuxieme.

Télémaque dans une partie de chasse, délivre
d'un Sanglier, dont il lui présente la hure.

LIV. VINGT-TROISIEME.

SOMMAIRE.

Idoménée, craignant le départ de ses deux hôtes, propose à Mentor plusieurs affaires embarrassantes, l'assurant qu'il ne les pourra régler sans son secours. Mentor lui explique comment il doit se comporter, & tient ferme pour ramener Télémaque. Idoménée essaie encore de les retenir en excitant la passion de ce dernier pour Antiope : il les engage dans une partie de chasse, où il veut que sa fille se trouve. Elle y seroit déchirée par un sanglier, sans Télémaque qui la sauve. Il sent ensuite beaucoup de répugnance à la quitter, & à prendre congé du roi son pere : mais, encouragé par Mentor, il surmonte sa peine, & s'embarque pour sa patrie.

Idoménée, qui craignoit le départ de Télémaque & de Mentor, ne songeoit qu'à le retarder. Il représenta à Mentor

qu'il ne pouvoit régler sans lui un diffé-
rend qui s'étoit élevé entre Diophanes,
prêtre de Jupiter confervateur, & Hélio-
dore, prêtre d'Apollon, fur les préfa-
ges qu'on tire du vol des oifeaux & des
entrailles des victimes.

Pourquoi, lui répondit Mentor, vous
mêleriez-vous des chofes facrées ? Laif-
fez-en la décifion aux Etruriens, qui ont
la tradition des plus anciens oracles, &
qui font infpirés pour être les interprè-
tes des dieux ; employez feulement vo-
tre autorité à étouffer ces difputes dès
leur naiffance. Ne montrez ni partialité
ni prévention ; contentez-vous d'appuyer
la décifion, quand elle fera faite : fou-
venez-vous qu'un roi doit être foumis à
la religion, & qu'il ne doit jamais en-
treprendre de la régler ; la religion vient
des dieux, elle eft au-deffus des rois. Si
les rois fe mêlent de la religion, au lieu
de la protéger ils la mettront en fervi-
tude. Les rois font fi puiffans, & les au-
tres hommes font fi foibles, que tout
fera en péril d'être altéré au gré des rois,

si on les fait entrer dans les questions qui regardent les choses sacrées. Laissez donc en pleine liberté la décision aux amis des dieux , & bornez-vous à réprimer ceux qui n'obéiroient pas à leur jugement , quand il aura été prononcé.

Ensuite Idoménée se plaignit de l'embarras où il étoit sur un grand nombre de procès entre divers particuliers , qu'on le pressoit de juger.

Décidez , lui répondit Mentor , toutes les questions nouvelles qui vont à établir des maximes générales de jurisprudence , & à interpréter les loix : mais ne vous chargez jamais de juger les causes particulieres , elles viendroient toutes en foule vous assiéger ; vous seriez l'unique juge de tout votre peuple , tous les autres juges qui sont sous vous deviendroient inutiles ; vous seriez accablé , & les petites affaires vous déroberoient aux grandes , sans que vous pussiez suffire à régler le détail des petites. Gardezvous donc bien de vous jetter dans cet embarras ; renvoyez les affaires des par-

ticuliers aux juges ordinaires : ne faites
que ce que nul autre ne peut faire pour
vous soulager ; vous ferez alors les véri-
tables fonctions de roi.

On me presse encore, disoit Idomé-
née, de faire certains mariages. Les per-
sonnes d'une naissance distinguée qui
m'ont suivi dans toutes les guerres, &
qui ont perdu de très-grands biens en
me servant, voudroient trouver une es-
pece de récompense en épousant certai-
nes filles riches : je n'ai qu'un mot à
dire pour leur procurer ces établisse-
mens.

Il est vrai, répondit Mentor, qu'il
ne vous en coûteroit qu'un mot : mais
ce mot lui-même vous coûteroit trop
cher. Voudriez-vous ôter aux peres &
aux meres la liberté & la consolation de
choisir leurs gendres, & par conséquent
leurs héritiers ? ce seroit mettre toutes
les familles dans le plus rigoureux escla-
vage ; vous vous rendriez responsable
de tous les malheurs domestiques de vos
citoyens. Les mariages ont assez d'épi-

nes, fans leur donner encore cette amer-
tume. Si vous avez des ferviteurs fide-
les à récompenfer, donnez-leur des ter-
res incultes, ajoutez-y des rangs & des
honneurs proportionnés à leur condition
& à leurs fervices ; ajoutez-y, s'il le
faut, quelqu'argent pris par vos épar-
gnes fur les fonds deftinés à votre dé-
penfe : mais ne payez jamais vos dettes
en facrifiant les filles riches malgré leurs
parens.

Idoménée paffa bientôt de cette quef-
tion à une autre. Les Sybarites, difoit-
il, fe plaignent de ce que nous avons
ufurpé des terres qui leur appartiennent,
& de ce que nous les avons données,
comme des champs à défricher, aux
étrangers que nous avons attirés depuis
peu ici : céderai-je à ces peuples ? Si je
le fais, chacun croira qu'il n'a qu'à for-
mer des prétentions fur nous.

Il n'eft pas jufte, répondit Mentor,
de croire les Sybarites dans leur propre
caufe : mais il n'eft pas jufte aufli de
vous croire dans la vôtre. Qui croirons-

nous donc ? repartit Idoménée. Il ne faut croire, pourſuivit Mentor, aucune des deux parties : mais il faut prendre pour arbitre un peuple voiſin qui ne ſoit ſuſpect d'aucun côté ; tels ſont les Sipontins : ils n'ont aucun intérêt contraire au vôtre.

Mais ſuis-je obligé , répondoit Idoménée , à croire quelque arbitre ? Ne ſuis-je pas roi ? Un ſouverain eſt-il obligé à ſe ſoumettre à des étrangers ſur l'étendue de ſa domination ?

Mentor reprit ainſi le diſcours : Puiſque vous voulez tenir ferme , il faut que vous jugiez que votre droit eſt bon : d'un autre côté , les Sybarites ne relâchent rien ; ils ſoutiennent que leur droit eſt certain. Dans cette oppoſition de ſentimens , il faut qu'un arbitre choiſi par les parties vous accommode, ou que le ſort des armes décide ; il n'y a point de milieu. Si vous entriez dans une république où il n'y eût ni magiſtrats ni juges, & où chaque famille ſe crût en droit de ſe faire par violence juſtice à elle-

même fur toutes fes prétentions contre
fes voifins, vous déploreriez le malheur
d'une telle nation., & vous auriez hor-
reur de cet affreux défordre, où toutes
les familles s'armeroient les unes contre
les autres. Croyez-vous que les dieux re-
gardent avec moins d'horreur le monde
entier, qui eft la république univerfelle,
fi chaque peuple, qui n'y eft que comme
une grande famille, fe croit en plein
droit de fe faire par violence juftice à
foi-même fur toutes fes prétentions con-
tre les autres peuples voifins ? Un parti-
culier qui poffede un champ, comme
l'héritage de fes ancêtres, ne peut s'y
maintenir que par l'autorité des loix &
par le jugement d'un magiftrat : il fe-
roit très-févérement puni comme un fé-
ditieux, s'il vouloit conferver par la force
ce que la juftice lui a donné. Croyez-
vous que les rois puiffent employer d'a-
bord la violence pour foutenir leurs pré-
tentions, fans avoir tenté toutes les
voies de douceur & d'humanité ? La juf-
tice n'eft-elle pas encore plus facrée &

plus inviolable pour les rois par rapport
à des pays entiers, que pour les familles
par rapport à quelques champs labourés ?
Sera-t-on injuste & ravisseur, quand on
ne prend que quelques arpens de terre ?
fera-t-on juste, fera-t-on héros, quand
on prend des provinces ? Si on se pré-
vient, si on se flatte, si on s'aveugle
dans les petits intérêts des particuliers,
ne doit-on pas encore plus craindre de
se flatter & de s'aveugler sur les grands
intérêts d'état ? Se croira-t-on soi-même,
dans une matiere où l'on a tant de rai-
sons de se défier de soi ? Ne craindra-t-on
point de se tromper dans des cas où
l'erreur d'un seul homme a des confé-
quences affreuses ? L'erreur d'un roi qui
se flatte sur ses prétentions cause sou-
vent des ravages, des famines, des maf-
facres, des pertes, des dépravations de
mœurs, dont les effets funestes s'éten-
dent jusques dans les siecles les plus re-
culés. Un roi, qui assemble toujours tant
de flatteurs autour de lui, ne craindra-
t-il point d'être flatté en ces occasions ?

S'il convient de quelque arbitre pour
terminer le différend , il montre fon
équité , fa bonne-foi , fa modération ;
il publie les folides raifons fur lefquel-
les fa caufe eft fondée. L'arbitre choifi
eft un médiateur amiable , & non un
juge de rigueur. On ne fe foumet pas
aveuglément à fes décifions ; mais on a
pour lui une grande déférence : il ne
prononce pas une fentence en juge fou-
verain ; mais il fait des propofitions , &
par fes confeils on facrifie quelque chofe
pour conferver la paix. Si la guerre vient
malgré tous les foins qu'un roi prend
pour conferver la paix , il a du moins
alors pour lui le témoignage de fa conf-
cience , l'eftime de fes voifins , & la
jufte protection des dieux. Idoménée ,
touché de ce difcours , confentit que les
Sipontins fuffent médiateurs entre lui &
les Sybarites.

Alors le roi , voyant que tous les
moyens de retenir les deux étrangers lui
échappoient , effaya de les arrêter par
un lien plus fort. Il avoit remarqué que

Télémaque aimoit Antiope ; & il espéra
de le prendre par cette passion. Dans
cette vue, il la fit chanter plusieurs fois
pendant des festins. Elle le fit pour ne
pas désobéir à son pere, mais avec tant
de modestie & de tristesse, qu'on voyoit
bien la peine qu'elle souffroit en obéis-
sant. Idoménée alla jusqu'à vouloir
qu'elle chantât la victoire remportée sur
les Dauniens & sur Adraste : mais elle
ne put se résoudre à chanter les louan-
ges de Télémaque ; elle s'en défendit
avec respect, & son pere n'osa la con-
traindre. Sa voix douce & touchante pé-
nétroit le cœur du jeune fils d'Ulysse : il
étoit tout ému. Idoménée, qui avoit les
yeux attachés sur lui, jouissoit du plai-
sir de remarquer son trouble. Mais Té-
lémaque ne faisoit pas semblant d'ap-
percevoir les desseins du roi. Il ne pou-
voit s'empêcher en ces occasions d'être
fort touché ; mais la raison étoit en lui
au-dessus du sentiment ; & ce n'étoit
plus ce même Télémaque qu'une passion
tyrannique avoit autrefois captivé dans

l'ifle de Calypfo. Pendant qu'Antiope chantoit, il gardoit un profond filence ; dès qu'elle avoit fini, il fe hâtoit de tourner la converfation fur quelque autre matiere.

Le roi, ne pouvant par cette voie réuffir dans-fon deffein, prit enfin la réfolution de faire une grande chaffe dont il voulut donner le plaifir à fa fille. Antiope pleura, ne voulant point y aller : mais il fallut exécuter l'ordre abfolu de fon pere. Elle monte un cheval écumant, fougueux, & femblable à ceux que Caftor domtoit pour les combats ; elle le conduit fans peine : une troupe de jeunes filles la fuit avec ardeur ; elle paroît au milieu d'elles, comme Diaue dans les forêts. Le roi la voit, & il ne peut fe laffer de la voir ; en la voyant il oublie tous fes malheurs paffés. Télémaque la voit auffi, & il eft encore plus touché de la modeftie d'Antiope, que de fon adreffe & de toutes fes graces.

Les chiens pourfuivoient un fanglier d'une grandeur énorme, & furieux comme celúi de Calydon : ſes longues ſoies étoient dures & hériſſées comme des dards ; ſés yeux étincelans étoient pleins de ſang & de feu ; ſon ſouffle ſe faiſoit entendre de loin comme le bruit ſourd des vents ſéditieux quand Eole les rappelle dans ſon antre pour appaiſer les tempêtes ; ſes défenſes , longues & crochues comme la faux tranchante des moiſſonneurs , coupoient le tronc des arbres. Tous les chiens qui oſoient en approcher étoient déchirés : les plus hardis chaſſeurs , en le pourſuivant , craignoient de l'atteindre.

Antiope , légere à la courſe comme les vents , ne craignit point de l'attaquer de près : elle lui lance un trait qui le perce au-deſſus de l'épaule. Le ſang de l'animal farouche ruiſſelle , & le rend plus furieux : il ſe tourne vers celle qui l'a bleſſé. Auſſi-tôt le cheval d'Antiope , malgré ſa fierté , frémit & recule : le ſanglier monſtrueux s'élance contre lui , ſemblable aux peſantes machines qui ébranlent les murailles des plus fortes villes. Le courſier chancele, & eſt abattu. Antiope ſe voit par terre hors d'état d'éviter le coup fatal de la défenſe du ſanglier animé contre elle. Mais Télémaque, attentif au danger d'Antiope, étoit déja deſcendu de cheval. Plus prompt que les éclairs, il ſe jette entre le cheval abattu & le ſanglier qui revient pour venger ſon ſang ; il tient dans ſes mains un long dard, & l'enfonce preſque tout entier dans le flanc de l'horrible animal, qui tombe plein de rage.

A l'inſtant Télémaque en coupe la hure, qui fait encore peur quand on la voit de près, & qui étonne tous les chaſſeurs : il la préſente à Antiope. Elle en rougit ; elle conſulte des yeux ſon pere, qui après avoir été ſaiſi de frayeur, eſt tranſporté de joie de la voir hors du péril, & lui fait ſigne qu'elle doit accepter ce don. En le prenant, elle dit à Télémaque : Je reçois de vous avec reconnoiſſance un autre don plus grand, car je vous dois la vie. A peine eut-elle parlé, qu'elle craignit d'avoir trop dit ;

elle baiſſa les yeux : & Télémaque, qui vit ſon embarras, n'oſa lui dire que ces paroles : Heureux le fils d'Ulyſſe d'avoir conſervé une vie ſi précieuſe ! mais plus heureux encore s'il pouvoit paſſer la ſienne auprès de vous ! Antiope, ſans lui répondre, rentra bruſquement dans la troupe de ſes jeunes compagnes, où elle remonta à cheval.

Idoménée auroit dès ce moment promis ſa fille à Télémaque ; mais il eſpéra d'enflammer davantage ſa paſſion en le laiſſant dans l'incertitude, & crut même le retenir encore à Salente par le deſir d'aſſurer ſon mariage. Idoménée raiſonnoit ainſi en lui-même : mais les dieux ſe jouent de la ſageſſe des hommes. Ce qui devoit retenir Télémaque fut préciſément ce qui le preſſa de partir : ce qu'il commençoit à ſentir le mit dans une juſte défiance de lui-même.

Mentor redoubla ſes ſoins pour inſpirer à Télémaque un deſir impatient de s'en retourner à Ithaque, & il preſſa en même tems Idoménée de le laiſſer par-

tir. Le vaiſſeau étoit déja prêt ; car
Mentor, qui régloit tous les momens
de la vie de Télémaque pour l'élever à
la plus haute gloire, ne l'arrêtoit en cha-
que lieu qu'autant qu'il le falloit pour
exercer ſa vertu, & pour lui faire acqué-
rir de l'expérience. Mentor avoit eu ſoin
de faire préparer ce vaiſſeau dès l'arrivée
de Télémaque.

Mais Idoménée, qui avoit eu beau-
coup de répugnance à le voir préparer,
tomba dans une triſteſſe mortelle & dans
une déſolation à faire pitié, lorſqu'il vit
qué ſes deux hôtes, dont il avoit tiré
tant de ſecours, alloient l'abandonner.
Il ſe renfermoit dans les lieux les plus
ſecrets de ſa maiſon : là il ſoulageoit
ſon cœur en pouſſant des gémiſſemens
& en verſant des larmes; il oublioit le
beſoin de ſe nourrir ; le ſommeil n'a-
douciſſoit plus ſes cuiſantes peines; il ſe
deſſéchoit, il ſe conſumoit par ſes in-
quiétudes. Semblable à un grand arbre
qui couvre la terre de l'ombre de ſes
rameaux épais , & dont un ver com-

mence à ronger la tige dans les canaux déliés où la seve coule pour sa nourriture ; cet arbre que les vents n'ont jamais ébranlé, que la terre féconde se plaît à nourrir dans son sein, & que la hache du laboureur a toujours respecté, ne laisse pas de languir sans qu'on puisse découvrir la cause de son mal ; il se flétrit, il se dépouille de ses feuilles qui sont sa gloire ; il ne montre plus qu'un tronc couvert d'une écorce entr'ouverte, & des branches seches : tel parut Idoménée dans sa douleur.

Télémaque, attendri, n'osoit lui parler : il craignoit le jour du départ ; il cherchoit des prétextes pour le retarder ; & il seroit demeuré long-tems dans cette incertitude si Mentor ne lui eût dit : Je suis bien aise de vous voir si changé. Vous étiez né dur & hautain ; votre cœur ne se laissoit toucher que de vos commodités & de vos intérêts : mais vous êtes enfin devenu homme, & vous commencez, par l'expérience de vos maux, à com-

patir à ceux des autres. Sans cette com-
paffion on n'a ni bonté , ni vertu , ni
capacité pour gouverner les hommes :
mais il ne faut pas la pouffer trop loin,
ni tomber dans une amitié foible. Je
parlerois volontiers à Idoménée pour
le faire confentir à notre départ, & je
vous épargnerois l'embarras d'une con-
verfation fi fâcheufe; mais je ne veux
point que la mauvaife honte & la timi-
dité dominent votre cœur : il faut que
vous vous accoutumiez à mêler le cou-
rage & la fermeté avec une amitié ten-
dre & fenfible : il faut craindre d'af-
fliger les hommes fans néceffité; il faut
entrer dans leurs peines, quand on ne
peut éviter de leur en faire , & adoucir
le plus qu'on peut le coup qu'il eft im-
poffible de leur épargner entièrement.
C'eft pour chercher cet adouciffement,
répondit Télémaque , que j'aimerois
mieux qu'Idoménée apprît notre départ
par vous que par moi.

Mentor lui dit auffi-tôt : Vous vous
trompez, mon cher Télémaque; vous

êtes né comme les enfans des rois nourris dans la pourpre, qui veulent que tout se fasse à leur mode, & que toute la nature obéisse à leur volonté, mais qui n'ont pas la force de résister à personne en face. Ce n'est pas qu'ils se soucient des hommes, ni qu'ils craignent par bonté de les affliger; mais c'est que, pour leur propre commodité, ils ne veulent point voir autour d'eux des visages tristes & mécontens. Les peines & les miseres des hommes ne les touchent point, pourvu qu'elles ne soient pas sous leurs yeux; s'ils en entendent parler, ce discours les importune & les attriste: pour leur plaire, il faut toujours dire que tout va bien; &, pendant qu'ils sont dans leurs plaisirs, ils ne veulent rien voir ni entendre qui puisse interrompre leurs joies. Faut-il reprendre, corriger, détromper quelqu'un, résister aux prétentions & aux passions injustes d'un homme importun; ils en donneront toujours la commission à quelqu'autre personne. Plutôt que de

parler eux-mêmes avec une douce fer-
meté dans ces occasions, ils se laisse-
roient arracher les graces les plus injus-
tes; ils gâteroient les affaires les plus
importantes, faute de savoir décider
contre le sentiment de ceux avec qui
ils ont affaire tous les jours. Cette foi-
blesse qu'on sent en eux, fait que cha-
cun ne songe qu'à s'en prévaloir : on les
presse, on les importune, on les acca-
ble ; & on réussit en les accablant. D'a-
bord on les flatte & on les encense pour
s'insinuer; mais dès qu'on est dans leur
confiance, & qu'on est auprès d'eux
dans les emplois de quelque autorité,
on les mene loin, on leur impose le
joug : ils en gémissent; ils veulent sou-
vent le secouer; mais ils le portent toute
leur vie. Ils sont jaloux de ne paroître
point gouvernés, & ils le sont toujours :
ils ne peuvent même se passer de l'être;
car ils sont semblables à ces foibles ti-
ges de vigne, qui n'ayant par elles-
mêmes aucun soutien, rampent tou-

jours autóur du tronc de quelque grand arbre.

Je ne souffrirai point, ô Télémaque, que vous tombiez dans ce défaut, qui rend un homme imbécille pour le gouvernement. Vous qui êtes tendre jusqu'à n'oser parler à Idoménée, vous ne serez plus touché de ses peines dès que vous serez sorti de Salente : ce n'est point sa douleur qui vous attendrit, c'est sa présence qui vous embarrasse. Allez parler vous-même à Idoménée; apprenez dans cette occasion à être tendre & ferme tout ensemble : montrez-lui votre douleur de le quitter ; mais montrez-lui aussi d'un ton décisif la nécessité de notre départ.

Télémaque n'osoit ni résister à Mentor ni aller trouver Idoménée ; il étoit honteux de sa crainte, & n'avoit pas le courage de la surmonter : il hésitoit ; il faisoit deux pas, & revenoit incontinent pour alléguer à Mentor quelque nouvelle raison de différer. Mais le seul re-

gard de Mentor lui ôtoit la parole, &
faisoit disparoître tous ses beaux pré-
textes. Est-ce donc là, disoit Mentor
en souriant, ce vainqueur des Dauniens,
ce libérateur de la grande Hespérie, ce
fils du sage Ulysse, qui doit être, après
lui, l'oracle de la Grece ? il n'ose dire à
Idoménée qu'il ne peut plus retarder
son retour dans sa patrie pour revoir son
pere ! O peuple d'Ithaque ! combien se-
rez-vous malheureux un jour si vous
avez un roi que la mauvaise honte do-
mine, & qui sacrifie les plus grands in-
térêts à ses foiblesses sur les plus peti-
tes choses ! Voyez, Télémaque, quelle
différence il y a entre la valeur dans les
combats, & le courage dans les affaires :
vous n'avez point craint les armes d'Adras-
te ; & vous craignez la tristesse d'Idomé-
née ! Voilà ce qui déshonore les princes
qui ont fait les plus grandes actions :
après avoir paru des héros dans la guer-
re, ils se montrent les derniers des hom-
mes dans les occasions communes où
d'autres se soutiennent avec vigueur.

Télémaque, fentant la vérité de ces paroles, & piqué de ce reproche, partit brufquement fans s'écouter lui-même; mais à peine commença-t-il à paroître dans le lieu où Idoménée étoit affis, les yeux baiffés, languiffant & abattu de triftefe, qu'ils fe craignirent l'un l'autre : il n'ofoit le regarder. Ils s'entendoient fans fe rien dire, & chacun craignoit que l'autre ne rompît le filence : ils fe mirent tous deux à pléurer. Enfin Idoménée, preffé d'un excès de douleur, s'écria : A quoi fert de rechercher la vertu, fi elle récompenfe fi mal ceux qui l'aiment ! Après m'avoir montré ma foibleffe, on m'abandonne ! hé bien ! je vais retomber dans tous mes malheurs: qu'on ne me parle plus de bien gouverner; non, je ne puis le faire; je fuis las des hommes ! Où voulez-vous aller, Télémaque ? Votre pere n'eft plus; vous le cherchez inutilement : Ithaque eft en proie à vos ennemis; ils vous feront périr fi vous y retournez : quelqu'un d'entre eux aura époufé votre mere. Demeu-

rez ici : vous ferez. mon gendre & mon
héritier ; vous régnerez après moi : pen-
dant ma vie même, vous aurez ici un
pouvoir abfolu ; ma confiance en vous
fera fans bornes. Que fi vous êtes infen-
fible à tous ces avantages, du moins laif-
fez-moi Mentor, qui eft toute ma ref-
fource. Parlez, répondez-moi ; n'endur-
ciffez pas votre cœur ; ayez pitié du plus
malheureux de tous les hommes. Quoi !
vous ne dites rien ! Ah ! je comprends
combien les dieux me font cruels ; je le
fens encore plus rigoureufement qu'en
Crete, lorfque je perçai mon propre
fils.

Enfin Télémaque lui répondit d'une
voix troublée & timide : Je ne fuis point
à moi ; les deftinées me rappellent dans
ma patrie. Mentor, qui a la fageffe des
dieux, m'ordonne en leur nom de par-
tir. Que voulez-vous que je faffe ? Re-
noncerai-je à mon pere, à ma mere, à
ma patrie, qui me doit être encore plus
chere qu'eux ? Etant né pour être roi,
je ne fuis pas deftiné à une vie douce &

tranquille, ni à fuivre mes inclinations.
Votre royaume eft plus riche & plus
puiffant que çelui de mon pere : mais
je dois préférer ce que les dieux me def-
tinent à ce que vous avez la bonté de
m'offrir. Je me croirois heureux fi j'a-
vois Antiope pour époufe, fans efpé-
rance de votre royaume : mais, pour
m'en rendre digne, il faut que j'aille
où mes devoirs m'appellent, & que ce
foit mon pere qui vous la demande pour
moi. Ne m'avez-vous pas promis de me
renvoyer à Ithaque ? n'eft-ce pas fur cette
promeffe, que j'ai combattu pour vous
contre Adrafte avec les alliés ? Il eft
tems que je fonge à réparer mes mal-
heurs domeftiques. Les dieux, qui m'ont
donné à Mentor, ont auffi donné Men-
tor au fils d'Ulyffe pour lui faire rem-
plir fes deftinées. Voulez-vous que je
perde Mentor après avoir perdu tout le
refte ? Je n'ai plus ni biens, ni retrai-
te, ni pere, ni mere, ni patrie affurée;
il ne me refte qu'un homme fage &
vertueux, qui eft le plus précieux don

de

de Jupiter. Jugez vous-même si je puis y renoncer, & consentir qu'il m'abandonne. Non, je mourrois plutôt. Arrachez-moi la vie; la vie n'est rien : mais ne m'arrachez pas Mentor.

A mesure que Télémaque parloit, sa voix devenoit plus forte, & sa timidité disparoissoit. Idoménée ne savoit que répondre, & ne pouvoit demeurer d'accord de ce que le fils d'Ulysse lui disoit. Lorsqu'il ne pouvoit plus parler, du moins il tâchoit par ses regards & par ses gestes de faire pitié. Dans ce moment il vit paroître Mentor, qui lui dit ces graves paroles :

Ne vous affligez point : nous vous quittons; mais la sagesse qui préside aux conseils des dieux demeurera sur vous; croyez seulement que vous êtes trop heureux que Jupiter nous ait envoyés ici pour sauver votre royaume, & pour vous ramener de vos égaremens. Philoclès, que nous vous avons rendu, vous servira fidèlement; la crainte des dieux, le goût de la vertu, l'amour des peuples,

la compaſſion pour les miſérables, ſe-
ront toujours dans ſon cœur. Ecoutez-le;
ſervez-vous de lui avec confiance & ſans
jalouſie. Le plus grand ſervice que vous
puiſſiez en tirer, eſt de l'obliger à vous
dire tous vos défauts ſans adouciſſement.
Voilà en quoi conſiſte le plus grand cou-
rage d'un bon roi, que de chercher de
vrais amis qui lui faſſent remarquer ſes
fautes. Pourvu que vous ayez ce courage,
notre abſence ne vous nuira point, &
vous vivrez heureux : mais ſi la flatterie,
qui ſe gliſſe comme un ſerpent, re-
trouve un chemin juſqu'à votre cœur
pour vous mettre en défiance contre les
conſeils déſintéreſſés, vous êtes perdu.
Ne vous laiſſez point abattre mollement
à la douleur, mais efforcez-vous de ſui-
vre la vertu. J'ai dit à Philoclès tout ce
qu'il doit faire pour vous ſoulager &
pour n'abuſer jamais de votre confiance;
je puis vous répondre de lui : les dieux
vous l'ont donné comme ils m'ont donné
à Télémaque. Chacun doit ſuivre coura-
geuſement ſa deſtinée : il eſt inutile de

s'affliger. Si jamais vous aviez besoin de
mon' secours, après que j'aurai rendu
Télémaque à son pere & à son pays,
je reviendrois vous voir. Que pourrois-
je faire qui me donnât un plaisir plus
sensible ! Je ne cherche ni biens ni au-
torité sur la terre ; je ne veux qu'aider
ceux qui cherchent la justice & la vertu.
Pourrois-je oublier jamais la confiance
& l'amitié que vous m'avez témoignées !

A ces mots Idoménée fut tout-à-coup
changé ; il sentit son cœur appaisé, com-
me Neptune de son trident appaise les
flots en courroux & les plus noires tem-
pêtes : il restoit seulement en lui une dou-
leur douce & paisible ; c'étoit plutôt une
tristesse & un sentiment tendre, qu'une
vive douleur. Le courage, la confiance,
la vertu, l'espérance du secours des
dieux, commencerent à renaître au-de-
dans de lui.

Hé bien ! dit-il, mon cher Mentor,
il faut donc tout perdre, & ne se point
décourager ! Du moins souvenez-vous

d'Idoménée quand vous ferez arrivé à
Ithaque, où votre fageffe vous comblera
de profpérité. N'oubliez pas que Salente
fut votre ouvrage, & que vous y avez
laiffé un roi malheureux qui n'efpere
qu'en vous. Allez, digne fils d'Ulyffe,
je né vous retiens plus ; je n'ai garde de
réfifter aux dieux qui m'avoient prêté un
fi grand tréfor. Allez auffi ; Mentor, le
plus grand & le plus fage de tous les
hommes (fi toutefois l'humanité peut
faire ce que j'ai vu en vous, & fi vous
n'êtes pas une divinité fous une forme
empruntée pour inftruire les hommes
foibles & ignorans) ; allez conduire le
fils d'Ulyffe, plus heureux de vous avoir,
que d'être le vainqueur d'Adrafte. Allez
tous deux : je n'ofe plus parler ; pardon-
nez mes foupirs. Allez, vivez, foyez
heureux enfemble : il ne me refte plus
rien au monde que le fouvenir de vous
avoir, poffédés ici. O beaux jours ! trop
heureux jours ! jours dont je n'ai pas
affez connu le prix ! jours trop rapide-

ment écoulés ! vous ne reviendrez jamais ! jamais mes yeux ne reverront ce qu'ils voient !

Mentor prit ce moment pour le départ ; il embraffa Philoclès, qui l'arrofa de fes larmes fans pouvoir parler. Télémaque voulut prendre Mentor par la main pour fe tirer de celles d'Idoménée ; mais Idoménée, prenant le chemin du port, fe mit entre Mentor & Télémaque : il les regardoit, il gémiffoit, il commençoit des paroles entrecoupées, & n'en pouvoit achever aucune.

Cependant on entend des cris confus fur le rivage couvert de matelots : on tend les cordages, on leve les voiles, le vent favorable fe leve. Télémaque & Mentor, les larmes aux yeux, prennent congé du roi, qui les tient long-tems ferrés entre fes bras, & qui les fuit des yeux auffi loin qu'il le peut.

Fin du Livre vingt-troifieme.

LIVRE VINGT-QUATR.

SOMMAIRE.

Pendant leur navigation, Télémaque se fait expliquer par Mentor plusieurs difficultés sur la maniere de bien gouverner les peuples, entre autres celle de connoître les hommes, pour n'employer que les bons, & n'être point trompé par les mauvais. Sur la fin de leur entretien, le calme de la mer les oblige à relâcher dans une isle où Ulysse venoit d'aborder. Télémaque l'y voit, & lui parle sans le reconnoître : mais, après l'avoir vu embarquer, il sent un trouble secret dont il ne peut concevoir la cause. Mentor la lui explique, le console, l'assure qu'il rejoindra bientôt son pere, & éprouve sa piété & sa patience en retardant son départ pour faire un sacrifice à Minerve. Enfin la déesse Minerve, cachée sous la figure de Mentor, reprend sa forme & se fait connoître. Elle donne à Télé-

...maque arrive à Ithaque et retrouve Ulysse son
Pere chés le fidèle Eumée.

*mâque, ses dernieres instructions, &
disparoît. Après quoi Télémaque arri-
ve à Ithaque, & retrouve Ulysse son
pere chez le fidele Eumée.*

DÉJA les voiles s'enflent, on leve les
ancres, la terre semble s'enfuir. Le pi-
lote expérimenté apperçoit de loin les
montagnes de Leucate, dont la tête se
cache dans un tourbillon de frimats gla-
cés, & les monts Acrocérauniens, qui
montrent encore un front orgueilleux au
ciel, après avoir été si souvent écrasés
par la foudre.

Pendant cette navigation, Télémaque
disoit à Mentor : Je crois maintenant
concevoir les maximes du gouverne-
ment, que vous m'avez expliquées. D'a-
bord elles me paroissoient comme un
songe ; mais peu-à-peu elles se démêlent
dans mon esprit, & s'y présentent claire-
ment, comme tous les objets paroissent
sombres & en confusion le matin aux
premieres lueurs de l'aurore, mais en-
suite ils semblent sortir comme d'un

chaos, quand la lumiere, qui croît in-
fenfiblement, les diftingue & leur rend;
pour-ainfi-dire , leurs figures & leurs
couleurs naturelles. Je fuis très-perfuadé
que le point effentiel du gouvernement,
eft de bien difcerner les différens carac-
teres d'efprits pous les choifir & les ap-
pliquer felon leurs talens : mais il me
refte à favoir comment on peut fe con-
noître en hommes.

Alors Mentor lui répondit : il faut étu-
dier les hommes pour les connoître, &
pour les connoître il en faut voir, & traiter
avec eux. Les rois doivent converfer avec
leurs fujets, les faire parler, les confulter;
les éprouver par de petits emplois dont ils
leur faffent rendre compte, pour voir
s'ils font capables de plus hautes fonc-
tions. Comment eft-ce , mon cher Té-
lémaque, que vous avez appris à Itha-
que à vous connoître en chevaux ? c'eft
à force d'en voir & de remarquer leurs
défauts & leurs perfections avec des gens
expérimentés. Tout de même , parlez
fouvent des bonnes & des mauvaifes

qualités des hommes avec d'autres hommes fages & vertueux, qui aient long-temps étudié leurs caractères; vous apprendrez infenfiblement comme ils font faits, & ce qu'il eft permis d'en attendre. Qui eft-ce qui vous a appris à connoître les bons & les mauvais poëtes? c'eft la fréquente lecture, & la réflexion avec des gens qui avoient le goût de la poéfie. Qui eft-ce qui vous a acquis le difcernement fur la mufique? c'eft la même application à obferver les divers muficiens. Comment peut-on efpérer de bien gouverner les hommes, fi on ne les connoît pas? & comment les connoîtra-t-on, fi l'on ne vit jamais avec eux? Ce n'eft pas vivre avec eux que de les voir en public; où l'on ne dit de part & d'autre que des chofes indifférentes & préparées avec art: il eft queftion de les voir en particulier, de tirer du fond de leur cœur toutes les reffources fecretes qui y font, de les tâter de tous côtés, de les fonder pour découvrir leurs maximes. Mais pour bien juger des hommes, il faut commencer par favoir ce qu'ils doivent être; il faut favoir ce que ç'eft que vrai & folide mérite, pour difcerner ceux qui en ont d'avec ceux qui n'en ont pas.

On ne ceffe de parler de vertu & de mérite, fans favoir ce que c'eft précifément que le mérite & la vertu. Ce ne font que de beaux noms, que des termes vagues pour la plupart des hommes, qui fe font honneur d'en parler à toute heure. Il faut avoir des principes certains de juftice, de raifon & de vertu, pour connoître ceux qui font raifonnables & vertueux. Il faut favoir les maximes d'un bon & fage gouvernement, pour connoître les hommes qui ont ces maximes, & ceux qui s'en éloignent par une fauffe fubtilité. En un mot, pour mefurer plufieurs corps, il faut avoir une mefure fixe: pour juger, il faut tout de même avoir des principes conftans auxquels tous nos jugemens fe réduifent. Il faut favoir précifément quel eft le but de la vie humaine, & quelle fin on doit fe

propofer en gouvernant les hommes. Ce
but unique & effentiel eft de ne vouloir
jamais l'autorité & la grandeur pour foi ;
car cette recherche ambitieufe n'iroit
qu'à fatisfaire un orgueil tyrannique :
mais on doit fe facrifier dans les peines
infinies du gouvernement, pour rendre
les hommes bons & heureux. Autrement
on marche à tâtons & au hafard pendant
toute la vie : on va comme un navire
en pleine mer, qui n'a point de pilote,
qui ne confulte point les aftres, & à qui
toutes les côtes voifines font inconnues ;
il ne peut faire que naufrage.

Souvent les princes, faute de favoir
en quoi confifte la vraie vertu, ne favent
point ce qu'ils doivent chercher dans les
hommes. La vraie vertu a pour eux quel-
que chofe d'âpre ; elle leur paroît trop
auftere & indépendante ; elle les effraie
& les aigrit : ils fe tournent vers la flatte-
rie. Dès-lors ils ne peuvent plus trouver
ni de fincérité ni de vertu ; dès-lors ils
courent après un vain fantôme de fauffe
gloire, qui les rend indignes de la véri-

table. Ils s'accoutument bientôt à croire
qu'il n'y a point de vraie vertu fur la
terre ; car les bons connoiffent bien les
méchans, mais les méchans ne connoiffent
point les bons, & ne peuvent pas croire
qu'il y en ait. De tels princes ne favent
que fe défier de tout le monde également:
ils fe cachent, ils fe renferment, ils
font jaloux fur les moindres chofes ; ils
craignent les hommes, & fe font crain-
dre d'eux. Ils fuient la lumiere, ils n'o-
fent paroître dans leur naturel. Quoi-
qu'ils ne veuillent pas être connus, ils
ne laiffent pas de l'être ; car la curiofité
maligne de leurs fujets pénetre & devine
tout ; mais ils ne connoiffent perfonne.
Les gens intéreffés qui les obfedent font
ravis de les voir inacceffibles. Un roi inac-
ceffible aux hommes l'eft auffi à la vérité:
on noircit par d'infâmes rapports & on
écarte de lui tout ce qui pourroit lui ouvrir
les yeux. Ces fortes de rois paffent leur vie
dans une grandeur fauvage & farouche, où
craignant fans ceffe d'être trompés, ils le
font toujours inévitablement, & méritent

de l'être. Dès qu'on ne parle qu'à un petit nombre de gens, on s'engage à recevoir toutes leurs paſſions & tous leurs préjugés ; les bons même ont leurs défauts & leurs préventions. De plus on eſt à la merci des rapporteurs ; nation baſſe & maligne qui ſe nourrit de venin , qui empoiſonne les choſes innocentes , qui groſſit les petites , qui invente le mal plutôt que de ceſſer de nuire , qui ſe joue, pour ſon intérêt , de la défiance & de l'indigne curioſité d'un prince foible & ombrageux.

Connoiſſez donc , ô mon cher Télémaque, connoiſſez les hommes : examinez-les , faites-les parler les uns ſur les autres ; éprouvez-les peu-à-peu ; ne vous livrez à aucun. Profitez de vos expériences , lorſque vous aurez été trompé dans vos jugemens ; car vous ſerez trompé quelquefois : les méchans ſont trop profonds pour ne ſurprendre pas les bons par leurs déguiſemens. Apprenez par-là à ne juger promptement de perſonne ni en bien ni en mal ; l'un & l'autre eſt très-dangereux : ainsi vos erreurs passées vous instruiront très-utilement. Quand vous aurez trouvé des talens & de la vertu dans un homme., servez-vous-en avec confiance : car les honnêtes gens veulent qu'on sente leur droiture ; ils aiment mieux de l'estime & de la confiance que des trésors. Mais ne les gâtez pas en leur donnant un pouvoir sans bornes : tel eût été toujours vertueux, qui ne l'est plus, parce que son maître lui a donné trop d'autorité & trop de richesses. Quiconque est assez aimé des dieux pour trouver dans tout un royaume deux ou trois vrais amis, d'une sagesse & d'une bonté constante, trouve bientôt par eux d'autres personnes qui leur ressemblent, pour remplir les places inférieures. Par les bons auxquels on se confie, on apprend ce qu'on ne peut pas discerner par soi-même sur les autres sujets.

Mais faut-il, disoit Télémaque, se servir des méchans quand ils sont habiles, comme je l'ai ouï dire souvent ? On

eſt ſouvent, répondoit Mentor, dans la
néceſſité de s'en ſervir. Dans une nation
agitée & en déſordre, on trouve ſouvent
des gens injuſtes & artificieux qui ſont
déja en autorité : ils ont des emplois im-
portans qu'on ne peut leur ôter ; ils ont
acquis la confiance de certaines perſonnes
puiſſantes qu'on a beſoin de ménager : il
faut les ménager eux-mêmes, ces hom-
mes ſcélérats, parce qu'on les craint,
& qu'ils peuvent tout bouleverſer. Il faut
bien s'en ſervir pour un tems : mais il
faut auſſi avoir en vue de les rendre peu-
à-peu inutiles. Pour la vraie & intime
confiance, gardez-vous bien de la leur
donner jamais; car ils peuvent en abu-
ſer, & vous tenir enſuite malgré vous
par votre ſecret; chaîne plus difficile à
rompre que toutes les chaînes de fer.
Servez-vous d'eux pour des négocia-
tions paſſageres; traitez les bien; enga-
gez-les par leurs paſſions mêmes à vous
être fideles, car vous ne les tiendrez
que par là : mais ne les mettez point dans
vos délibérations les plus ſecretes. Ayez

un reſſort prêt pour les remuer à votre
gré : mais ne leur donnez jamais la
clef de votre cœur ni de vos affaires.
Quand votre état devient paiſible, réglé,
conduit par des hommes ſages & droits
dont vous êtes ſûr, peu-à-peu les mé-
chans dont vous étiez contraint de vous
ſervir, deviennent inutiles. Alors il ne
faut pas ceſſer de les bien traiter ; car il
n'eſt jamais permis d'être ingrat, même
pour les méchans : mais, en les trai-
tant bien, il faut tâcher de les rendre
bons. Il eſt néceſſaire de tolérer en eux
certains défauts qu'on pardonne à l'hu-
manité ; il faut néanmoins relever peu-
à-peu l'autorité, & réprimer les maux
qu'ils feroient ouvertement ſi on les laiſ-
ſoit faire. Après tout, c'eſt un mal que
le bien ſe faſſe par les méchans ; & quoi-
que le mal ſoit ſouvent inévitable, il
faut tendre néanmoins peu-à-peu à le
faire ceſſer. Un prince ſage, qui ne
veut que le bon ordre & la juſtice,
parviendra avec le tems à ſe paſſer des
hommes corrompus & trompeurs : il en

trouvera affez de bons qui auront une habileté fuffifante.

Mais ce n'eft pas affez de trouver de bons fujets dans une nation ; il eft nécef-faire d'en former de nouveaux. Ce doit être, repondit Télémaque, un grand embarras. Point du tout, reprit Men-tor : l'application que vous avez à cher-cher les hommes habiles & vertueux, pour les élever, excite & anime tous ceux qui ont du talent & du courage ; chacun fait des efforts. Combien y a-t-il d'hommes qui languiffent dans une oifiveté obfcure, & qui deviendroient de grands hommes fi l'émulation & l'ef-pérance du fuccès les animoient au tra-vail ! Combien y a-t-il d'hommes que la mifere & l'impuiffance de s'élever par la vertu, tentent de s'élever par le cri-me ! Si donc vous attachez les récom-penfes & les honneurs au génie & à la vertu, combien de fujets fe formeront d'eux-mèmes ! Mais combien en forme-rez-vous en les faifant monter de degré en degré depuis les derniers emplois jufqu'aux premiers ! Vous exercerez leurs talens, vous éprouverez l'étendue de leur efprit & la fincérité de leur vertu: Les hommes qui parviendront aux plus hautes places auront été nourris fous vos yeux dans les inférieures ; vous les aurez fuivis toute leur vie, de degré en degré : vous jugerez d'eux, non par leurs paroles, mais par toute la fuite de leurs actions.

Pendant que Mentor raifonnoit ainfi avec Télémaque, ils apperçurent un vaiffeau Phéacien qui avoit relâché dans une petite ifle déferte & fauvage bordée de rochers affreux. En même tems les vents fe turent, les plus doux zéphyrs même femblerent retenir leurs baleines; toute la mer devint unie comme une glace ; les voiles abattues ne pouvoient plus animer le vaiffeau; l'effort des rameurs déja fatigués, étoit inutile : il fallut aborder en cette ifle, qui étoit plutôt un écueil qu'une terre propre à être habitée par des hommes. En un autre tems moins calme, on n'auroit pu y aborder fans un grand péril.

Les Phéaciens, qui attendoient le vent, ne paroiffoient pas moins impatiens que les Salentins de continuer leur navigation. Télémaque s'avance vers eux fur ces rivages efcarpés. Auffi-tôt il demande au premier homme qu'il rencontre s'il n'a point vu Ulyffe, roi d'Ithaque, dans la maifon du roi Alcinoüs.

Celui auquel il s'étoit adreffé par hafard n'étoit pas Phéacien; c'étoit un étranger inconnu qui avoit un air majeftueux, mais trifte & abattu: il paroiffoit rêveur, & à peine écouta-t-il d'abord la queftion de Télémaque; mais enfin il lui répondit: Ulyffe, vous ne vous trompez pas, a été reçu chez le roi Alcinoüs, comme en un lieu où l'on craint Jupiter, & où l'on exerce l'hofpitalité: mais il n'y eft plus, & vous l'y chercheriez inutilement; il eft parti pour revoir Ithaque, fi les dieux appaisés souffrent enfin qu'il puisse jamais saluer ses dieux pénates.

A peine cet étranger eût prononcé tristement ces paroles ; qu'il se jetta dans un petit bois épais sur le haut d'un rocher, d'où il regardoit attentivement la mer, fuyant les hommes qu'il voyoit, & paroissant affligé de ne pouvoir partir.

Télémaque le regardoit fixement ; plus il le regardoit, plus il étoit ému & étonné. Cet inconnu, disoit-il à Mentor, m'a répondu comme un homme qui écoute à peine ce qu'on lui dit, & qui est plein d'amertume. Je plains les malheureux depuis que je le suis ; & je sens que mon cœur s'intéresse pour cet homme, sans savoir pourquoi. Il m'a assez mal reçu; à peine a-t-il daigné m'écouter & me répondre : je ne puis cesser néanmoins de souhaiter la fin de ses maux.

Mentor, souriant, répondit : Voilà à quoi servent les malheurs de la vie ; ils rendent les princes modérés, & sensi-

bles aux peines des autres. Quand ils n'ont
jamais goûté que le doux poison des
prospérités, ils se croient des dieux ; ils
veulent que les montagnes s'applanissent
pour les contenter, ils comptent pour rien
les hommes, ils veulent se jouer de la na-
ture entiere. Quand ils entendent parler
de souffrances, ils ne savent ce que c'est ;
c'est un songe pour eux : ils n'ont ja-
mais vu la distance du bien & du mal.
L'infortune seule peut leur donner de
l'humanité, & changer leur cœur de ro-
cher en un cœur humain : alors ils sen-
tent qu'ils sont hommes, & qu'ils doi-
vent ménager les autres hommes qui
leur ressemblent. Si un inconnu vous fait
tant de pitié, parce qu'il est, comme
vous, errant sur ce rivage, combien
devrez-vous avoir plus de compassion
pour le peuple d'Ithaque lorsque vous
le verrez un jour souffrir, ce peuple que
les dieux vous auront confié comme on
confie un troupeau à un berger, & qui
sera peut-être malheureux par votre am-
bition, ou par votre faste, ou par votre

la vertu, & attendre des dieux une éter-
nelle récompense.

Télémaque, agité au-dedans par une
peine secrete, sembloit n'avoir jamais
compris ces maximes, quoiqu'il en fût
rempli, & qu'il les eût lui-même enfei-
gnées aux autres. Une humeur noire lui
donnoit, contre ses véritables fenti-
mens, un esprit de contradiction & de
subtilité pour rejetter les vérités que
Mentor lui expliquoit : il opposoit à ces
raisons l'ingratitude des hommes. Quoi !
disoit-il, prendre tant de peines pour
se faire aimer des hommes qui ne vous
aimeront peut-être jamais, & pour faire
du bien à des méchans qui se serviront
de vos bienfaits pour vous nuire !

Mentor lui répondoit patiemment :
Il faut compter sur l'ingratitude des hom-
mes, & ne laisser pas de leur faire du bien :
il faut les servir moins pour l'amour d'eux,
que pour l'amour des dieux qui l'ordon-
nent. Le bien qu'on fait n'est jamais per-
du : si les hommes l'oublient, les dieux s'en
souviennent

souviennent & le récompensent. De plus, si la multitude est ingrate, il y a toujours des hommes vertueux qui sont touchés de votre vertu. La multitude même, quoique changeante & capricieuse, ne laisse pas de faire tôt ou tard une espece de justice à la véritable vertu.

Mais voulez-vous empêcher l'ingratitude des hommes ? ne travaillez point uniquement à les rendre puissans, riches, redoutables par les armes, heureux par les plaisirs : cette gloire, cette abondance & ces délices les corrompront ; ils n'en seront que plus méchans, & par conséquent plus ingrats : c'est leur faire un présent funeste ; c'est leur offrir un poison délicieux. Mais appliquez-vous à redresser leurs mœurs, à leur inspirer la justice, la sincérité, la crainte des Dieux, l'humanité, la fidélité, la modération, le désintéressement. En les rendant bons, vous les empêcherez d'être ingrats ; vous leur donnerez le véritable bien, qui est la vertu : & la vertu, si elle est solide, les attachera toujours à

celui qui la leur aura infpirée. Ainfi,
en leur donnant les véritables biens,
vous vous ferez du bien à vous-même,
& vous n'aurez point à craindre leur
ingratitude. Faut-il s'étonner que les
hommes foient ingrats pour des princes
qui ne les ont jamais exercés qu'à l'in-
juftice, qu'à l'ambition fans bornes,
qu'à la jaloufie contre leurs voifins, qu'à
l'inhumanité ; qu'à la hauteur, qu'à la
mauvaife foi ! Le prince ne doit atten-
dre d'eux que ce qu'il leur a appris à
faire. Si au contraire il travailloit par
fes exemples & par fon autorité à les
rendre bons, il trouveroit le fruit de
fon travail dans leurs vertus ; ou du
moins ils trouveroient dans la fienne &
dans l'amitié des dieux de quoi fe con-
foler de tous les mécomptes.

A peine ce difcours fut-il achevé,
que Télémaque s'avança avec empreffe-
ment vers les Phéaciens du vaiffeau qui
étoit arrêté fur le rivage. Il s'adreffa à
un vieillard d'entre eux, pour lui de-
mander d'où ils venoient, où ils alloient,

& s'il n'avoient point vu Ulyſſe. Le vieillard répondit :

Nous venons de notre iſle, qui eſt celle des Phéaciens ; nous allons chercher des marchandiſes vers l'Epire. Ulyſ-ſe, comme on vous l'a déja dit, a paſſé dans notre patrie, mais il en eſt parti. Quel eſt, ajouta auſſi-tôt Télémaque, cet homme ſi triſte qui cherche les lieux les plus déſerts en attendant que votre vaiſſeau parte ? C'eſt, répondit le vieillard, un étranger qui nous eſt inconnu : mais on dit qu'il ſe nomme Cléomenes ; qu'il eſt né en Phrygie ; qu'un oracle avoit prédit à ſa mère, avant ſa naiſſance, qu'il ſeroit roi, pourvu qu'il ne demeurât point dans ſa patrie ; & que, s'il y demeuroit, la colere des dieux ſe feroit ſentir aux Phrygiens par une cruelle peſte. Dès qu'il fut né, ſes parens le donnerent à des matelots qui le porterent dans l'iſle de Lesbos. Il y fut nourri en ſecret aux dépens de ſa patrie, qui avoit un ſi grand intérêt de le tenir éloigné. Bientôt il devint grand, robuste, agréable, & adroit à tous les exercices du corps ; il s'appliqua même avec beaucoup de goût & de génie aux sciences & aux beaux arts : mais on ne put le souffrir dans aucun pays. La prédiction faite sur lui devint célebre ; on le reconnut bientôt par-tout où il alla ; par-tout les rois craignoient qu'il ne leur enlevât leurs diadêmes. Ainsi il est errant depuis sa jeunesse, & il ne peut trouver aucun lieu du monde où il lui soit libre de s'arrêter. Il a souvent passé chez des peuples fort éloignés du sien ; mais à peine est-il arrivé dans une ville, qu'on y découvre sa naissance & l'oracle qui le regarde. Il a beau se cacher, & choisir en chaque lieu quelque genre de vie obscure : ses talens éclatent toujours, dit-on, malgré lui, & pour la guerre, & pour les lettres, & pour les affaires les plus importantes ; il se présente toujours en chaque pays quelque occasion imprévue qui l'entraîne, & qui le fait connoître au public. C'est son mérite qui fait son

malheur ; il le fait craïndre & l'exclut
de tous les pays où il veut habiter. Sa
deftinée eft d'être eftimé, aimé, ad-
miré par-tout, mais rejetté de toutes les
terres connues. Il n'eft plus jeune, &
cependant il n'a pu encore trouver au-
cune côte, ni de l'Afie ni de la Grece,
où l'on ait voulu le laiffer vivre en quel-
que repos. Il paroît fans ambition, &
il ne cherche aucune fortune : il fe trou-
veroit trop heureux que l'oracle ne lui
eût jamais promis la royauté. Il ne lui
refte aucune efpérance de revoir jamais
fa patrie ; car il fait qu'il ne pourroit
porter que le deuil & les larmes dans
toutes les familles. La royauté même
pour laquelle il fouffre ne lui paroît point
defirable ; il court malgré lui après elle,
par une trifte fatalité, de royaume en
royaume, & elle femble fuir devant lui
pour fe jouer de ce malheureux jufqu'à
fa vieilleffe : funefte préfent des dieux
qui trouble tous fes plus beaux jours, &
qui ne lui caufe que des peines, dans
l'âge où l'homme infirme n'a plus be-

foin que de repos ! Il s'en va, dit-il, chercher vers la Thrace quelque peuple fauvage & fans loix qu'il puiffe affembler, policer & gouverner pendant quelques années ; après quoi, l'oracle étant accompli, on n'aura plus rien à craindre de lui dans les royaumes les plus floriffans ; il compte de fe retirer alors dans un village de Carie, où il s'adonnera à l'agriculture, qu'il aime paffionnément. C'eft un homme fage & modéré, qui craint les dieux, qui connoît bien les hommes, & qui fait vivre en paix avec eux, fans les eftimer. Voilà ce qu'on raconte de cet étranger dont vous me demandez des nouvelles.

Pendant cette converfation, Télémaque retournoit fouvent les yeux vers la mer, qui commençoit à être agitée. Le vent foulevoit les flots qui venoient battre les rochers, les blanchiffant de leur écume. Dans ce moment le vieillard dit à Télémaque : Il faut que je parte ; mes compagnons ne peuvent m'attendre. En difant ces mots, il court au rivage : on s'embarque ; on n'entend que cris confus fur ce rivage , par l'ardeur des mariniers impatiens de partir.

Cet inconnu qu'on nommoit Cléomenes avoit erré quelque tems dans le milieu de l'ifle , montant fur le fommet de tous les rochers , & confidérant de là l'efpace immenfe des mers avec une triftefle profonde. Télémaque ne l'avoit point perdu de vue , & il ne ceffoit d'obferver fes pas. Son cœur étoit attendri pour un homme vertueux , errant , malheureux , deftiné aux plus grandes chofes , & fervant de jouet à une rigoureufe fortune , loin de fa patrie. Au moins , difoit-il en lui-même , peut-être reverrai-je Ithaque : mais ce Cléomenes ne peut jamais revoir la Phrygie. L'exemple d'un homme encore plus malheureux que lui adouciffoit la peine de Télémaque. Enfin cet homme , voyant fon vaiffeau prêt , étoit defcendu de ces rochers efcarpés avec autant de vîteffe & d'agilité qu'Apollon , dans les forêts de Lycie , ayant noué fes cheveux blonds ,

paſſe au travers des précipices pour aller
percer de ſes fleches les cerfs & les ſan-
gliers. Déja cet inconnu eſt dans le vaiſ-
ſeau, qui fend l'onde amere & qui s'é-
loigne de la terre.

Alors une impreſſion ſecrete de dou-
leur ſaiſit le cœur de Télémaque: il s'af-
flige ſans ſavoir pourquoi ; les larmes
coulent de ſes yeux, & rien ne lui eſt
ſi doux que de pleurer. En même tems
il apperçoit ſur le rivage tous les mari-
niers de Salente couchés ſur l'herbe, &
profondément endormis. Ils étoient las &
abattus : le doux ſommeil s'étoit inſinué
dans leurs membres, & tous les humi-
des pavots de la nuit avoient été répan-
dus ſur eux en plein jour par la puiſ-
ſance de Minerve. Télémaque eſt étonné
de voir cet aſſoupiſſement univerſel des
Salentins, pendant que les Phéaciens
avoient été ſi attentifs & ſi diligens pour
profiter du vent favorable : mais il eſt
encore plus occupé à regarder le vaiſ-
ſeau phéacien prêt à diſparoître au mi-
lieu des flots, qu'à marcher vers les Sa-

lentins pour les éveiller : un étonne-
ment & un trouble fecret tiennent fes
yeux attachés vers ce vaiffeau déja parti,
dont il ne voit plus que les voiles qui
blanchiffent un peu dans l'onde azurée.
Il n'écoute pas même Mentor qui lui
parle ; & il eft tout hors de lui-même ,
dans un tranfport femblable à celui des
Ménades lorfqu'elles tiennent le thyrfe
en main , & qu'elles font retentir de
leurs cris infenfés les rives de l'Hebre
& les montagnes de Rhodope & d'If-
mare.

Enfin il revient un peu de cette ef-
pece d'enchantement ; & les larmes re-
commencent à couler de fes yeux. Alors
Mentor lui dit : Je ne m'étonne point ,
mon cher Télémaque , de vous voir
pleurer ; la caufe de votre douleur , qui
vous eft inconnue , ne l'eft pas à Men-
tor : c'eft la nature qui parle , & qui fe
fait fentir : c'eft elle qui attendrit votre
cœur. L'inconnu qui vous a donné une
fi vive émotion eft le grand Ulyffe : ce
qu'un vieillard phéacien vous a raconté,

de lui fous le nom de Cléomenes n'eft
qu'une fiction faite pour cacher plus sû-
rement le retour de votre pere dans fon
royaume. Il s'en va tout droit à Ithaque ;
déja il eft bien près du port , & il revoit
enfin ces lieux fi long-temps defirés. Vos
yeux l'ont vu , comme on vous l'avoit
prédit autrefois , mais fans le connoître :
bientôt vous le verrez & vous le con-
noîtrez , & il vous connoîtra ; mais main-
tenant les dieux ne pouvoient permettre
votre reconnoiffance hors d'Ithaque. Son
cœur n'a pas été moins ému que le vô-
tre ; il eft trop fage pour fe découvrir à
nul mortel , dans un lieu où il pourroit
être expofé à des trahifons , & aux in-
fultes des cruels amans de Pénélope.
Ulyffe votre pere eft le plus fage de tous
les hommes ; fon cœur eft comme un
puits profond , on ne fauroit y puifer
fon fecret. Il aime la vérité , & ne dit
jamais rien qui la bleffe : mais il ne la
dit que pour le befoin ; & la fageffe ,
comme un fceau , tient toujours fes le-
vres fermées à toutes paroles inutiles.

Combien a-t-il été ému en vous parlant !
combien s'eft-il fait de violence pour ne
fe point découvrir ! que n'a-t-il pas fouf-
fert en vous voyant ! Voilà ce qui le
rendoit trifte & abattu.

Pendant ce difcours, Télémaque, at-
tendri & troublé, ne pouvoit retenir un
torrent de larmes ; les fanglots l'empê-
cherent même long-temps de répondre ;
enfin il s'écria : Hélas ! mon cher Men-
tor, je fentois bien dans cet inconnu je
ne fais quoi qui m'attiroit à lui & qui
remuoit toutes mes entrailles. Mais pour-
quoi ne m'avez-vous pas dit, avant fon
départ, que c'étoit Ulyffe, puifque vous
le connoiffiez ? Pourquoi l'avez-vous
laiffé partir fans lui parler, & fans faire
femblant de le connoître ? Quel eft donc
ce myftere ? Serai-je toujours malheu-
reux ? les dieux irrités me veulent-ils
tenir comme Tantale altéré, qu'une eau
trompeufe amufe, s'enfuyant de fes lè-
vres avides ! Ulyffe ! Ulyffe ! m'avez-
vous échappé pour jamais ? Peut-être ne
..e verrai-je plus ! Peut-être que les amans

de Pénélope le feront tomber dans les embûches qu'ils me préparoient ! Au moins, si je le suivois, je mourrois avec lui ! O Ulysse ! ô Ulysse ! si la tempête ne vous rejette point encore contre quelque écueil (car j'ai tout à craindre de la fortune ennemie) , je tremble de peur que vous n'arriviez à Ithaque avec un sort aussi funeste qu'Agamemnon à Mycenes. Mais pourquoi, cher Mentor, m'avez-vous envié mon bonheur ? Maintenant je l'embrasserois ; je serois déja avec lui dans le port d'Ithaque ; nous combattrions pour vaincre tous nos ennemis.

Mentor lui répondit en souriant : Voyez, mon cher Télémaque, comment les hommes sont faits : vous voilà tout désolé parce que vous avez vu votre pere sans le reconnoître. Que n'eussiez-vous pas donné hier pour être assuré qu'il n'étoit pas mort ? aujourd'hui vous en êtes assuré par vos propres yeux ; & cette assurance, qui devroit vous combler de joie, vous laisse dans l'amertume. Ainsi

le cœur malade des mortels compte tou-
jours pour rien ce qu'il a le plus defiré ,
dès qu'il le poffede ; & il eft ingénieux
pour fe tourmenter fur ce qu'il ne pof-
fede pas encore.

C'eft pour exercer votre patience ,
que les dieux vous tiennent ainfi en fuf-
pens. Vous regardez ce tems comme
perdu ; fachez que c'eft le plus utile de
votre vie, car il vous exerce dans la plus
néceffaire de toutes les vertus pour ceux
qui doivent commander. Il faut être pa-
tient, pour devenir maître de foi & des
autres : l'impatience, qui paroît une
force & une vigueur de l'ame, n'eft
qu'une foibleffe & une impuiffance de
fouffrir la peine. Celui qui ne fait pas
attendre & fouffrir , eft comme celui qui
ne fait pas fe taire fur un fecret : l'un
& l'autre manquent de fermeté pour fe
retenir, comme un homme qui court
dans un chariot , & qui n'a pas la main
affez ferme pour arrêter , quand il le
faut , fes courfiers fougueux ; ils n'obéif-
fent plus au frein , ils fe précipitent ; &

l'homme foible auquel ils échappent, est brisé dans sa chûte. Ainsi l'homme impatient est entraîné par ses desirs indomptés & farouches dans un abîme de malheurs : plus sa puissance est grande, plus son impatience lui est funeste : il n'attend rien ; il ne se donne le tems de rien mesurer ; il force toutes choses pour se contenter ; il rompt les branches pour cueillir le fruit avant qu'il soit mûr ; il brise les portes, plutôt que d'attendre qu'on les lui ouvre ; il veut moissonner quand le sage laboureur seme : tout ce qu'il fait à la hâte & à contre-tems est mal fait, & ne peut avoir de durée non plus que ses desirs volages. Tels sont les projets insensés d'un homme qui croit pouvoir tout, & qui se livre à ses desirs impatiens pour abuser de sa puissance. C'est pour vous apprendre à être patient, mon cher Télémaque, que les dieux exercent tant votre patience, & semblent se jouer de vous dans la vie errante où ils vous tiennent toujours incertain. Les biens que vous espérez se montrent à vous, & s'enfuient comme un songe léger que le réveil fait disparoître, pour vous apprendre que les choses mêmes qu'on croit tenir dans ses mains échappent dans l'instant. Les plus sages leçons d'Ulysse ne vous seront pas aussi utiles que sa longue absence & les peines que vous souffrez en le cherchant.

Ensuite Mentor voulut mettre la patience de Télémaque à une derniere épreuve encore plus forte. Dans le moment où le jeune homme alloit avec ardeur presser les matelots pour hâter le départ, Mentor l'arrêta tout-à-coup, & l'engagea à faire sur le rivage un grand sacrifice à Minerve. Télémaque fait avec docilité ce que Mentor veut. On dresse deux autels de gazon ; l'encens fume, le sang des victimes coule. Télémaque pousse des soupirs tendres vers le ciel, & reconnoît la puissante protection de la déesse.

A peine le sacrifice est-il achevé, qu'il suit Mentor dans les routes sombres d'un petit bois voifin. Là il apperçoit tout-à-coup que le vifage de fon ami prend une nouvelle forme : les rides de fon front s'effacent , comme les ombres difparoif-fent quand l'Aurore , de fes doigts de rofe , ouvre les portes de l'orient , & enflamme tout l'horifon ; fes yeux creux & aufteres fe changent en des yeux bleus d'une douceur célefte & pleins d'une flamme divine ; fa barbe grife & négli-gée difparoît ; des traits nobles & fiers , mêlés de douceur & de grace , fe mon-trent aux yeux de Télémaque ébloui. Il reconnoît un vifage de femme , avec un teint plus uni qu'une fleur tendre & nou-vellement éclofe au foleil : on y voit la blancheur des lis mêlée de rofes naif-fantes. Sur ce vifage fleurit une éternelle jeuneffe avec une majefté fimple & né-gligée : une odeur d'ambrofie fe répand de fes cheveux flottans : fes habits écla-tent comme les vives couleurs dont le foleil , en fe levant , peint les fombres voûtes du ciel & les nuages qu'il vient dorer. Cette divinité ne touche point du pied à terre ; elle coule légèrement dans l'air comme un oiseau le fend de ses aîles. Elle tient de sa puissante main une lance brillante, capable de faire trembler les villes & les nations les plus guerrieres ; Mars même en seroit effrayé. Sa voix est douce & modérée, mais forte & insinuante : toutes ses paroles sont des traits de feu qui percent le cœur de Télémaque ; & qui lui font ressentir je ne sais quelle douleur délicieuse : sur son casque paroît l'oiseau triste d'Athenes, & sur sa poitrine brille la redoutable égide. A ces marques, Télémaque reconnoît Minerve.

O déesse, dit-il, c'est donc vous-même qui avez daigné conduire le fils d'Ulysse pour l'amour de son pere !.... Il vouloit en dire d'avantage ; mais la voix lui manqua, ses levres s'efforçoient en vain d'exprimer les pensées qui sortoient avec impétuosité du fond de son cœur : la divinité présente l'accabloit, & il étoit comme un homme qui dans un songe est oppressé jusqu'à perdre la respiration,

& qui, par l'agitation pénible de fes levres, ne peut former aucune voix.

Enfin Minerve prononça ces paroles: Fils d'Ulyffe, écoutez-moi pour la dernière fois. Je n'ai inftruit aucun mortel avec autant de foin que vous; je vous ai mené par la main au travers des naufrages, des terres inconnues, des guerres fanglantes, & de tous les maux qui peuvent éprouver le cœur de l'homme. Je vous ai montré par des expériences fenfibles les vraies & les fauffes maximes par lefquelles on peut régner. Vos fautes ne vous ont pas été moins utiles que vos malheurs: car quel eft l'homme qui peut gouverner fagement s'il n'a jamais fouffert, & s'il n'a jamais profité des fouffrances où fes fautes l'ont précipité?

Vous avez rempli, comme votre pere, les terres & les mers de vos triftes aventures. Allez, vous êtes maintenant digne de marcher fur fes pas. Il ne vous refte plus qu'un court & facile trajet jufques à Ithaque, où il arrive dans ce moment: combattez avec lui, & obéiffez-lui com-

me le moindre de ſes ſujets; donnez-en
l'exemple aux autres. Il vous donnera
pour épouſe Antiope, & vous ſerez heu-
reux avec elle, pour avoir moins cherché
la beauté que la ſageſſe & la vertu.

Lorſque vous régnerez, mettez toute
votre gloire à renouveller l'âge d'or : écou-
tez tout le monde ; croyez peu de gens ;
gardez - vous bien de vous croire trop
vous-même : craignez de vous tromper ;
mais ne craignez jamais de laiſſer voïr
aux autres que vous avez été trompé.

Aimez les peuples; n'oubliez rien pour
en être aimé. La crainte eſt néceſſaire
quand l'amour manque : mais il la faut
toujours employer à regret, comme les
remedes violens & les plus dangereux.

Conſidérez toujours de loin toutes les
ſuites de ce que vous voudrèz entrepren-
dre ; prévoyez les plus terribles inconvé-
niens ; & ſachez que le vrai courage con-
ſiſte à enviſager tous les périls, & à les
mépriſer quand ils deviennent néceſſai-
res. Celui qui ne veut pas les voir n'a pas
aſſez de courage pour en ſupporter tran-

quillement la vue : celui qui les voit tous,
qui évite tous ceux qu'on peut éviter, &
qui tente les autres fans s'émouvoir, eft
le feul fage & magnanime.

Fuyez la molleſſe, le faſte, la profu-
fion ; mettez votre gloire dans la fimpli-
cité : que vos vertus & vos bonnes ac-
tions foient les ornemens de votre per-
fonne & de votre palais ; qu'elles foient
la garde qui vous environne ; & que tout
le monde apprenne de vous en quoi
confifte le vrai honneur.

N'oubliez jamais que les rois ne re-
gnent point pour leur propre gloire, mais
pour le bien des peuples. Les biens qu'ils
font s'étendent jufques dans les fiecles
les plus éloignés : les maux qu'ils font fe
multiplient de génération en génération
jufqu'à la poftérité la plus reculée. Un
mauvais regne fait quelquefois la cala-
mité de plufieurs fiecles.

Sur-tout foyez en garde contre votre
humeur ; c'eft un ennemi que vous por-
terez par-tout avec vous jufques à la
mort ; il entrera dans vos confeils, &

vous trahira fi vous l'écoutez. L'humeur fait perdre les occafions les plus importantes : elle donne des inclinations & des averfions d'enfant, au préjudice des plus grands intérêts ; elle fait décider les plus grandes affaires par les plus petites raifons ; elle obfcurcit tous les talens, rabaiffe le courage, rend un homme inégal, foible, vil & infupportable: Défiez-vous de cet ennemi.

Craignez les dieux, ô Télémaque ; cette crainte eft le plus grand tréfor du cœur de l'homme : avec elle vous viendront la fageffe, la juftice, la paix, la joie, les plaifirs purs, la vraie liberté, la douce abondance, la gloire fans tache.

Je vous quitte ; ô fils d'Ulyffe : mais ma fageffe ne vous quittera point, pourvu que vous fentiez toujours que vous ne pouvez rien fans elle. Il eft tems que vous appreniez à marcher tout feul. Je ne me fuis féparée de vous en Egypte & à Salente, que pour vous accoutumer à être privé de cette douceur, comme on fevre les enfans lorfqu'il eft tems de

leur ôter le lait pour leur donner des ali-
mens folides.

A péine la déeffe eut achevé ce dif-
cours, qu'elle s'éleva dans les airs, &
s'enveloppa d'un nuage d'or & d'azur,
où elle difparut. Télémaque, foupirant,
étonné, & hors de lui-même, fe prof-
terna à terre, levant les mains au ciel :
puis il alla éveiller fes compagnons, fe
hâta de partir, arriva à Ithaque, & re-
connut fon pere chez le fidele Eumée.

Fin du vingt-quatrieme & dernier Livre.

GES

UE,

lou .

1

Nicopolis
Issus

nine

rthosie
Bobris

Tyr
Sidon
Phenicie
Sa narie

Jerus em

er Morte

ie Petrée

OUGE

lis

ODE.

I.

MONTAGNES * de qui l'audace
Va porter jufqu'aux Cieux
Un front d'éternelle glace;
Soutien du féjour des Dieux,
Deffus vos têtes chenues,
Je cueille au-deffus des nues
Toutes les fleurs du Printems.
A mes pieds, contre la terre,
J'entends gronder le tonnerre,
Et tomber mille torrens.

II.

Semblables aux monts de Thrace,
Qu'un Géant audacieux
Sur les autres monts entaffe
Pour efcalader les Cieux,
Vos fommets font des campagnes
Qui portent d'autres montagnes;
Et s'élevant par dégrés,
De leurs orgueilleufes têtes
Vont affronter les tempêtes
De tous les Vents conjurés.

* Montagnes d'Auvergne où il étoit alors.

III.

Dès que la vermeille Aurore
De ſes feux étincelans
Toutes ces montagnes dore,
Les tendres agneaux bêlans
Errent dans les pâturages;
Bientôt les ſombres bocages
Plantés le long des ruiſſeaux,
Et que les Zéphyrs agitent,
Bergers & troupeaux invitent
A dormir au bruit des eaux.

I V.

Mais dans ce rude payſage
Où tout eſt capricieux
Et d'une beauté ſauvage,
Rien ne rappelle à mes yeux
Les bords que mon fleuve arroſe;
Fleuve où jamais le vent n'oſe
Les moindres flots ſoulever,
Où le Ciel ſerein nous donne
Le Printems après l'Automne
Sans laiſſer place à l'Hiver.

V.

Solitude *, où la riviere
Ne laiſſe entendre autre bruit

---

* Carcenac, petite Abbaye ſur la Dordogne, qu'il
avoit alors.

Que celui d'une onde claire
Qui tombe, écume & s'enfuit ;
Où deux Isles fortunées,
De rameaux verds couronnées,
Font pour le charme des yeux,
Tout ce que le cœur desire ?
Que ne puis-je, sur ma lyre,
Te chanter du chant des Dieux !

V I.

De Zéphyr la douce haleine
Qui reverdit nos buissons,
Fait sur le dos de la plaine
Flotter les jaunes moissons
Dont Cerès emplit nos granges ;
Bacchus lui-même, aux vendanges,
Vient empourprer le raisin ;
Et du penchant des collines,
Sur les campagnes voisines,
Verse des fleuves de vin.

V I I.

Je vois au bout des campagnes
Pleines de sillons dorés,
S'enfuir vallons & montagnes
Dans les lointains azurés,
Dont la bizarre figure
Est un jeu de la nature.
Sur les rives du canal,
Comme en un miroir fidelle ;

L'horifon fe renouvelle ,
Et fe peint dans ce cryftal.

V I I I.

Avec les fruits de l'Automne
Sont les parfums du Printems ,
Et la vigne fe couronne
De mille feftons pendans ;
Ce fleuve aimant les prairies ,
Qui dans les Ifles fleuries
Ornent fes canaux divers ,
Par des eaux ici dormantes ,
Là, rapides & bruyantes ,
En baigne les tapis verds.

I. X.

Danfant fur les violettes ,
Le Berger mêle fa voix
Avec le fon des mufettes ,
Des flûtes & des hauts-bois.
Oifeaux, par votre ramage ,
Tous foucis dans ce bocage
De tous cœurs font effacés ;
Colombes & tourterelles ,
Tendres, plaintives, fidelles ,
Vous feules y gémiffez.

X.

Une herbe tendre & fleurie
M'offre des lits de gazon ;
Une douce rêverie

Tient mes fens & ma raifon :
A ce charme je me livre,
De ce nectar je m'enivre,
Et les Dieux en font jaloux.
Dé la Cour flatteurs menfonges
Vous reffemblez à mes fonges,
Trompeurs comme eux, mais moins doux.

X I.

A l'abri des noirs orages,
Qui font foudroyer les Grands,
Je trouve fous ces feuillages
Un afyle en tous les tems :
Là, pour commencer à vivre,
Je puife feul & fans livre
La profonde vérité ;
Puis la Fable avec l'Hiftoire
Viennent peindre à ma mémoire
L'ingénue antiquité.

X I I.

Des Grecs je vois le plus fage *,
Jouet d'un indigne fort,
Tranquille dans fon naufrage,
Et circonfpect dans le port.
Vainqueur des vents en furie,
Pour fa fauvage Patrie,
Bravant les flots nuit & jour.
O ! combien de mon bocage

---

* Ulyffe.

S ij

Le calme, le frais, l'ombrage ;
Méritent mieux mon amour !

XIII.

Je goûte loin des alarmes ;
Des Muses l'heureux loisir ;
Rien n'expose au bruit des armes
Mon silence & mon plaisir.
Mon cœur content de ma lyre ;
A nul autre honneur n'aspire
Qu'à chanter un si doux bien.
Loin, loin, trompeuse fortune ;
Et toi, faveur importune ;
Le monde entier ne m'est rien.

XIV.

En quelque climat que j'erre ;
Plus que tous les autres lieux
Cet heureux coin de la terre
Me plaît & rit à mes yeux :
Là, pour couronner ma vie,
La main d'une Parque amie
Filera mes plus beaux jours ;
Là reposera ma cendre ;
Là Tyrcis * viendra répandre
Les pleurs dûs à nos amours.

---

* M. l'Abbé de Langeron.

F I N.

DISCOURS

DE

LA POÉSIE ÉPIQUE,

ET

DE L'EXCELLENCE DU POEME

DE

TÉLÉMAQUE,

O
fin d
fic.

Sı l'on pouvoit goûter la vérité toute
nue, elle n'auroit pas besoin, pour se fai-
re aimer, des ornemens que lui prête l'i-
magination ; mais sa lumiere , pure &
délicate , ne flatte pas assez ce qu'il y a
de sensible en l'homme ; elle demande une
attention qui gêne trop son inconstance
naturelle. Pour l'instruire, il faut lui don-
ner , non-seulement des idées pures qui
l'éclairent , mais encore des images sen-
sibles qui l'arrêtent dans une vue fixe de
la vérité. Voilà la source de l'Eloquence,
de la Poésie & de toutes les Sciences qui

font du reffort de l'imagination. C'eft la foibleffe de l'homme qui rend ces Sciences néceffaires. La beauté fimple & immuable de la vertu ne le touche pas toujours. Il ne fuffit point de lui montrer la vérité; il faut la peindre aimable. *

Nous examinerons le Poëme de Télémaque, felon ces deux vues, d'inftruire & de plaire ; & nous tâcherons de faire voir que l'Auteur a inftruit plus que les Anciens par la fublimité de fa Morale, & qu'il a plû autant qu'eux en imitant toutes leurs beautés.

r for- oéfies ues.

Il y a deux manieres d'inftruire les hommes pour les rendre bons. La premiere, en leur montrant la difformité du vice, & fes fuites funeftes ; c'eft le deffein principal *de la Tragédie.* La feconde, en leur découvrant la beauté de la vertu, & fa fin heureufe : c'eft le cáractere propre à *l'Epopée,* ou Poëme Epique. Les paffions qui appartiennent à l'une font la terreur & la pitié. Celles qui conviennent à l'autre font l'admiration & l'amour. Dans l'une les Acteurs parlent, & dans l'autre le Poëte fait la narration.

---

* *Omne tulit punctum, qui mifcuit utile dulci ;*
Lectorem delectando, pariterque monendo.

HOR. ART. POIT.

On peut définir le Poëme Épique, une *Fable racontée par un Poëte pour ex-citer l'admiration, & inspirer l'amour de la vertu, en nous repréfentant l'action d'un Héros favorifé du ciel, qui exécute un grand deffein, malgré tous les obftacles qui s'y oppofent.* Il y a donc trois cho-fes dans l'Epopée, l'*Action*, la *Morale* & la *Poéfie*.

D & di la P que.

I. De l'Action Epique.

L'Action doit être *grande, une, entie-re, merveilleufe, & d'une certaine durée.* Télémaque a toutes ces qualités. Com-parons-le avec les deux modeles de la Poéfie Epique, Homere & Virgile, & nous en ferons convaincus.

Q l'Aĉt que.

Nous ne parlerons que de l'Odyffée, dont le plan a plus de conformité avec ce-lui de Télémaque. Dans ce Poëme, Home-re introduit un Roi fage revenant d'une guerre étrangere, où il avoit donné des preuves éclatantes de fa prudence & de fa valeur ; des tempêtes l'arrêtent en che-min, & le jettent dans divers pays, dont il apprend les Mœurs, les Loix, la Poli-tique. De-là naiffent naturellement une in-finité d'incidents & de périls. Mais fachant combien fon abfence caufoit de défordres dans fon Royaume, il furmonte tous ces obftacles, méprife tous les plaifirs de la

D l'Od

S iv

vie ; l'immortalité même ne le touche
point ; il renonce à tout pour soulager
son Peuple & revoir sa Famille.

de   Dans l'Enéide, un Héros pieux & bra-
ve, échappé des ruines d'un Etat puissant,
est destiné par les Dieux pour en conser-
ver la Religion, & pour établir un Em-
pire plus grand & plus glorieux que le
premier. Ce Prince, choisi pour Roi par
les restes infortunés de ses Concitoyens,
erre long-tems avec eux dans plusieurs
Pays, où il apprend tout ce qui est néces-
saire à un Roi, à un Législateur, à un
Pontife. Il trouve enfin un asyle dans des
terres éloignées, d'où ses Ancêtres étoient
sortis ; il défait plusieurs ennemis puissans
qui s'opposent à son établissement, & jet-
te les fondemens d'un Empire, qui de-
voit être un jour le maître de l'Univers.

Té.   L'Action du Télémaque unit ce qu'il y a
de grand dans l'un & dans l'autre de ces
deux Poëmes. On y voit un jeune Prin-
ce, animé par l'amour de la Patrie, aller
chercher son Pere, dont l'absence causoit
le malheur de sa Famille & de son Royau-
me. Il s'expose à toutes sortes de périls ;
il se signale par des vertus héroïques ; il
renonce à la Royauté, & à des Couron-
nes plus considérables que la sienne ; &
parcourant plusieurs terres inconnues,
apprend tout ce qu'il faut pour gouverner

ùn jour , felon la prudence d'Ulyſſé , la
piété d'Enée , & la valeur de tous les
deux , en ſage Politique , en Prince reli-
gieux , en Héros accompli.

L'Action de l'Epopée doit être Une. l'a
Le Poëme Epique n'eſt pas une Hiſtoire être
comme la Pharſale de Lucain , & la Guer-
re Punique de Silius Italicus ; ni la vie
toute entiere d'un Héros comme l'Achil-
léide de Stace : l'unité du Héros ne fait
pas l'unité de l'Action. La vie de l'homme
eſt pleine d'inégalités. Il change ſans ceſſe
de deſſein , ou par l'inconſtance de ſes
paſſions , ou par les accidens imprévus de
la vie. Qui voudroit décrire tout l'hom-
me , ne formeroit qu'un tableau bizarre ,
un contraſte de paſſions oppoſées ſans
liaiſon & ſans ordre. C'eſt pourquoi l'E-
popée n'eſt pas la louange d'un Héros
qu'on propoſe pour modele ; mais le ré-
cit d'une action grande & illuſtre qu'on
donne pour exemple.

Il en eſt de la Poéſie comme de la D
Peinture ; l'unité de l'action principale des
n'empêche pas qu'on n'y inſére pluſieurs
incidens particuliers. Le deſſein eſt for-
mé dès le commencement du Poëme , le
Héros en vient à bout en franchiſſant
tous les obſtacles. C'eſt le récit de ces
oppoſitions qui fait les Epiſodes ; mais
tous ces Epiſodes dépendent de l'action
S v

principale , & font tellement liés avec
elle , & fi unis entre eux , que le tout
enfemble ne préfente qu'un feul tableau,
compofé de plufieurs figures dans une
belle ordonnance & dans une jufte pro-
portion.

Je n'examine point ici s'il eft vrai
qu'Homere noie quelquefois fon action
principale dans la longueur & le nombre
de fes Epifodes ; fi fon action eft dou-
ble ; s'il perd fouvent de vue fes prin-
cipaux perfonnages. Il fuffit de remarquer
que l'Auteur du Télémaque a imité par-
tout la régularité de Virgile , en évitant
les défauts qu'on impute au Poëte Grec.
Tous les Epifodes de nôtre Auteur font
continus , & fi habilement enclavés les
uns dans les autres, que le premier ame-
ne celui qui fuit. Ses principaux Perfon-
nages ne difparoiffent point , & les tran-
fitions qu'il fait de l'Epifode à l'action
principale , font toujours fentir l'unité
du deffein. Dans les fix premiers Livres
où Télémaque parle & fait le récit de
fes aventures à Calypfo , ce long Epi-
fode , à l'imitation de celui de Didon ,
eft raconté avec tant d'art , que l'unité
de l'action principale eft demeurée par-
faite. Le lecteur y eft en fufpens , &
fent dès le commencement que le féjour
de ce Héros dans cette Ifle , & ce qui

s'y paffe, n'eft qu'un obftacle qu'il faut
furmonter. Dans le XIII & XIV Livre
où Mentor inftruit Idoménée, Télémaque n'eft pas préfent, il eft à l'armée;
mais c'eft Mentor, un des principaux
perfonnages du Poëme, qui fait tout en
vue de Télémaque, & pour fon inftruction; de forte que cet Epifode eft parfaitement lié avec le deffein principal.
C'eft encore un grand art dans notre Auteur, de faire entrer dans fon Poëme des
Epifodes qui ne font pas des fuites de
fa Fable principale, fans rompre, ni l'unité, ni la continuité de l'action. Ces
Epifodes y trouvent place, non-feulement comme des inftructions importantes pour un jeune Prince, ce qui eft le
grand deffein du Poëte, mais parce qu'il
les fait raconter à fon Héros dans le tems
d'une inaction pour en remplir le vuide.
C'eft ainfi qu'Adoam inftruit Télémaque
des Mœurs & des Loix de la Bétique
pendant le calme d'une navigation; &
Philoctete lui raconte fes malheurs, tandis que ce jeune Prince eft au camp des
Alliés, en attendant le jour du combat.

L'action Epique doit être entiere. Cette intégrité fuppofe trois chofes : la caufe, le nœud & le dénouement. La caufe
de l'action doit être digne du Héros, &
conforme à fon caractere. Tel eft le

deſſein du Télémaque. Nous l'avons déja vu.

œud.   Le nœud doit être naturel, & tiré du fonds de l'action. Dans l'Odyſſée, c'eſt Neptune qui le forme ; dans l'Enéide, c'eſt la colere de Junon ; dans le Télémaque, c'eſt la haine de Vénus. Le nœud de l'Odyſſée eſt naturel, parce que naturellement il n'y a point d'obſtacle qui ſoit plus à craindre pour ceux qui vont ſur mer, que la mer même. L'oppoſition de Junon dans l'Énéide, comme ennemie des Troyens, eſt une belle fiction. Mais la haine de Vénus, contre un jeune Prince qui mépriſe la volupté par amour de la vertu, & dompte ſes paſſions par le ſecours de la Sageſſe, eſt une Fable tirée de la nature, qui renferme en même-tems une Morale ſublime.

Dé-
nt.   Le Dénouement doit être auſſi naturel que le nœud. Dans l'Odyſſée, Ulyſſe arrive parmi les Phéaciens, leur raconte ſes aventures ; & ces Inſulaires, amateurs des Fables, charmés de ſes récits, lui fourniſſent un vaiſſeau pour retourner chez lui : le dénouement eſt ſimple & naturel. Dans l'Enéide, Turnus eſt le ſeul obſtacle à l'établiſſement d'Enée. Ce Héros, pour épargner le ſang de ſes Troyens & celui des Latins, dont il ſera bientôt Roi, vuide la querelle par

un combat singulier : ce dénouement est noble. Celui de Télémaque est tout ensemble naturel & grand. Ce jeune Héros, pour obéir aux ordres du Ciel, surmonte son amour pour Antiope, & son amitié pour Idoménée, qui lui offroit sa couronne & sa fille. Il sacrifie les passions les plus vives, & les plaisirs même les plus innocens, au pur amour de la vertu. Il s'embarque pour Ithaque sur des vaisseaux que lui fournit Idoménée, à qui il avoit rendu tant de services.

Quand il est près de sa Patrie, Minerve le fait relâcher dans une petite Isle déserte, où elle se découvre à lui. Après l'avoir accompagné à son insçu au travers des mers orageuses, de terres inconnues, de guerres sanglantes, & de tous les maux qui peuvent éprouver le cœur de l'homme, la Sagesse le conduit enfin dans un lieu solitaire. C'est-là qu'elle lui parle, qu'elle lui annonce la fin de ses travaux, & sa destinée heureuse ; puis elle le quitte. Si tôt qu'il va rentrer dans le bonheur & le repos, la Divinité s'éloigne, le merveilleux cesse, l'action héroïque finit. C'est dans la souffrance que l'homme se montre Héros, & qu'il a besoin d'un appui tout divin. Ce n'est qu'après avoir souffert, qu'il est capable de marcher

feul , de fe conduire lui-même , & de
gouverner les autres. Dans le Poëme de
Télémaque, l'obfervation des plus peti-
tes regles de l'art eft accompagnée d'une
profonde Morale.

lités
:s du
& du
ment
me E-

Outre le nœud & le dénouement gé-
néral de l'action principale, chaque Epi-
fode a fon nœud & fon dénouement
propres. Ils doivent avoir tous les mê-
mes conditions. Dans l'Epopée on ne
cherche point les intrigues furprenan-
-tes des Romans modernes. La furprife
feule ne produit qu'une paffion très-
imparfaite & paffagere. Le fublime eft
d'imiter la fimple nature, préparer les
événemens d'une maniere fi délicate ,
qu'on ne les prévoie pas , les con-
duire avec tant d'art , que tout paroiffe
naturel. On n'eft point inquiet , fuf-
pendu , détourné du but principal de
la Poéfie héroïque , qui eft l'inftruc-
tion , pour s'occuper d'un dénouement
fabuleux & d'une intrigue imaginaire.
Cela eft bon, quand le feul deffein
eft d'amufer ; mais dans un Poëme
Epique, qui eft une efpèce de Philofo-
phie morale , ces intrigues font des jeux
d'efprit au-deffous de fa gravité & de
fa nobleffe.

n doit
rveil-
Si l'Auteur du Télémaque a évité
les intrigues des Romans modernes, il

n'eſt pas tombé non plus dans le mer-
veilleux outré que quelques-uns repro-
chent aux Anciens. Il ne fait , ni par-
ler des chevaux , ni marcher des tré-
pieds , ni travailler des ſtatues. L'ac-
tion Epique doit être merveilleuſe ,
mais vraiſemblable. Nous n'admirons
point ce qui nous paroît impoſſible. Le
Poëte ne doit jamais choquer la rai-
ſon , quoiqu'il puiſſe aller quelquefois
au-delà de la Nature. Les Anciens ont
introduit les Dieux dans leurs Poëmes,
non-ſeulement pour exécuter par leur
entremiſe de grands événemens , &
unir la vraiſemblance & le merveil-
leux ; mais pour apprendre aux hom-
mes que les plus vaillans & les plus
ſages ne peuvent rien ſans le ſecours
des Dieux. Dans notre Poëme , Miner-
ve conduit ſans ceſſe Télémaque. Par-
là le Poëte rend tout poſſible à ſon Hé-
ros , & fait ſentir que ſans la Sageſſe
divine , l'homme ne peut rien. Mais
ce n'eſt pas-là tout ſon art. Le ſublime
eſt d'avoir caché la Déeſſe ſous une
forme humaine. C'eſt non - ſeulement
le vraiſemblable , mais le naturel qui
s'unit ici au merveilleux. Tout eſt di-
vin , & tout paroît humain. Ce n'eſt
pas encore tout. Si Télémaque avoit
ſu qu'il étoit conduit par une Divi-

nité, son mérite n'auroit pas été si
grand ; il en auroit été trop soutenu.
Les Héros d'Homere savent presque tou-
jours ce que les Immortels font pour
eux. Notre Poëte, en dérobant à son
Héros, le merveilleux de la fiction, a
fait admirer sa vertu & son courage.

du-
oëme La durée du Poëme Epique est plus
longue que celle de la Tragédie. Dans
celle-ci les passions règnent. Rien de
violent ne peut être de longue durée.
Mais les vertus & les habitudes, qui
ne s'acquierent pas tout d'un coup, sont
propres au Poëme Epique, & par
conséquent son action doit avoir une
plus grande étendue. L'Epopée peut ren-
fermer les actions de plusieurs années ;
mais, selon les Critiques, le tems de
l'action principale, depuis l'endroit où
le Poëte commence sa narration, ne
peut être plus long qu'une année, com-
me le tems d'une action tragique doit
être au plus d'un jour. Aristote & Ho-
race n'en disent pourtant rien. Home-
re & Virgile n'ont observé aucune rè-
gle fixe là-dessus. L'action de l'Iliade
toute entiere se passe en cinquante jours ;
celle de l'Odyssée, depuis l'endroit où
le Poëte commence sa narration, n'est
que d'environ deux mois ; celle de
l'Enéide est d'un an. Une seule campa-

gne fuffit à Télémaque depuis qu'il fort
de l'Ifle de Calypfo jufqu'à fon retour
en Ithaque. Notre Poëte a choifi le mi-
lieu entre l'impétuofité & la véhémence
avec laquelle le Poëte Grec court vers
fa fin, & la démarche majeftueufe &
mefurée du Poëte Latin, qui paroît
quelquefois lent, & femble trop allon-
ger fa narration.

Quand l'action du Poëme Epique eft De
longue, & n'eft pas continue, le Poëte ratio
divife fa Fable en deux parties ; l'une que.
où le Héros parle & raconte fes aven-
tures paffées ; l'autre où le Poëte feul
fait le récit de ce qui arrive enfuite à
fon Héros. C'eft ainfi qu'Homere ne
commence fa narration qu'après qu'U-
lyffe eft parti de l'Ifle d'Ogygie ; &
Virgile, la fienne, qu'après qu'Enée eft
arrivé à Carthage. L'Auteur du Télé-
maque a parfaitement imité ces deux
grands Modeles. Il divife fon action
comme eux en deux parties. La princi-
pale contient ce qu'il raconte, & elle
commence où Télémaque finit le récit
de fes aventures à Calypfo. Il prend
peu de matiere ; mais il la traite am-
plement. Dix-huit Livres y font em-
ployés. L'autre partie eft beaucoup plus
ample pour le nombre des incidents &
pour le tems ; mais elle eft beaucoup

plus refferrée par les circonftances. Elle
ne contient que les fix premiers Livres.
Par cette divifion de ce que notre Poëte
raconte, & de ce qu'il fait raconter à
Télémaque, il retranche les tems d'inac-
tion, comme fa captivité en Egypte, fon
emprifonnement à Tyr, &c. Il n'étend
pas trop la durée de fa narration ; il
joint enfemble la variété & la continuité
des aventures ; tout eft mouvement, tout
eft action dans fon Poëme. On ne voit
jamais fes Perfonnages oififs, ni fon Hé-
ros difparoître.

II. DE LA MORALE.

œurs. On peut recommander la vertu par les
exemples & par les inftructions, par les
mœurs & par les préceptes. C'eft ici où
notre Auteur furpaffe de beaucoup tous
les autres Poëtes.

âeres
Dieux
ere. On doit à Homere la riche invention
d'avoir perfonnalifé les attributs divins,
les paffions humaines, & les caufes
phyfiques, fource féconde de belles
fictions, qui animent & vivifient tout
dans la Poéfie. Mais fa Religion n'eft
qu'un tiffu de Fables qui n'ont rien de
propre, ni à faire refpecter, ni à faire
aimer la Divinité. Les caractères de fes
Dieux font même au-deffous de ceux de

ſes Héros. Pythagore , Platon , Philoſ-
trate, Païens comme lui, ne l'ont pas
juſtifié d'avoir ravalé ainſi la Nature di-
vine , ſous prétexte que ce qu'il en dit
eſt allégorie, tantôt phyſique , tantôt mo-
rale. Car outre qu'il eſt contre la na-
ture de la Fable de ſe ſervir des actions
morales pour figurer des effets Phyſi-
ques , il leur parut très-dangereux de
repréſenter les chocs des éléments , &
les phénomènes communs de la nature
par des actions vicieuſes attribuées aux
Puiſſances céleſtes, & d'enſeigner la mo-
rale par des allégories , dont la lettre
ne montre que le vice.

On pourroit peut-être diminuer la
faute d'Homere par les ténebres & les
mœurs de ſon ſiecle , & le peu de pro-
grès qu'on avoit fait de ſon tems dans
la Philoſophie. Sans entrer dans cette
diſcuſſion , on ſe contentera de remar-
quer que l'Auteur du Télémaque , en
imitant ce qu'il y a de beau dans les Fa-
bles du Poëte Grec, a évité deux grands
défauts qu'on lui impute. Il perſonna-
liſe comme lui les attributs divins , &
en fait des Divinités ſubalternes ; mais
il ne les fait jamais paroître qu'en des
occaſions qui méritent leur préſence ;
il ne les fait jamais parler ni agir, que
d'une maniere digne d'elles ; il unit

avec *art la Poéfie d'Homere & la Phi-
lofophie de Pythagore ;* il ne dit rien que
ce que les Païens auroient pu dire, &
cependant il a mis dans leur bouche ce
qu'il y a de plus fublime dans la mora-
le Chrétienne, & a montré par-là que
cette Morale eft écrite en caracteres
ineffaçables dans le cœur de l'homme,
& qu'il les y découvriroit infailliblement,
s'il fuivoit la voix de la pure & fimple
raifon, pour fe livrer totalement à cette
Vérité fouveraine & univerfelle qui éclai-
re tous les efprits, comme le Soleil éclai-
re tous les corps, & fans laquelle toute
raifon particuliero n'eft que ténebres &
égarement.

es de
té.
Les idées que notre Poëte nous don-
ne de la Divinité font non - feulement
dignes d'elle, mais infiniment aimables
pour l'homme. Tout infpire la confian-
ce & l'amour : une piété douce, une
adoration noble & libre, due à la per-
fection abfolue de l'Etre infini ; & non
pas un culte fuperftitieux, fombre &
fervile, qui faifit & abat le cœur, lorf-
qu'on ne confidere Dieu que comme
un puiffant Légiflateur qui punit avec
rigueur le violement de fes Loix.

Il nous repréfente Dieu comme ama-
teur des hommes ; mais dont l'amour &
la bonté ne font pas abandonnés aux dé-

crets aveugles d'une deſtinée fatale , ni
mérités par les pompeuſes apparences d'un
culte extérieur , ni ſujets aux caprices
bizarres des Divinités païennes ; mais
toujours réglés par la Loi immuable de la
Sageſſe , qui ne peut qu'aimer la vertu ,
& traiter les hommes , non ſelon le nom-
bre des animaux qu'ils immolent , mais
des paſſions qu'ils ſacrifient.

On peut juſtifier plus aiſément les D
caracteres qu'Homere donne à ſes Hé- des
ros , que ceux qu'il donne à ſes Dieux. Il d'Ho
eſt certain qu'il peint les hommes avec
ſimplicité , force , variété & paſſion.
L'ignorance où nous ſommes des cou-
tumes d'un pays , des cérémonies de ſa
Religion , du génie de ſa langue ; le dé-
faut qu'ont la plupart des hommes de ju-
ger de tout par le goût de leur ſiecle &
de leur nation , l'amour du faſte & de la
fauſſe magnificence , qui a gâté la nature
pure & primitive ; toutes ces choſes peu- ι
vent nous tromper , & nous faire regar-
der comme fade ce qui étoit eſtimé dans
l'ancienne Grece.

Quoiqu'il paroiſſe plus naturel & plus fort
Philoſophe de diſtinguer la Tragédie de pées
l'Epopée par la différence de leurs vues théti
morales , comme on a fait d'abord , on Mor
n'oſe décider cependant , s'il ne peut pas
y avoir , comme dit Ariſtote , deux ſor-

tes d'Epopées, l'une *Pathétique*, l'autre *Morale* ; l'une où les grandes paſſions régnent, l'autre où les grandes vertus triomphent. L'Iliade & l'Odyſſée peuvent être des exemples de ces deux eſpéces. Dans l'une Achille eſt repréſenté naturellement avec tous ſes défauts ; tantôt comme brutal, juſqu'à ne conſerver aucune dignité dans ſa colere ; tantôt comme furieux, juſqu'à ſacrifier ſa Patrie à ſon reſſentiment. Quoique le Héros de l'Odyſſée ſoit plus régulier que le jeune Achille bouillant & impétueux, cependant le ſage Ulyſſe eſt ſouvent faux & trompeur. C'eſt que le Poëte peint les hommes avec ſimplicité, & ſelon ce qu'ils ſont d'ordinaire. La valeur ſe trouve ſouvent alliée avec une vengeance furieuſe & brutale ; la politique eſt preſque toujours jointe avec le menſonge & la diſſimulation. Peindre d'après nature, c'eſt peindre comme Homere.

deux
d'E-
ſont
dans
que. Sans vouloir critiquer les vues différentes de l'Iliade & de l'Odyſſée, il ſuffit d'avoir remarqué en paſſant leurs différentes beautés, pour faire admirer l'art avec lequel notre Auteur réunit dans ſon Poëme ces deux ſortes d'Epopées, la Pathétique & la Morale. On voit un mélange & un contraſte admirables de vertus & de paſſions dans ce merveilleux

tableau. Il n'offre rien de trop grand ; mais il nous repréſente également l'ex-cellence & la baſſeſſe de l'homme. Il eſt dangereux de nous montrer l'un ſans l'autre, & rien n'eſt plus utile que de nous faire voir tous les deux enſemble ; car la juſtice & la vertu parfaites de-mandent qu'on s'eſtime & ſe mépriſe, qu'on s'aime & ſe haïſſe. Notre Poëte n'éleve pas Télémaque au-deſſus de l'humanité ; il le fait tomber dans les foibleſſes qui ſont compatibles avec un amour ſincere de la vertu ; & ces foi-bleſſes ſervent à le corriger, en lui inſ-pirant la défiance de ſoi-même & de ſes propres forces. Il ne rend pas ſon imi-tation impoſſible, en lui donnant une perfection ſans tache ; mais il excite no-tre émulation, en mettant devant les yeux l'exemple d'un jeune homme, qui, avec les mêmes imperfections que chacun ſent en ſoi, fait les actions les plus nobles & les plus vertueuſes. Il a uni enſem-ble, dans le caractere de ſon Héros, le courage d'Achille, la prudence d'Ulyſſe & la piété d'Enée. Télémaque eſt cole-re comme le premier ſans être brutal ; politique comme le ſecond ſans être four-be ; ſenſible comme le troiſieme ſans être voluptueux.

Pré-
des
ons
Une autre maniere d'inſtruire, c'eſt par les préceptes. L'Auteur du Télémaque joint enſemble les grandes inſtructions avec les exemples héroïques, la Morale d'Homere avec les Mœurs de Virgile. Sa Morale a cependant trois qualités qui manquent à celle des Anciens, ſoit Poëtes, ſoit Philoſophes. Elle eſt *ſublime* dans ſes principes, *noble* dans ſes motifs, *univerſelle* dans ſes uſages.

tés de
le du
ue.
le eſt
dans
ipes.
1°. Sublime dans ſes principes. Elle vient d'une profonde connoiſſance de l'homme: on l'introduit dans ſon propre fonds; on lui développe les reſſorts ſecrets de ſes paſſions, les replis cachés de ſon amour-propre, la différence des vertus fauſſes d'avec les ſolides. De la connoiſſance de l'homme, on remonte à celle de Dieu même. L'on fait ſentir partout que l'Etre infini agit ſans ceſſe en nous pour nous rendre bons & heureux; qu'il eſt la ſource immédiate de toutes nos lumieres & de toutes nos vertus; que nous ne tenons pas moins de lui la raiſon que la vie; que ſa vérité ſouveraine doit être notre unique lumiere, & ſa volonté ſuprême régler tous nos amours; que faute de conſulter cette Sageſſe univerſelle & immuable, l'homme ne voit que des fantômes ſéduiſans; faute de l'écouter, il n'entend

que

que le bruit confus de ſes paſſions ;
que les ſolides vertus ne nous viennent
que comme quelque choſe d'étranger
qui eſt mis en nous ; qu'elles ne ſont
pas les effets de nos propres efforts ;
mais l'ouvrage d'une Puiſſance ſupérieu-
re à l'homme, qui agit en nous quand
nous n'y mettons point d'obſtacle, &
dont nous ne diſtinguons pas toujours
l'action, à cauſe de ſa délicateſſe. L'on
nous montre enfin que ſans cette Puiſ-
ſance premiere & ſouveraine, qui éleve
l'homme au-deſſus de lui-même, les ver-
tus les plus brillantes ne ſont que des
raffinemens d'un amour-propre, qui ſe
renferme en ſoi-même, ſe rend ſa Di-
vinité, & devient en même-tems, &
l'idolâtre, & l'idole. Rien n'eſt plus ad-
mirable que le portrait de ce Philoſophe
que Télémaque vit aux enfers, & dont
tout le crime étoit d'avoir été idolâtre
de ſa propre vertu.

C'eſt ainſi que la Morale de notre
Auteur tend à nous faire oublier notre
être propre, pour le rapporter tout en-
tier à l'Etre ſouverain, & nous en ren-
dre les adorateurs ; comme le but de ſa
politique eſt de nous faire préférer le
bien public au bien particulier, & nous
faire aimer les hommes. On ſait les ſyſ-
têmes de Machiavel, d'Hobbes & de

deux Auteurs plus modérés, Puffendorf
& Grotius. Les deux premiers, fous le
vain & faux prétexte que le bien de la
fociété n'a rien de commun avec le bien
effentiel de l'homme, qui eft la vertu,
établiffent pour feules maximes de gou-
vernement, la fineffe, les artifices, les
ftratagêmes, le defpotifme, l'injuftice
& l'irréligion. Les deux derniers Au-
teurs ne fondént leur politique que fur
des maximes payennes, & qui même
n'égalent, ni celles de la République de
Platon, ni celles des Offices de Cicéron.
Il eft vrai que ces deux Philofophes mo-
dernes ont travaillé dans le deffein d'être
utiles à la fociété, & qu'ils ont rappor-
té prefque tout au bonheur de l'homme
confidéré felon le civil. Mais l'Auteur
du Télémaque eft original, en ce qu'il
a uni la politique la plus parfaite avec
les idées de la vertu la plus confommée.
Le grand principe fur lequel tout roule,
eft que le monde entier n'eft qu'une Ré-
publique univerfelle, & chaque Peuple
comme une grande famille. De cette
belle & lumineufe idée naiffent ce que
les politiques appellent les loix *de Na-*
ture & des Nations, équitables, géné-
reufes, pleines d'humanité. On ne regar-
de plus chaque pays comme indépen-
dant des autres : mais le genre humain

comme un tout indivisible ; on ne se
borne plus à l'amour de sa patrie ; le
cœur s'étend, devient immense, & par
une amitié universelle, embrasse tous
les hommes. De-là naissent l'amour des
Etrangers, la confiance mutuelle entre
les Nations voisines, la bonne-foi, la
justice & là paix parmi les Princes de
l'Univers, comme entre les particuliers
de chaque Etat. Notre Auteur nous mon-
tre encore que la gloire de la Royauté
est de gouverner les hommes pour les
rendre bons & heureux ; que l'autorité
du Prince n'est jamais mieux affermie
que lorsqu'elle est appuyée sur l'amour
des peuples, & que la véritable richesse
de l'Etat consiste à retrancher tous les
faux besoins de la vie pour se contenter
du nécessaire, & des plaisirs simples &
innocens. Par-là il fait voir que la ver-
tu contribue, non-seulement à préparer
l'homme pour une félicité future ; mais
qu'elle rend la société actuellement heu-
reuse dans cette vie, autant qu'elle le
peut être.

2°. La Morale du Télémaque est no-
ble dans ses motifs. Son grand principe
est qu'il faut préférer l'amour du *beau*, à
l'amour du *plaisir*, comme disent Socrate
& Platon ; *l'honnête à l'agréable*, selon
l'expression de Cicéron. Voilà la source

T ij

des fentimens nobles , de la grandeur d'a-
me & de toutes les vertus héroïques.
C'eft par ces idées pures & élevées qu'il
détruit d'une maniere infiniment plus
touchante que par la difpute , la faulle
Philofophie de ceux qui *font du plaifir le
feul reffort du cœur humain*. Notre Poëte
montre , par la belle morale qu'il met
dans la bouche de fes Héros & les ac-
tions généreufes qu'il leur fait faire , ce
que peut l'amour du beau & du parfait
fur un cœur noble , pour lui faire facri-
fier fes plaifirs aux devoirs pénibles de
fa vertu. Je fais que cette vertu héroï-
que paffe parmi les ames vulgaires pour
un fantôme , & que les gens d'imagina-
tion fe font déchaînés contre cette vé-
rité fublime & folide par plufieurs poin-
tes d'efprit frivoles & méprifables. C'eft
que ne trouvant rien au-dedans d'eux
qui foit comparable à ces grands fenti-
mens , ils concluent que l'humanité en
eft incapable. Ce font des Nains qui ju-
gent de la force des Géants par la leur.
Les efprits qui rampent fans ceffe dans
les bornes étroites de l'amour-propre ,
ne comprendront jamais le pouvoir &
l'étendue d'une vertu qui éleve l'homme
au-deffus de lui-même. Quelques Philo-
fophes , qui ont fait d'ailleurs de belles
découvertes dans la Philofophie, fe font

laiſſés entraîner par leurs préjugés , juſ-
qu'à ne point diſtinguer aſſez entre l'a-
mour de l'ordre , & l'amour du plaiſir ,
& à nier que la volonté puiſſe être re-
muée auſſi fortement *par la vue claire de
la vérité* , que *par le goût naturel du plai-
ſir.* On ne peut lire ſérieuſement Télé-
maque , ſans être convaincu de ce grand
principe. L'on y voit les ſentimens gé-
néreux d'une ame noble , qui ne conçoit
rien que de grand ; d'un cœur déſinté-
reſſé qui s'oublie ſans ceſſe , d'un Philo-
ſophe qui ne ſe borne , ni à ſoi , ni à ſa
Nation , ni à rien de particulier : mais
qui rapporte tout au bien commun du
genre humain , & tout le genre humain
à l'Etre ſuprême.

　　3°. La Morale du Télémaque eſt uni-
verſelle dans ſes uſages , étendue , fécon-
de , proportionnée à tous les tems , à tou-
tes les Nations & à toutes les conditions.
On y apprend les devoirs d'un Prince ,
qui eſt tout enſemble , Roi , Guerrier ,
Philoſophe & Légiſlateur. On y voit l'art
de conduire des Nations differentes ; la
maniere de conſerver la paix au-dehors
avec ſes voiſins , & cependant d'avoir
toujours au-dedans du Royaume une jeu-
neſſe aguerrie prête à le défendre ; d'en-
richir ſes Etats ſans tomber dans le luxe :
de trouver le milieu entre les excès d'un

T iij

pouvoir defpotique, & les défordres de
l'anarchie : on y donne des préceptes
pour l'agriculture, pour le commerce,
pour les arts, pour la police, pour l'é-
ducation des enfans. Notre Auteur fait
entrer dans fon Poëme, non-feulement
les vertus héroïques & Royales, mais
celles qui font propres à toutes fortes de
conditions. En formant le cœur de fon
Prince, il n'inftruit pas moins chaque
particulier de fon devoir.

L'Iliade a pour but de montrer les fu-
neftes fuites de la défunion parmi les
Chefs d'une armée : l'Odyffée nous fait
voir ce que peut la prudence dans un
Roi, jointe avec la valeur. Dans l'Enéide
on dépeint les actions d'un Héros pieux
& vaillant ; mais toutes ces vertus parti-
culieres ne font pas le bonheur du genre
humain. Télémaque va bien au-delà de
tous ces plans, par la grandeur, le nom-
bre & l'étendue de fes vues morales ; de
forte qu'on peut dire avec le Philofophe
critique d'Homere : * *Le don le plus utile
que les Mufes aient fait aux hommes, c'eft
le Télémaque ; car fi le bonheur du genre
humain pouvoit naître d'un Poëme, il naî-
troit de celui-là.*

* L'Abbé Terraffon.

DE LA PÖESIE,

C'eſt une belle remarque du Chevalier Temple, que la Poéſie doit réunir ce que la Muſique, la Peinture & l'Eloquence ont de force & de beauté. Mais comme la Poéſie ne differe de l'Eloquence, qu'en ce qu'elle peint avec enthouſiaſme, on aime mieux dire que la Poéſie emprunte ſon harmonie de la Muſique, ſa paſſion de la Peinture, ſa force & ſa jüſteſſe de la Philoſophie.

Le ſtyle du Télémaque eſt poli, net, coulant, magnifique. Il a toute l'abondance d'Homere, ſans avoir ſon intempérance de paroles : il ne tombe jamais dans les redites ; & quand il parle des mêmes choſes, il ne rappelle point les mêmes images, & encore moins les mêmes termes. Toutes ſes périodes rempliſſent l'oreille par leur nombre & leur cadence. Rien ne choque ; point de mots durs, point de termes abſtraits, ni de tours affectés. Il ne parle jamais pour parler, ni ſimplement pour plaire. Toutes ſes paroles font penſer, & toutes ſes penſées tendent à nous rendre bons.

Les images de notre Poëte ſont auſſi parfaites que ſon ſtyle eſt harmonieux. Peindre, c'eſt non-ſeulement décrire les

T iv

choſes, mais en repréſenter les circonſ-
tances d'une maniere ſi vive & ſi tou-
chante, qu'on s'imagine les voir. L'Au-
teur du Télémaque peint les paſſions avec
art. Il avoit étudié le cœur de l'homme,
& en connoiſſoit tous les reſſorts. En li-
ſant ſon Poëme, on ne voit plus que ce
qu'il fait voir ; on n'entend plus que ceux
qu'il fait parler. Il échauffe, il remue, il
entraîne. On ſent toutes les paſſions qu'il
décrit.

m-   Les Poëtes ſe ſervent ordinairement de
&   deux ſortes de peintures ; les comparai-
ions   ſons, & les deſcriptions. Les comparai-
éma-   ſons du Télémaque ſont juſtes & nobles.
L'Auteur n'éleve pas trop l'eſprit au-deſ-
ſus de ſon ſujet par des métaphores ou-
trées ; il ne l'embarraſſe pas non plus par
une trop grande variété d'images. Il a
imité tout ce qu'il y a de grand & de
beau dans les deſcriptions des Anciens,
les combats, les jeux, les naufrages, les
ſacrifices, &c. ſans s'étendre ſur les mi-
nuties qui font languir la narration, ſans
rabaiſſer la majeſté du Poëme Epique par
la deſcription des choſes baſſes & déſa-
gréables. Il deſcend quelquefois dans le
détail ; mais il ne dit rien qui ne mérite
attention, & qui ne contribue à l'idée
qu'il veut donner ; il ſuit la nature dans
toutes ſes variétés ; il ſavoit bien que

tout difcours doit avoir fes inégalités ;
tantôt fublime , fans être guindé , tantôt
naïf, fans être bas. C'eft un faux goût de
vouloir toujours embellir. Ses defcrip-
tions font magnifiques ; mais naturelles ,
fimples & cependant agréables. Il peint
non-feulement d'après nature ; mais fes
tableaux font aimables : il unit enfemble
la vérité du deffein & la beauté du colo-
ris ; la vivacité d'Homere & la nobleffe
de Virgile. Ce n'eft pas tout : les defcrip-
tions de ce Poëme font non-feulement
deftinées à plaire , mais elles font toutes
inftructives. Si l'Auteur parle de la vie
paftorale , c'eft pour recommander l'ai-
mable fimplicité des mœurs ; s'il décrit
des jeux & des combats , ce n'eft pas feu-
lement pour célébrer les funérailles d'un
ami , ou d'un pere , comme dans l'Iliade
& dans l'Enéide ; c'eft pour choifir un
Roi qui furpaffe tous les autres dans la
force de l'efprit & du corps , & qui foit
également capable de foutenir les fatigues
de l'un & de l'autre : s'il nous repréfente
les horreurs d'un naufrage , c'eft pour
infpirer à fon Héros la fermeté de cœur
& l'abandon aux Dieux , dans les plus
grands périls. Je pourrois parcourir tou-
tes fes defcriptions , & y trouver de fem-
blables beautés. Je me contenterai de re-
marquer que dans cette nouvelle Edition ,

la fculpture de la redoutable Egide, que Minerve envoya à Télémaque, eft plei-ne d'art, & renferme cette morale fu-blime; que le bouclier d'un Prince & le foutien d'un Etat font les fciences & l'agriculture; qu'un Roi armé par la fa-geffe cherche toujours la paix, & trou-ve des reffources fécondes contre tous les maux de la guerre, dans un peuple inftruit & laborieux, dont l'efprit & le corps font également accoutumés au travail.

La Poéfie tire fa fource & fa juftelfe de la Philofophie. Dans Télémaque on voit par-tout une imagination riche, vive, agréable, & néanmoins un efprit jufte & profond. Ces deux qualités fe rencontrent rarement dans la même per-fonne. Il faut que l'ame foit dans un mouvement prefque continuel pour in-venter, pour paffionner, pour imiter, & en même-tems dans une tranquillité parfaite, pour juger en produifant, & choifir entre mille penfées qui fe préfen-tent, celle qui convient. Il faut que l'imagination fouffre une efpèce de tranf-port & d'enthoufiafme, pendant que l'ef-prit paifible dans fon empire, la retient & la tourne où il veut. Sans cette paf-fion qui anime tout, les difcours paroif-fent froids, languiffans, abftraits, hifto-

riques ; fans ce jugement qui regle tout,
ils font faux & trompeurs.

Le feu d'Homere, fur-tout dans l'Ilia-
de, eft impétueux & ardent comme un
tourbillon de flamme qui embrâfe tout ;
le feu de Virgile a plus de clarté que de
chaleur, il luit toujours uniment & éga-
lement : celui du Télémaque échauffe &
éclaire tout enfemble, felon qu'il faut
perfuader, ou paffionner. Quand cette
flamme éclaire, elle fait fentir une douce
chaleur qui n'incommode point. Tels font
les difcours de Mentor fur la politique,
& de Télémaque fur le fens des Loix de
Minos, &c. Ces idées pures rempliffent
l'efprit de leur paifible lumiere ; l'enthou-
fiafme & le feu poétique feroient nuifi-
bles, comme les rayons trop ardens du
Soleil qui éblouiffent. Quand il n'eft plus
queftion de raifonner, mais d'agir, quand
on a vu clairement la vérité, quand les
réflexions ne viennent que d'irréfolution,
alors le Poëte excite un feu & une paf-
fion qui détermine & qui emporte une
ame affoiblie, qui n'a pas le eourage de
fe rendre à la vérité. L'Epifode des amours
de Télémaque, dans l'Ifle de Calypfo,
eft plein de ce feu.

Ce mélange de lumiere & d'ardeur dif-
tingue notre Poëte d'Homere & de Vir-

T vj

gile. L'enthoufiafme du premier lui fait
quelquefois oublier l'art, négliger l'ordre,
& paffer les bornes de la nature. C'étoit
la force & l'effor de fon grand génie qui
l'entraînoit malgré lui. La pompeufe ma-
gnificence, le jugement & la conduite
de Virgile dégénerent quelquefois en une
régularité trop compaffée, où il femble
plutôt Hiftorien que Poëte. Ce dernier
plaît beaucoup plus aux Poëtes Philo-
fophes & Modernes, que le premier.
N'eft-ce pas qu'ils fentent qu'on peut
imiter plus facilement par *art* le grand
jugement du Poëte Latin, que le beau
feu du Poëte Grec, que la *nature* feu-
le peut donner ?

Notre Auteur doit plaire à toutes for-
tes de Poëtes, tant à ceux qui font Phi-
lofophes, qu'à ceux qui n'admirent que
l'enthoufiafme. Il a uni les lumieres de
l'efprit avec les charmes de l'imagina-
tion ; il prouve la vérité en Philofophe ;
il fait aimer la vérité prouvée par les
fentimens qu'il excite. Tout eft folide,
vrai, convenable à la perfuafion ; ni jeux
d'efprit, ni penfées brillantes qui n'ont
d'autre but que de faire admirer l'Auteur.
Il a fuivi ce grand précepte de Platon,
qui dit qu'en écrivant, on doit toujours
fe cacher, difparoître, fe faire oublier

pour ne produire que des vérités qu'on veut perfuader , & les paffions qu'on veut purifier.

Dans Télémaque tout eft raifon , tout eft fentiment. C'eft ce qui le rend un Poëme de toutes les Nations & de tous les fiécles. Tous les Etrangers en font également touchés. Les traductions qu'on en a faites , en des Langues moins délicates que la Langue Françoife , n'effacent point fes beautés originales. La favante Apologifte d'Homere nous affure que le Poëte Grec perd infiniment par une traduction ; qu'il n'eft pas poffible d'y faire paffer la force, la nobleffe & l'ame de fa Poéfie. Mais on ofe dire que Télémaque confervera toujours , en toutes fortes de Langues , fa force, fa nobleffe , fon ame & fes beautés effentielles. C'eft que l'excellence de ce Poëme ne confifte pas dans l'arrangement heureux & harmonieux des paroles, ni même dans les agrémens que lui prête l'imagination ; mais dans un goût fublime de la vérité , dans des fentimens nobles & élevés , dans la maniere naturelle , délicate & judicieufe de les traiter. De pareilles beautés font de toutes les Langues , de tous les tems , de tous les pays , & touchent également les bons efprits & les grandes ames dans tout l'Univers.

On a formé plufieurs objections contre Télémaque : 1°. Qu'il n'eft pas en Vers.

La verfification, felon Ariftote, Denys d'Halycarnaffe & Strabon, n'eft pas effentielle à l'Epopée. On peut l'écrire en Profe, comme on écrit des Tragédies fans rimes ; on peut faire des Vers fans Poéfie, & être tout Poétique fans faire des Vers ; on peut imiter la verfification par art, mais il faut naître Poëte. Ce qui fait la Poéfie, n'eft pas le nombre fixe & la cadence réglée des fyllabes ; mais la fiction vive, les figures hardies, la beauté & la variété des images. C'eft l'enthoufiafme, le feu, l'impétuofité, la force, un je ne fais quoi dans les paroles & les penfées, que la nature feule peut donner. On trouve toutes ces qualités dans Télémaque. L'Auteur a donc fait ce que Strabon dit de Cadmus, Phérécide, Hécatée : *Il a imité parfaitement la Poéfie, en rompant feulement la mefure ; mais il a confervé toutes les autres beautés poétiques.*

Notre âge retrouve un Homere
Dans ce Poëme falutaire,
Par la vertu même inventé ;
Les Nymphes de la double Cime
Ne l'affranchiffent de la Rime,
Qu'en faveur de la vérité. *

* Ode d *Meffieurs de l'Académie*, par *M. de la Motte*. Premiere Ode.

De plus, je ne fais pas fi la gêne des rimes & la régularité fcrupuleufe de notre conftruction Européenne, jointe à ce nombre fixe & mefuré de pieds, ne diminueroient pas beaucoup l'effor & la paffion de la Poéfie héroïque. Pour bien émouvoir les paffions, on doit fouvent retrancher l'ordre & la liaifon. Voilà pourquoi les Grecs & les Romains, qui peignoient tout avec vivacité & goût, ufoient des inverfions de phrafes.; leurs mots n'avoient point de place fixe; ils les arrangeoient comme ils vouloient. Les Langues-de l'Europe font un compofé du Latin & des jargons de toutes les Nations barbares qui fubjuguerent l'Empire Romain. Ces Peuples du Nord glaçoient tout, comme leur climat, par une froide régularité de Syntaxe. Ils ne comprenoient point cette belle variété de longues & de breves, qui imite fi bien les mouvemens délicats de l'ame: ils prononçoient tout avec le même froid, & ne connurent d'abord d'autre harmonie, dans les paroles, qu'un vain tintement de finales monotones. Quelques Italiens, quelques Efpagnols, ont tâché d'affranchir leur verfification de la gêne des rimes. Un Poëte Anglois y a réuffi merveilleufement, & a commencé même avec fuccès d'introduire

les inverfions de phrafes dans fa Langue.
Peut-être que les François reprendront
un jour cette noble liberté des Grecs
& des Romains.

de   Quelques-uns, par une ignorance grof-
n fiere de la noble liberté du Poëme Epi-
Télé- que, ont reproché à Télémaque qu'il eft
plein d'anachronifmes.

nfe.   L'Auteur de ce Poëme n'a fait qu'i-
miter le Prince des Poëtes Latins, qui
ne pouvoit ignorer que Didon n'étoit
pas comtemporaine d'Enée. Le Pygma-
lion de Télémaque, frere de cette Di-
don ; Séfoftris, qu'on dit avoir vécu
vers le même tems, &c. ne font pas
plus des fautes que l'anachronifme de
Virgile. Pourquoi condamner un Poëte
de manquer quelquefois à l'ordre des
tems, puifque c'eft une beauté de man-
quer quelquefois à l'ordre de la natu-
re ? Il ne feroit pas permis de contre-
dire un point d'Hiftoire d'un tems peu
éloigné. Mais dans l'antiquité reculée,
dont les Annales font fi incertaines,
& enveloppées de tant d'obfcurités,
on doit fuivre la vraifemblance, & non
pas toujours la vérité. C'eft l'idée d'A-
riftote, confirmée par Horace. Quelques
Hiftoriens ont écrit que Didon étoit
chafte, Pénélope impudique, qu'Hélene
n'a jamais vu Troye, ni Enée l'Italie.

Homere & Virgile n'ont pas fait difficulté de s'écarter de l'Hiftoire, pour rendre leurs Fables plus inftructives. Pourquoi ne fera-t-il pas permis à l'Auteur du Télémaque, pour l'inftruction d'un jeune prince, de raffembler les Héros de l'Antiquité, Télémaque, Séfoftris, Neftor, Idoménée, Pygmalion, Adrafte, pour unir dans un même tableau les différens caracteres des Princes bons & mauvais, dont il falloit imiter les vertus, & éviter les vices ?

On trouve à redire que l'Auteur du Télémaque ait inféré l'hiftoire des Amours de Calypfo & d'Eucharis dans fon Poëme, & plufieurs defcriptions femblables, qui paroiffent trop paffionnées.

La meilleure Réponfe à cette objection, eft l'effet qu'avoit produit Télémaque dans le cœur du Prince, pour qui il avoit été écrit. Les perfonnes d'une condition commune n'ont pas le même befoin d'être précautionnées contre les écueils auxquels l'élévation & l'autorité expofent ceux qui font deftinés à régner. Si notre Poëte avoit écrit pour un homme qui eût dû paffer fa vie dans l'obfcurité, ces defcriptions ne lui auroient pas été fi néceffaires. Mais pour un jeune Prince, au milieu d'une Cour où la Galanterie paſſe pour politeſſe, où chaque objet réveille infailliblement le goût des plaiſirs, & où tout ce qui l'environne n'eſt occupé qu'à le ſéduire; pour un tel Prince, dis-je, rien n'étoit plus néceſſaire que de lui préſenter, avec cette aimable pudeur, cette innocence & cette ſageſſe qu'on trouve dans Télémaque, tous les détours ſéduiſans de l'amour inſenſé; lui peindre ce vice dans ſon beau imaginaire, pour lui faire ſentir enſuite ſa difformité réelle; lui montrer l'abyme dans toute ſa profondeur, pour l'empêcher d'y tomber, & l'éloigner même des bords d'un précipice ſi affreux. C'étoit donc une ſageſſe digne de notre Auteur, de précautionner ſon Eleve contre les folles paſſions de la jeuneſſe, par la Fable de Calypſo, & de lui donner, dans l'hiſtoire d'Antiope, l'exemple d'un amour chaſte & légitime. En nous repréſentant ainſi cette paſſion, tantôt comme une foibleſſe indigne d'un grand cœur, tantôt comme une vertu digne d'un Héros, il nous montre que l'amour n'eſt pas au-deſſous de la majeſté de l'Epopée, & réunit par-là, dans ſon Poëme, les paſſions tendres des Romans modernes, avec les vertus héroïques de la Poéſie ancienne.

Quelques-uns croient que l'Auteur du
Télémaque épuife trop fon fujet par l'a-
bondance & la richeffe de fon génie. Il
dit tout, & ne laiffe rien à penfer aux
autres. Comme Homere, il met la na-
ture toute entiere devant les yeux. On
aime mieux un Auteur, qui, comme
Virgile, renferme un grand fens en peu
de mots, & donne le plaifir d'en déve-
lopper l'étendue.

Il eft vrai que l'imagination ne peut
rien ajouter aux peintures de notre
Poëte ; mais l'efprit, en fuivant fes
idées, s'ouvre & s'étend. Quand il
s'agit feulement de peindre, fes ta-
bleaux font parfaits, rien n'y man-
que ; quand il faut inftruire, fes lu-
mieres font fécondes, & nous y deve-
loppons une vafte étendue de penfées,
qui ne paroiffent pas d'abord, & que
toute fon éloquence n'exprime pas. Il
ne laiffe rien à imaginer ; mais il don-
ne infiniment à penfer. C'eft ce qui con-
venoit au caractere du Prince pour qui
feul l'ouvrage a été fait. On démêloit
en lui, au travers de l'enfance, une
imagination féconde & heureufe, un
génie élevé & étendu, qui le rendoient
fenfible aux beaux endroits d'Homére
& de Virgile. Ce grand naturel infpi-
ra à l'Auteur le deffein d'un Poëme

propre à le cultiver, & qui renfer-
meroit également les beautés de l'un &
de l'autre Poëte. Cette affluence de bel-
les images y étoit essentielle, pour oc-
cuper l'imagination, former le goût du
Prince, & lui donner la liberté de sai-
sir, comme de lui-même, les vérités
préparées à son cœur, & de s'en nour-
rir. On voit assez que ces beautés n'au-
roient pas plus coûté à supprimer qu'à
produire, qu'elles coulent avec autant
de dessein que d'abondance, pour ré-
pondre aux besoins du Prince & aux
vues de l'Auteur.

On a objecté que le Héros & la Fable
de ce Poëme n'ont point de rapport à la
Nation Françoise ; Homere & Virgile ont
intéressé les Grecs & les Romains, en
choisissant des actions & des Acteurs dans
les Histoires de leur pays.

Si l'Auteur n'a pas intéressé particu-
liérement la Nation Françoise, il a fait
plus, il a intéressé tout le genre hu-
main. Son plan est encore plus vaste
que celui de l'un & de l'autre des deux
Poëtes anciens : il est plus grand d'ins-
truire tous les hommes ensemble, que
de borner ses préceptes à un pays par-
ticulier. L'amour-propre veut qu'on rap-
porte tout à lui, & se trouve même
dans l'amour de la patrie ; mais une

ame généreuse doit avoir des vues plus étendues.

D'ailleurs, quel intérêt la France n'a-t-elle point pris à un Ouvrage si propre à lui former un Roi pour la gouverner un jour selon ses besoins & ses desirs, en Pere des Peuples & en Héros Chrétien ? Ce qu'on a vu de ce Prince donnoit l'espérance & les prémices de cet avenir. Les voisins de la France y prenoient déja part comme à un bonheur universel. La Fable du Prince *Grec*, devenoit l'Histoire du Prince *François.*

L'Auteur avoit un dessein plus pur que celui de plaire à sa Nation : il vouloit la servir à son insçu, en contribuant à lui former un Prince qui, jusques dans les jeux de son enfance, paroissoit né pour le combler de bonheur & de gloire. Cet auguste Enfant aimoit les Fables & la Mythologie. Il falloit profiter de son goût, lui faire voir dans ce qu'il estimoit le solide & le beau, le simple & le grand, & lui imprimer, par des faits touchans, les principes généraux qui pouvoient le précautionner contre les dangers qui accompagnent la plus haute naissance & la puissance suprême.

Dans ce dessein, un Héros Grec &

l'Auteur du Télémaque a montré par
ce Poëme, que la Narion Françoife eft
capable de toute la délicateffe des Grecs
& de tous les grands fentimens des
·Romains. L'éloge de l'Auteur eft celui
de fa Nation.

Lightning Source UK Ltd.
Milton Keynes UK
UKHW022206121218
333914UK00012B/811/P